全国职业教育城市轨道交通专业规划教材

Chengshi Guidao Jiaotong Cheliang Jianxiu
城市轨道交通车辆检修

耿幸福　主　编
佟关林　主　审

人民交通出版社

内 容 提 要

本书从目前城市轨道交通车辆检修架构与教学实践的角度出发，主要阐述了车辆检修工序及安全操作规程等。

本书共分八个单元，主要内容有：车辆检修概述、检修工艺基础、车体检修、转向架检修、电动机检修以及车辆电器、车辆制动系统、空调系统等的检修。

本书为高职、中职城市轨道交通类专业教材，可作为城市轨道交通车辆检修岗位的职业培训教材，也可供从事城市轨道交通规划、建设和运营管理的专业技术人员参考。

图书在版编目(CIP)数据

城市轨道交通车辆检修／耿幸福主编. —北京：
人民交通出版社，2012.5
ISBN 978-7-114-09630-3

Ⅰ.①城… Ⅱ.①耿… Ⅲ.①城市铁路－铁路车辆－车辆检修 Ⅳ.①U279.3

中国版本图书馆 CIP 数据核字(2012)第 015535 号

全国职业教育城市轨道交通专业规划教材

书 名：	城市轨道交通车辆检修
著 作 者：	耿幸福
责任编辑：	郝瑞苹　王绍科
出版发行：	人民交通出版社
地　　址：	(100011)北京市朝阳区安定门外外馆斜街3号
网　　址：	http://www.ccpcl.com.cn
销售电话：	(010)59757969,59757973
总 经 销：	人民交通出版社发行部
经　　销：	各地新华书店
印　　刷：	北京虎彩文化传播有限公司
开　　本：	787×1092　1/16
印　　张：	16.75
字　　数：	387 千
版　　次：	2012年5月　第1版
印　　次：	2024年1月　第6次印刷
书　　号：	ISBN 978-7-114-09630-3
定　　价：	36.00 元

(有印刷、装订质量问题的图书，由本公司负责调换)

全国职业教育城市轨道交通专业规划教材编写委员会

主　　任：马伯夷　黄远丰

副 主 任：李建国　张国保　王心明

特邀专家：佟关林　王　英　林伟光

委　　员：(按姓氏笔画排序)

于　涛　仇海兵　王艳荣　宁　斌　刘莉娜

吴　冰　张利彪　张　莹　李红军　汪成林

沈　艳　单永欣　单　侠　赵巍巍　徐树亮

徐新玉　耿幸福　陶　艳　高　蓉　崔建荣

阎国强　谢玉华

出版说明

随着我国城市化进程的快速推进，城市交通拥堵问题日益严重，因此大力发展城市轨道交通已成为解决城市交通问题的重要手段。截至2010年11月，国务院已批准29座城市实施轨道交通建设规划；另有多座城市的轨道交通建设规划正在审批中。我国城市轨道交通建设值此已进入快速发展时期。

由于全国大部分城市轨道交通建设起步较晚，项目建设规模大、速度快，致使专业人才供不应求，运营管理、驾驶、检修岗位的初中级人才短缺尤为突出。各地职业院校纷纷开设了城市轨道交通相关专业，轨道交通专业培训教材也陆续出版。但目前已出版教材存在体系不完善、教材内容侧重岗前培训、理论叙述过多等缺点，不适合职业院校教学使用。

为促进和规范轨道交通行业职业教育教材体系的建设，适应目前职业教育"校企合作、工学结合"的教学改革形势，人民交通出版社约请北京交通运输职业学院、南京铁道职业技术学院、上海交通职业技术学院、湖南铁道职业技术学院一线资深教师联合编写了"全国职业教育城市轨道交通专业规划教材"。2010年推出其中7种：

《城市轨道交通概论》
《城市轨道交通客运组织》
《城市轨道交通行车组织》
《城市轨道交通运营安全》
《城市轨道交通车辆及操作》
《城市轨道交通信号与通信系统》
《城市轨道交通供电技术》

为完善课程体系，我社进一步扩大作者范围，整合编写资源，邀请北京市地铁运营有限公司、北京京港地铁有限公司、哈尔滨铁道职业技术学院、武汉铁路职业技术学院、成都铁路运输学校、西安科技商贸职业学院、北京外事学校等企业、院校加入原编写团队，共同编写以下10种教材，于2011年陆续推出。

《城市轨道交通专业英语》
《城市轨道交通票务管理》
《城市轨道交通服务礼仪》
《城市轨道交通车辆电器》

《城市轨道交通电工电子技术及应用》
《城市轨道交通车站设备》
《城市轨道交通运营管理规章》
《城市轨道交通车辆制动系统》
《城市轨道交通车辆检修》
《城市轨道交通接触网维护》

  本套教材突出了职业教育特色,围绕职业能力的形成组织课程内容;教材内容先进,总结了北京、上海、广州等地的地铁运营管理经验;侧重实际工作岗位操作技能的培养;理论知识的叙述以应用为目的,以够用为尺度;教材编写充分考虑了职业院校学生的认知特点,文字简洁明了、通俗易懂、版式生动活泼、图文并茂;每单元后附有复习题,部分章节附有实例。

  为方便教学,本套教材配套有教学课件,读者可于人民交通出版社网站免费下载。

  希望该套教材的出版对职业院校轨道交通专业教材体系建设有所裨益。

人民交通出版社
2011 年 3 月

前　　言

随着城市化进程的快速推进,大运量的轨道交通在现代化大城市中起着越来越重要的作用,而高标准的城市轨道建设对相关从业人员提出了更高的要求。因此,轨道交通人才的培养成为当务之急。

城市轨道交通车辆在整个城市轨道交通系统设备中占有重要地位,是城市轨道交通系统中最关键、也是最复杂的设备。它是多专业综合性的产品,涉及机械、电气、计算机、控制、材料等诸多领域。为了保证车辆安全,顺利完成旅客运输任务,除了规范驾驶车辆之外,还必须按规定对车辆进行检修维护,及时排除运营中的故障,为轨道交通运输提供数量充足且技术状况良好的车辆。

本书共分八个单元,主要内容有:车辆检修概述、检修工艺基础、车体检修、转向架检修、电动机检修以及车辆电器、车辆制动系统、车辆空调系统等的检修。本书涵盖了城市轨道交通车辆的全部内容,引入了最新检修、维修理念。本书结构合理、内容新颖,文字表述深入浅出、简明易懂,可供城市轨道交通车辆专业职业院校教学使用。

本书由南京铁道职业技术学院耿幸福担任主编,北京地铁公司佟关林高级工程师担任主审。各单元编写人员有:南京铁道职业技术学院耿幸福(编写绪论、单元1、2)、徐新玉(编写单元5)、崔建荣(编写单元6)、王学忠(编写单元7)、黄远丰(编写单元8),上海交通职业技术学院郭凝(编写单元3、4)。在编写过程中得到了北京、上海、广州、苏州、无锡地铁公司工作人员的大力支持,在此表示感谢。

由于水平有限,加上编写时间仓促,书中若有不当之处,敬请读者批评指正。

编　者
2012.1

目 录

绪论 ··· 1
单元1 城市轨道交通车辆检修概述 ·· 4
  1.1 城市轨道交通车辆故障 ·· 5
  1.2 城市轨道交通车辆维修制度 ·· 11
  1.3 城市轨道交通车辆检修限度 ·· 21
  复习与思考 ··· 22
单元2 城市轨道交通车辆检修工艺基础 ·· 23
  2.1 零件的损伤 ··· 24
  2.2 检修工艺过程 ·· 39
  2.3 分解、装配及清洗 ·· 42
  2.4 检测技术 ·· 49
  2.5 零件的修复 ··· 60
  复习与思考 ··· 75
单元3 城市轨道交通车辆车体检修 ·· 76
  3.1 车体(壳体)的检修 ·· 77
  3.2 车门的检修 ··· 83
  3.3 车钩及缓冲装置的检修 ·· 95
  复习与思考 ··· 106
单元4 城市轨道交通车辆转向架检修 ··· 107
  4.1 转向架的分解与组装 ·· 108
  4.2 构架及附件的检修 ·· 117
  4.3 轴箱装置、轮对的检修 ·· 119
  4.4 弹性悬挂装置的检修 ·· 131
  4.5 中央牵引装置的检修 ·· 137
  4.6 动力驱动系统的检修 ·· 139
  复习与思考 ··· 142
单元5 城市轨道交通车辆电动机检修 ··· 143
  5.1 牵引电动机的故障 ·· 145
  5.2 牵引电动机的检修 ·· 147
  5.3 牵引电动机的试验 ·· 150
  复习与思考 ··· 152

单元6 城市轨道交通车辆电器检修 ……………………………………………… 153
 6.1 受流设备的检修 ………………………………………………………… 154
 6.2 牵引及控制系统检修 …………………………………………………… 167
 复习与思考 …………………………………………………………………… 190

单元7 城市轨道交通车辆制动系统检修 …………………………………… 191
 7.1 供气设备的检修 ………………………………………………………… 193
 7.2 制动控制单元 BCU 的检修 …………………………………………… 200
 7.3 制动微机控制单元 EBCU 和防滑系统检修 ………………………… 210
 7.4 单元制动机检修 ………………………………………………………… 220
 7.5 空气制动系统故障分析 ………………………………………………… 227
 复习与思考 …………………………………………………………………… 231

单元8 城市轨道交通车辆空调系统检修 …………………………………… 232
 8.1 空调系统概述 …………………………………………………………… 233
 8.2 空调系统组成 …………………………………………………………… 235
 8.3 空调系统检修过程 ……………………………………………………… 242
 复习与思考 …………………………………………………………………… 250

附表 我国城市轨道交通车辆修程双周检检修范围 ……………………… 251
参考文献 ……………………………………………………………………… 256

绪　论

 教学目标

1. 了解城市轨道交通车辆检修的意义。
2. 了解城市轨道交通车辆检修制度的现状与发展。
3. 了解城市轨道交通车辆检修的任务及内容。
4. 了解本课程的性质、目的及学习方法。

 建议学时

1学时

一 城市轨道交通车辆检修的意义

随着经济的高速发展,城市化速度的加快,城市范围不断扩大,而且由于城市中心区过度开发,造成人口、产业和功能过度集中,产生了高负荷的交通需求,即需要大容量、快速交通系统的支持,特别是轨道交通系统的支持。

目前,相当多的城市已认识到发展大容量快速轨道交通的重要性,国内已有部分大中城市建成或正在筹建城市轨道交通。我国的轨道交通正处于良好的发展阶段。

车辆作为城市轨道交通的运载设备,在运用中由于摩擦、振动、冲击、腐蚀等因素,长期处于自然损耗的状态,当某个零部件的磨损、老化超过了一定限度时,就会出现故障,危及行车安全,甚至危及乘客生命和财产安全。随着城市轨道交通对车辆的安全性能要求的提高,车辆技术状态的稳定性已是保证轨道交通安全和有序的关键。安全可靠是实现经济效益和社会效益的重要保证。因此,城市轨道交通车辆检修工作的重要任务就是:不断加强车辆的管理,做好维护检修工作,改善车辆技术状态,提高车辆质量,保证行车安全,增强检修技能,减少故障车辆,提高车辆的可靠性,为轨道交通运营提供优良车辆。

二 城市轨道交通车辆检修制度的现状与发展

我国各城市轨道车辆现行的检修制度均为计划预防检修体制,主要包括日常保养和定期检修。这种维修方式,依据是磨损规律,是以时间或运行里程作为维修期限,只要设备使用到预先规定的时间,无论技术状态优劣与否,都要进行规范的维修工作。在这种体制下,很重要的一点,就是要科学合理地确定检修周期,只有当计划维修的周期接近车辆发生故障的实际周期时,这种维修计划才是最有效的。当计划维修的周期短于车辆发生故障的实际周期时,将产生过量维修,造成不必要的浪费;当计划维修的周期长于车辆发生故障的实际周期时,将会因车辆维修不足而影响车辆的运行安全。这种维修制度在尚无充分科学手段来准确判断车辆质量状态的阶段,适应城市轨道交通安全运营的需要,能够及时发现零部件的各种缺陷和隐患,使车辆处于良好的技术状态,保证行车安全,并能使车辆的检修工作有计划、有组织地进行,对不断提高修车质量,缩短修车时间,提高车辆的运行效率起到了很大作用,这是车辆部门长期实践经验和管理经验的总结。

随着科学技术的不断进步和各种新技术、新工艺、新材料、新装备的大量应用,车辆的结构、性能也正向自动化、机电一体化、复杂化方向发展,车辆检修、检测设备和安全监控设施取得了明显的进步,在机械化、自动化、可靠性方面得到了很大的提高,原有的检修体制已不适应,计划预防检修体制的缺点也日益暴露,现有的维修工作正面临新的挑战。

实践证明:现行体制使车辆维修过频,修时太长,降低了车辆的利用率;同时维修费用过高,零部件剩余的有效寿命浪费严重,一些部件在拆卸中无谓地被损坏,造成费用损失严重,更主要的是这种检修体制所维持的车辆费用高昂,但技术可靠性水平仍很有限,不能满足城市轨道交通的需要,检修体制改革势在必行。

三 城市轨道交通车辆检修的任务及内容

城市轨道交通车辆维护和检修的主要任务是:消除零部件损伤,恢复其工作性能,使城市轨道交通车辆保持良好的技术状态,以满足轨道交通运输生产的需要。

城市轨道交通车辆检修的主要内容是:

(1) 系统地研究、分析城市轨道交通车辆零件的损伤规律;
(2) 确定可行的检修制度、修程和检修范围;
(3) 合理地确定城市轨道交通车辆检修的技术条件和质量要求;
(4) 选择与研究先进的检修方法和技术,大力推广检修新技术、新工艺。

四 本课程的性质、目的和学习方法

"城市轨道交通车辆检修"是重要的专业课程之一,是一门研究城市轨道交通车辆检修理论及其零部件检修工艺的综合型课程。

学习本课程的目的是掌握城市轨道交通车辆检修的基本理论知识和基本的实际操作技能,为从事城市轨道交通车辆的检修工作打下坚实基础。为此,本课程提供了以下知识。

(1) 检修基础理论知识;
(2) 车体检修工艺;
(3) 转向架检修工艺;
(4) 电动机、电气检修工艺;
(5) 制动机检修工艺;
(6) 空调装置检修工艺;
(7) 车辆落成、调试及试运转知识。

"城市轨道交通车辆检修"是一门与生产实践紧密联系的课程,学习本课程必须采用理论与实际相结合的方法,明确理论的用途及对生产的指导意义。学习具体零件的检修工艺和方法时,应加强现场教学,做到理论实践融会贯通,在教学过程中应加强动手训练。

单元 1

城市轨道交通车辆检修概述

 教学目标

1. 掌握城市轨道交通车辆检修的基础知识。
2. 了解城市轨道交通车辆故障的概念、分类及变化规律。
3. 了解城市轨道交通车辆可靠性及维修性的概念。
4. 熟悉城市轨道交通车辆检修制度及检修限度。

 建议学时

6学时

1.1 城市轨道交通车辆故障

一、城市轨道交通车辆故障及其分类

(一) 城市轨道交通车辆故障的概念

城市轨道交通车辆故障是指城市轨道交通车辆整车或零部件的技术指标偏离了它的正常状态,在正常的使用条件下已不能完成规定功能的状态。如零配件的损伤、部件的损坏导致无法正常使用或性能下降;电动机功率降低;动车牵引力下降;传动系统平稳性变差、振动噪声增大等。

对故障进行研究的目的是为了大大减少或消除故障的发生,从而提高城市轨道交通车辆运用的可靠性和有效利用率。

产品一般可分为可修复产品和不可修复产品两大类。城市轨道交通车辆和其他机械设备大多属于可修复产品,在使用过程中都是通过修复或者更换新的零件或部件以恢复其使用性能,如转向架、电动机等。不可修复产品是指产品发生损伤后不进行维修而报废的产品,其中包括有的在技术上无法进行维修的产品,一旦产生故障只有报废,如闸瓦片;有的是价格低廉的消耗品产品,维修很不经济,如日光灯、橡胶件、继电器及其他电气元器件等。

城市轨道交通车辆在运用过程中,其技术状态随着走行里程的增加而逐渐变差,继而达不到预定的工作性能,即可认为城市轨道交通车辆产生了故障。

有下述现象之一,均属于城市轨道交通车辆产生了故障:

(1) 动力性能下降——车辆不能发出预定的功率,牵引力下降。

(2) 经济性能下降——工作效率降低,如齿轮传动效率降低等。

(3) 可靠性能下降——如电气部分绝缘老化、击穿,造成短路,导致动作失误,影响正常行车;再如机械部分配合间隙加大,连接松动,产生冲击振动,可能引起零件的断裂,甚至危及行车安全。

(二) 城市轨道交通车辆故障的分类

城市轨道交通车辆故障可按不同的角度进行分类。

1 按故障的性质划分

(1)间歇性故障。设备只是在短期内失去某些功能,经稍加检查处理,设备功能就能恢复的故障。

(2)永久性故障。属于设备零部件的损坏,必须更换或修复,设备功能才能得以恢复的故障。

2 按故障发生的快慢程度划分

(1)突发性故障。不能通过试验或测试手段预测的故障。

(2)渐进性故障。能够通过试验或测试手段预测的故障。

3 按故障的发生规律划分

(1)随机性故障。故障的发生时间是随机的,如轴类零件的断裂。

(2)规律性故障。故障的发生随时间有一定规律性,如轴承的磨损。

故障产生的原因是由于零件发生了损伤或失效。零件损伤通常有磨损、断裂、变形、腐蚀、电气损伤等几种损伤形式。

(三)城市轨道交通车辆与机件的故障规律

 知识链接

故 障 率

机械产品的技术状况总是随着使用时间的延长而逐渐恶化的,其使用寿命总是有限的,其产生故障的可能性也总是随着使用时间的延长而增加,因而它是时间的函数。同时,机械故障的发生具有随机性,因此,机械发生故障的情况只能用故障率来表示。

故障率定义:产品在 t 时刻后的单位时间内发生故障的产品数,相对于 t 时刻还在工作的产品数的百分比值,称作产品在该时刻的瞬时故障率 $\lambda(t)$,习惯上称为故障率。

故障率 $\lambda(t)$ 表示的是某时刻 t 以后的单位时间内发生故障的产品数与 t 时刻工作产品数之比,它反映了 t 时刻后单位时间内产品发生故障的概率。因此,也可把故障率称为故障强度。

在实际工程中,经常使用平均故障率。平均故障率表示为产品在某段时间内的故障数与此段时间内的总工作时间之比,即

$$\lambda = \frac{某段时间内的故障数}{此段时间内的总工作时间}$$

故障率的单位:1/h 或单位时间内产品发生故障的百分数;开关类间歇工作的产品用 1/动作数;城市轨道交通车辆也可用 1/km 或 1/1000km。

城市轨道交通车辆与机件的故障规律,是指城市轨道交通车辆产品、零部件在使用寿命期内故障的发展变化规律。大多数产品、零部件的故障率是时间的函数,如图1-1所示。故障率曲线像浴盆的断面,因此,也叫"浴盆曲线"。故障率的高低随时间的变化可划分为三个阶段:早期故障期、偶然故障期和耗损故障期。

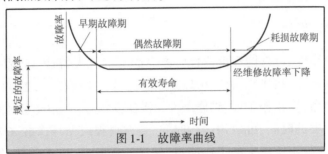

图1-1 故障率曲线

1 早期故障期

早期故障期是产品开始工作的那段时间,这段时间故障率较高,且故障率随时间增加而迅速下降。故障往往是因设计、制造缺陷或维修工艺不严、质量不佳等原因引起的,例如使用材料不合格、装配不当、质量检验不认真等。对于刚维修过的产品来说,装配不当是发生故障的主要原因。对新出厂的或大修过的产品,可以在出厂前或投入使用初期的较短的一段时间内,进行磨合或调试,以便减少或排除这类故障,使产品进入偶然故障期。因此,早期故障不是使用中总故障的一个重要部分。

2 偶然故障期

偶然故障期是产品最良好的工作阶段,也叫有效寿命期或使用寿命期。它的特点是故障率低而稳定,近似为常数。在这一阶段,故障是随机性的。突发故障是由偶然因素引起的,如材料缺陷、操作错误以及环境因素等。偶然故障不能通过延长磨合期来消除,也不能由定期更换产品、零部件来预防。一般来说,再好的维修工作也不能消除偶然故障,偶然故障什么时候发生是难以预测的。但是,人们希望在有效寿命期内故障率尽可能低,并且持续的时间尽可能长。因此,提高运用与管理水平,适时维修,以减少故障率,延长有效寿命期。

3 耗损故障期

耗损故障期是指产品使用后期的那段时间。其特点是故障率随时间的增加而明显增加,这是产品长期使用后由产品磨损、疲劳、腐蚀、老化等造成的。防止耗损故障的唯一办法就是在产品进入耗损期前及时进行维修,把上升的故障率降下来。如果产品故障太多,维修费用太高,则只能报废。可见,准确掌握产品何时进入耗损故障期,对维修工作具有重要意义。

以上三个故障期是就一般情况而言的,并不是所有产品都有这三个故障阶段,有的产品只有其中一个或两个故障期,甚至有些质量低劣的产品在早期故障期后就进入了耗损故障期。

二 城市轨道交通车辆的可靠性

❶ 可靠性的概念

产品设备的可用性、可靠性和维修性是产品固有的三大特性。产品设备的可靠性具有五个要素。一是产品:指研究对象,可以是硬件也可以是软件;二是规定条件:指产品在使用中所处的环境条件、工作条件、维修条件和操作方式等;三是规定时间:指产品完成规定任务或功能所需要的时间,可以用运行时间、走行里程或循环次数来表示;四是规定功能:指产品在技术文件中所规定的工作能力,如设计任务书、技术条件、使用说明书、订货合同、国家标准及相关技术文件;五是能力:常用概率来度量"能力",称为可靠度。故障是随机事件,产品寿命是随机变量。可靠性也是随机的,要用概率才能定量地表示产品可靠性程度。

因此,可靠性定义为:系统(产品设备)在规定条件下和规定的时间内完成规定功能的能力。

❷ 可靠性的数值度量

可靠性可以用可靠度进行数值度量,可靠度是可靠性的基本数量指标之一。可靠度的最大值为1,称为100%的可靠,最小值为0,称为完全不可靠。即:$0 \leq$可靠度≤ 1。

可靠度定义:产品在规定条件下和规定时间内完成规定功能的概率。

从产品的故障规律"浴盆曲线"中可知,偶然故障期正是产品可靠的使用寿命期,其故障类型属于恒定型。在这个阶段,产品的寿命分布服从指数分布。对于城市轨道交通车辆产品,当其进入耗损故障期前就应进行检修,恢复其功能。因此,不论是可修复产品还是不可修复产品的可靠性研究,指数分布是常用的一种分布形式,具有与数理统计学中正态分布同等的地位。

对于要求具有高可靠性的城市轨道交通车辆这种产品,恒定型偶然故障期是可靠性研究的主要对象。因为城市轨道交通车辆产品及其零部件的有效寿命是维修决策的重要依据。

❸ 可靠性设计概述

可靠性设计是在产品性能设计和结构设计阶段,针对系统、产品和零部件,应用可靠性手段,为降低产品失效率、提高产品可靠性和保证产品质量所进行的一种设计。可靠性设计包括:可靠性论证、可靠性结构设计、可靠性试验。在可靠性论证中,主要是确定系统、产品和零部件的可靠性指标并进行可靠性预计、分配及可靠性指标的平衡。

城市轨道交通车辆等机械产品系统是由若干个单元部件子系统构成,根据产品结构图纸可以作出装配系统图。参照装配系统图可进一步作出系统与所有构成单元部件子系统之间,以及各部件与各级分组件、零件之间的可靠性逻辑图,这个逻辑图反映了它们之间的可靠性功能关系。利用这种逻辑关系,建立数学模型对系统的可靠性指标进行预计、分配和平衡。

三 城市轨道交通车辆的维修性

产品的寿命周期是指产品从研制、生产、销售、使用,直至报废为止的整个时期。做好维修需要三个条件,又称为维修的三要素:

(1) 机械设备的维修性。
(2) 维修技术人员、管理人员及工人的素质和水平。
(3) 维修保障系统,包括维修基地、维修技术、检修检测设备、机具、备件与材料供应系统。

1 城市轨道交通车辆维修性

广义的维修性是指在规定的条件下使用的产品设备,在规定的时间内按规定的程序和方法进行维修时,保持或恢复到能完成规定功能的能力。维修性是产品设备的一个重要性能参数。它表示维修的难易程度,是产品在研制生产出来所固有的设计特征。维修性与维修的关系十分密切,它反映产品是否具备适应维修的能力。如应检测的机件应具有相应的测试点或相应的传感器;应检查的机件外露性即可达性好;需换件维修的零部件应方便拆卸和装配。维修性还集中体现在能以最短的维修时间、以最少的维修费用和其他资源的消耗,能够维持和保障产品设备达到完好的技术状态,以提高产品的有效利用率。

城市轨道交通车辆的维修性,指可修性、易修性和维护保养性。具体包括:结构简单,零部件组合合理,故障部位容易发现;维修时拆装容易,通用化、单元模块化、标准化高,互换性强;维修材料和备件供应来源充足等。

例如,德国 ICE 高速动车组的维修性好,加上先进的汉堡动车段共同构成了完美的高速列车维修三要素,能够在 60min 内完成轮对更换等维修作业和列车的整备工作,在 4h 内完成动力转向架的更换等维修作业,使每列动车组平均每年的营运里程达到 50 万 km 以上,是普通列车营运里程的两倍多,取得了很好的经济效益。

2 城市轨道交通车辆维修度

维修度是指在规定条件下使用的产品,在规定的维修时间内,按规定的程序和方法进行维修时,保持或恢复到能完成规定功能的概率。

维修度最大值为 1,最小值为 0,即:$0 \leq$ 维修度 ≤ 1。

若在一定的维修定额时间 t 内,维修度越大,说明维修的速度越快,实际耗费维修时

间 t 越少,也说明产品设备的维修性越好。因此,维修度是产品维修性的一种度量。但是,在对于相同的产品设备进行同级修程的维修时,当产品的维修性水平一定时,维修度也可用来对维修三要素中的其中两个要素,即对维修企业的管理和技术水平以及维修保障系统进行评定。

3 城市轨道交通车辆的维修性结构设计

维修性是产品设备的一项固有的设计特性。因此,在产品的设计研制阶段应同时进行维修性设计。维修性设计的主要内容包括:维修性结构设计和维修性指标分配、维修周期设计、维修技术保障设计以及在样机完成后进行维修性验证。维修周期设计在后面单元进行论述。

维修性结构设计的指导性准则,可归纳为如下几个方面:

(1)设备的总体布局和结构设计,应使设备的部件总成易于检查,便于更换、维修和维护。

(2)良好的可达性。可达性是指在维修时,能迅速准确方便地进入和容易看到所需维修的部位,并能用手或工具直接操作的性能。对于易损零部件更应具有较好的可达性。在考虑可达性时有两条原则:一是要设置便于维修操作(如检查、测试、更换等)的通道,如开设窗口等;二是要有合适的维修操作空间。

(3)单元部件和连接件(特别是在日常维修中要拆卸更换的部件)要易拆易装,如城市轨道交通车辆中的轮对、转向架等。

(4)简化维修作业。减少产品维修的复杂性,使结构简化轻型化;减少需要维修的项目,使单元部件方便换件维修;提高易损件的寿命以减少维修次数。

(5)配置检测点和监测装置。这是现代产品设备的突出特点,也是城市轨道交通车辆产品安全运输的迫切要求。设置检测点、配备传感器和测试监控输出参数的仪器仪表,采用自检和诊断技术,以便对故障进行预报。这是维修设计的重大课题,必须精心设计。

(6)零部件的免维修设计。机械产品目前流行的免维修零部件主要有:固定关节、预封轴承、自润滑合金轴承和塑料轴承等不需润滑件;利用弹簧张力或单元制动器等不需调整件。一般将零部件设定年限,达到设定年限时则予以报废。

结构设计时采用标准化、互换性和通用化的零部件、模块化整体式安装单元;部件单元之间的连接设置定位装置识别标志;配备专用快速的拆装随机工具与检测装置等,都有利于结构设计目标的实现。

例如,法国 TGV 高速列车的制造商编制的 TGV 使用说明书,介绍了 TGV 的构造和基本性能,内容包括587项,14 000多页,装订成47册。此外,为介绍 TGV 的维修性,还编印了一套《排除故障手册》,全书由低压、牵引制动、辅助设备、安全装置、空调、电控等六部分组成。同时研制了六种便携式提箱检测装置,还配备了抽屉式电路板测试器和固定在动车段内的测试台位以便实时维修。其所有维修人员需参加牵引制动、辅助设施、安全设备三个专业的严格培训后才能上岗进行维修工作。

1.2 城市轨道交通车辆维修制度

一、维修思想、维修方式与维修制度

维修活动需要有一种思想或理论作为指导,这种指导维修活动的思想或理论,称之为维修思想。

维修方式是指对设备维修时机的控制,换言之,对维修时机的掌握是通过采用不同的维修方式来实现的。

城市轨道交通车辆的维修制度是指在什么情况下对城市轨道交通车辆进行维修及维修达到什么状态的技术规定。具体而言,即在一定的维修思想指导下,制订出的一整套规定,包括维修计划、维修类别或等级、维修方式、维修组织、维修考核指标体系等。它直接关系到城市轨道交通车辆的技术状态、可靠性、有效度、使用寿命和运行维修费用。

(一) 维修思想

1 事后维修为主的维修思想

事后维修为主的维修思想是以机械设备出现功能性故障为基础的。当机械设备出现无法继续运转、有明显的经济损失、严重威胁设备或人身安全等功能性故障时,才设法维修的维修思想。在产业革命时期,却是以此作为维修的指导思想,并且与其对应的是事后维修方式。当时,在机器生产的基础上产生了工厂。但是,工厂规模小、设备简陋,设备操作工兼管设备维修,谁用谁修,设备坏了再修。随着产业革命的深入、科学技术的发展,机械维修才逐渐形成一个独立的工种,事后维修的思想已不能促进生产的发展。

2 以预防为主的维修思想

以预防为主的维修思想是以机件的磨损规律为基础,以故障率"浴盆曲线"中耗损故障期的始点来确定维修时间界限的维修思想。

由于把机件的磨损或故障作为时间的函数,因此,其对应的维修方式就是定期维修方式。机件的磨损程度主要靠人的直观检查和尺寸计量来确定。所以,拆卸解体检查维修就

成为预防维修的主要方法。同时,必须经常检查、定期维修,并且认为预防工作做得越多,设备也就越可靠。而检查和维修的周期长短则是控制其可靠性的重要因素,从这一观点出发,以预防为主的维修思想的实质是根据量变到质变的发展规律,把故障消灭在萌芽状态,防患于未然。通过对故障的预防,使设备经常处于良好的技术状态。实践证明,在近几十年来,以预防为主的维修思想及其相应的维修制度基本处于主导地位,在保证各种机械设备包括城市轨道交通车辆发挥其效能,以及在设备维修学科的建设中起到了积极的作用。但是随着科学技术和维修实践本身的发展对以预防为主的维修思想产生了巨大冲击,也迫使维修行业不得不去寻求一种更加符合新的客观实际的科学而经济的维修途径。

③ 以可靠性为中心的维修思想

以可靠性为中心的维修思想是以可靠性理论为基础的,其形成是以视情维修方式的扩大使用以及逻辑分析决断法的诞生为标志的。

以可靠性为中心的维修就是以最低的费用实现机械设备固有的可靠性水平。换言之,即充分利用机械设备固有可靠性的维修方式,其基本要点是:

(1)机械设备的固有可靠性是由设计制造决定的。因此,要提高其可靠性,必须从机械设备研制开始做起。维修的责任是控制影响设备可靠性下降的各种因素,以保持和恢复其固有可靠性。已定型但可靠性低的设备,必须通过改造才能改善其可靠性。

(2)以可靠性为中心的维修思想强调设备寿命的全过程管理,简称寿命管理。产品设备的整个寿命全过程,是指产品设备从市场调研、开发设计、研制、制造、选购、安装调试、使用、维修、改造更新与报废的整个过程。任何机械设备的问题,既有先天性的问题又有后天性的问题。机械设备的可靠性与维修性是其固有的设计制造特性,是先天性的,与运用维修之间应建立一套完整的信息反馈管理系统。

(3)频繁的维修或维修不当会导致可靠性下降。所以,要尽量少做那些不必要的过剩维修,要科学分析故障和有针对性地预防故障,使维修工作做得更有效、更经济。

根据对机件本身的可靠性分析,加以区别对待;对那些故障发生与工作时间的增长有密切关联且无法视情或监测的机件,采用定时维修方式;故障的发生能以参数标准进行状态检测并有视情条件的机件,采用视情维修或状态维修;故障的发生不危及安全,且通过连续监控可以在故障发生后再进行维修的机件,或有可靠性设计冗余度的设备及机件,采用事后维修。

综上所述,以可靠性为中心的维修思想不仅用于指导预防故障的技术范畴,同时也用于指导维修管理范畴。如确定维修方针、制订维修规程、选择维修方式、建立维修制度、改进维修体制、实施质量控制、组织备件供应、建立反馈系统等。这样就把机械设备维修的各个环节,连成一个维修系统,围绕着以可靠性为中心来开展各自的工作,从而互相制约、互相促进。

以可靠性为中心的维修思想,目前在我国维修界还处于探索、消化和开始应用阶段。但是,确立以可靠性为中心的维修思想来指导维修实践,是人们对机械设备维修在认识上的一个发展,是掌握机械设备维修规律的科学途径,是维修思想的一种发展趋势。

4 用系统工程的观点研究维修工作与设备综合经营管理的思想

由于科学技术的迅速发展,科学成果应用于设备,使得现代化设备如城市轨道交通车辆具有大型化、高速化、电子化和自动化等特点。上述特点给企业带来高效率、高经济效益,同时也导致了一系列的不良后果,如设备故障损失大、环境污染严重、能源资源消耗大、设备磨损与蚀损加快、设备的维修管理十分复杂。

技术密集型的现代化设备,无论是购置费还是使用费(包括运用和维修费)都十分昂贵,由此,迫切要求通过提高设备的维修度来提高设备的有效度,从而提高设备的经济效益。现代化设备的社会化程度很高、设备中体现的科学技术知识门类越来越复杂,这就要求对现代化设备进行系统的管理。

因此,近年来出现了一门边缘学科,在英国称之为"设备综合工程学";日本叫做"全员生产维修(TPM)";德国命名为"圆形模式维修系统";美国则称为"后勤学"。这一边缘学科,形成了设备综合经营管理的思想。其特点可归纳如下:

(1)实行设备全过程的寿命管理。
(2)追求寿命周期费用最低,综合效率提高。
(3)开展城市轨道交通车辆设备的经营工作。
(4)对设备的工程技术、财务经济与组织措施三个方面进行综合管理研究。
(5)实行设备的全员管理和进一步搞好维修。

维修思想是人们对机械设备群维修的客观规律的正确反映,它的正确与否,直接影响着维修活动的全局。维修思想的确立是建立在当时所处的生产水平、维修对象、维修人员的素质、维修手段和维修条件等客观实际基础之上。有了正确的维修思想作指导,才有可能制定正确的维修方式和技术政策,从而制定适合客观条件的、高效率的维修体制和合理的维修制度。

(二) 维修方式

城市轨道交通车辆的维修方式是指对城市轨道交通车辆维修时机的控制,也就是对维修时机的掌握,是通过采用不同的维修方式来实现的。目前公认的维修方式有三种,即定期维修、视情维修和事后维修。

1 定期维修

定期维修又称时间预防维修方式,它是以使用时间或运行里程作为维修期限。只要设备使用到预先规定的时间,不管其技术状态如何,都要实施的维修,这是一种带强制性的预防维修方式。

定期维修的依据是机件的磨损规律。长期以来,我们认识到,机件只要工作就必然磨损,磨损严重就会形成故障,进而会影响使用和安全。定期维修的关键问题是如何确定维修周期或维修的时机。

定期维修的实施是由计划维修周期、维修级别和检修范围,以及有关的检修工作条例来保证的。城市轨道交通车辆的修程和检修周期,应根据其构造特点、运用条件、实际技术状态和一定时期的生产技术水平来确定,以保证城市轨道交通车辆安全可靠的运用。

下面介绍修程、检修周期、检修范围的概念,以及定期维修方式所适用的情况及其优缺点。

(1)修程。修程是指城市轨道交通车辆维修的级别。根据维修保养的间隔,车辆的修程分为日检、双周检、三月检、半年检、年检、架修、大修等。日检、双周检、三月检、半年检、年检属于维护性检修,通常由检修部门在停车场实施;架修、大修属于预防性维修,需要动用架车设备,将车辆各系统拆解如走行部解体后进行性能检测和修复,需要较大的维修场地和较多的维修设备。目前,北京、广州、上海等地铁采用计划修,香港采用状态修。但不管是采用计划修、状态修还是其他的维修模式,最终都是以减少列车停时,提高车辆利用率和运营质量为最终目的。

日检——车辆每天运营结束,回到停车场后进行的例行性能检查。日检的内容主要是司机室功能检查、客室功能检查、制动功能检查及主要部件的外观检查,停时较短,通常需要在当晚完成,以保证第二天的运营供车。

双周检——车辆运用2周后,进行双周检维护。双周检分为A、B两大类,分别对应不同的维护周期,A类双周检主要适用于检修维护间隔为2周的检查;B类双周检是在取消三月检的情况下,在原来双周检的基础上增加了部分的维护检查内容而成的特殊双周检,如增加了空调部分的排水孔和视液镜内容的检查,车门上滚轮与支承导轨的间隙检查等等内容。双周检主要是各主要部件的维护性测量和检查,包括受电弓、空调、车钩、转向架、空气压缩机、空气管路漏泄、踏面单元制动器、VVVF逆变器等部件的检查,以及车门功能检查、客室功能检查、空气干燥器功能检查、VVVF逆变器风扇功能检查等项目。

三月检——车辆运用3个月进行三月检维护。三月检的内容主要是各主要部件的维护性测量和检查,包括受电弓、空调、车钩、转向架、空气压缩机、空气管路漏泄、踏面单元制动器、VVVF逆变器等部件的检查,以及车门功能检查、客室功能检查、空气干燥器功能检查、VVVF逆变器风扇功能检查、轮对轮缘、轮径值测量等项目。

半年检——车辆运用半年后进行半年检。半年检的内容主要是各主要部件的维护性测量和检查,包括受电弓、空调、车内电子柜、司机室、客室车门、通道、车钩、转向架、牵引电动机、蓄电池、空气压缩机、空气管路漏泄、踏面单元制动器、VVVF逆变器、电气主回路继电器、辅助设备箱接触器、车间电源箱、车底电气设备箱等部件的检查,以及车门功能检查、客室功能检查、空气干燥器功能检查、VVVF逆变器风扇功能、蓄电池紧急供电45分钟测试检查等项目。

年检——车辆运用1年后进行年检。年检按周期间隔的不同分为年检1和年检2。与半年检项目基本相同,对车辆的各系统进行状态检查、检测和功能调整;各部件全面检查、清洁、润滑,部分部件如空调机组、继电器的清洁、测试和维修,以及列车的全面调试。为了减少维修停时和保证周末正线用车,可合理安排在5天内完成。

架修——车辆运用6年或600 000km后进行架修,其目的是恢复车辆的大部分性能。对转向架、轮对、贯通道、车钩、制动装置、牵引电动机、牵引逆变器、辅助逆变器、蓄电池等主要部件解体后进行全面仔细检修,转向架及轮对还需进行探伤;更换一些密封橡胶件、磨耗件、一次性使用件和工作寿命到期的零部件;最后对车辆各系统进行全面检测、调试及试验。

为了缩短车辆架修的停时,提高车辆上线利用率,架修尽可能采用部件互换修的方式,即从车辆上拆下待修部件整件,用地面上预先维修好的备件装车,使整车能在较短时间内完成修程,重新投入运营,专业班组再对拆下的系统部件进行分解维修,作为下一列车架修的更换备件。

大修——车辆运用12年或1 200 000km后大修,其目的是全面恢复车辆出厂时的技术性能。这是实现车辆设计寿命周期内保持车辆表现稳定的重要的维修形式。在架修的基础上,需要对整列车进行分解、检查、修复,全面清洗(包括部件、空气管道等),压力密封检测,车体重新油漆等;结合技术改造,对部分系统进行全面的升级或更换;对车辆各系统进行全面检测、调试及试验。此类维修需在综合维修基地进行。

除以上修程外,对一些进行过特殊检修后的列车,如镟轮后、更换过轮对和转向架或进行过试验的列车,还可按照特殊检修的要求安排检查,主要是对列车走行部等进行外观检查,以保证列车安全运行。另外,节假日到来前,还可安排对列车的一些重要零部件,如车底紧固件、车门、牵引/制动回路继电器等进行普查,以保证节假日期间列车性能稳定。各地铁公司可根据所选车型不同和车辆利用率的不同要求,灵活制定各种修程,如香港地铁车辆不需要做日检。另外,有些地铁还采用均衡修的方式,即将架修、大修内容分解到年检各修程中去,以减少列车停时,提高车辆利用率。

(2)检修周期。检修周期是指相同修程之间的间隔时间或使用期限,修程级别越高,检修周期越长。各级修程的周期,应由该修程不足以恢复其基本技术状态的城市轨道交通车辆零部件,在两次修程间保证安全运行的最短期限确定。例如某市地铁城市轨道交通车辆检修周期,如表1-1所示。

某市地铁城市轨道交通车辆检修周期　　　表1-1

修　程	检修周期		检修时间	检修地点
	里程(万km)	时间		
日检	—	1天	1.5h	车厂或停车场
双周检	0.4	两周	3~4h	车厂或停车场
三月检	3	3个月	3天	车厂或停车场
年检	12	1年	5天	车厂
架修	60	5年	30天	维修基地
大修	120	10年	35天	综合维修基地

注:双周检及年检分A、B类和1、2类,分别对应不同的检修周期。1号线车辆无三月检;4号线车辆有日检、月检、半年检、年检、架修和大修。

(3)检修范围。城市轨道交通车辆各级修程必须确定合理的检修范围,即检修涉及的零部件都有哪些。检修范围编制的依据,有检修周期;各机组、部件的技术要求;质量变化规律、可靠性及使用运行区段的自然条件和水质情况。一般情况下,修程越大,范围越广。制定检修范围时还应做到:城市轨道交通车辆在一个修程内不发生因范围不当而造成的运行故障、临修和超范围修;在完成规定的检修周期和保证城市轨道交通车辆运用安全可靠的基础上,尽量减少"过剩"维修。

(4)定期维修方式所适用的情况及其优缺点。

定期维修方式适用以下几种情况：

①故障机制具有明显的时间相关性。

②在设备使用期限内,机件出现预期的耗损故障期,这样可以依据其磨损规律,预测即将发生故障的时间,在此时期故障率将迅速增高。

③对于一些重要的机件很难检查和判断其技术状况时,定期维修方式是一种有效的办法。

定期维修方式的优点是容易掌握维修时间,维修计划、组织管理工作也较简单、明确,同时这种方式有较好的预防故障作用。目前,我国城市轨道交通车辆仍主要采用这种方式,在保证正常、安全运行方面起了积极作用。

定期维修方式的缺点是对磨损以外的其他故障模式,如疲劳、锈蚀以及机件材质或因使用维修条件等方面影响而造成的故障未能考虑在内。不能针对设备的实际技术状况进行维修,预防工作采用"一刀切"的大拆大卸方针,使拆卸次数增多,不利于充分发挥机件的固有可靠性,甚至导致故障的增加。因此,对于难以更换的部件,这种维修方式并不理想,因为结构越复杂,故障模式则越不能具有明显的时间相关性；另外,复杂机件,不管是更换还是维修,都很费时、费钱,这样的设备采用状态监测维修方式,效果会更好。

❷ 视情维修

视情维修又称为按需预防维修方式,这种维修方式是根据设备实际情况(技术状态)来确定维修时机。它不对机件规定固定的拆卸分解范围和维修期限,而是在检查、测试其技术状况的基础上确定各机件的最佳维修时机。

这种维修方式是靠不断定量分析监测机件的某些参数或性能的视情资料,决定维修时间和项目。视情资料是指通过诊断或监测表征机件技术状态参数的资料。

视情维修适用于下面几种情况：

(1)属于耗损故障的机件,而且有缓慢发展的特点(如磨损),能估计出从量变到质变的时间。

(2)能定出评价机件技术状态的标准,如极限状态的参数标准等。

(3)视情维修对于那些机件故障会直接危及安全,而且有极限参数可以监测的机件才是有效的。

(4)除了靠肉眼观察及利用设备本身的测试装置外,还要有其他适当的监控或诊断手段。

显然,视情维修方式可以充分发挥机件的潜力,提高机件预防维修的有效性,减少维修工作量和人为差错。不过这种维修方式费用高,要求具备一定的诊断条件,哪些机件采用,哪些项目采用,都要根据实际需要和可能来决定。

❸ 事后维修

事后维修方式也称故障维修,它不控制维修时期,是在机件发生故障之后,才进行维修。

实践证明,有些机件即使产生了故障,也不会造成严重后果或影响安全,对这类机件和一些偶然故障,没有必要进行预防维修,可以在故障发生之后再加以维修或更换。这样,这些机件就可以得到充分利用,可以减少预防维修的范围和项目,避免这类机件因不必要的拆卸、检查、保养而不能继续使用,结果造成不必要的经济损失。

事后维修适合下面几种情况:

(1)机件发生故障,但不影响总体和系统的安全性。

(2)故障属于偶然性的,故障规律不清楚,或者虽属耗损型故障但用事后维修方式更经济。另一方面,随着新技术在机械设备上的广泛应用,使维修对象的固有可靠性达到相当高的程度,可靠性技术冗余度很大,故障密度很疏,出现故障的可能性很小,即使出现了故障也不致影响任务的完成和行车安全,这时也可以采用事后维修。

维修方式的选择,应该从发生故障后机械设备的安全性、经济性和有关技术政策法令来综合考虑后进行。

由上述三种维修方式的特点可以看出,定期维修和视情维修均属于预防性维修,可以预防渐进性故障的发生。事后维修则是非预防性的维修,多用在偶然故障或用预防维修不经济,不影响安全运用或具有可靠性冗余度的机件。定期维修是按时间标准送修,而视情维修是按实际状况标准送修,而事后维修则不控制维修时间。从这个意义上分析,上述三种维修方式本身并没有先进落后之分,各有一定的运用范围。然而应用是否恰当,则有优劣之分,不过维修方式的发展趋势,是从事后维修逐步走向定期的预防维修,再从定期的预防维修走向有计划的定期检查,并按检查的结果,安排近期的计划维修。对城市轨道交通车辆等重要的技术装备,则随着状态监测技术和故障诊断技术的发展,逐步走向视情维修。不过,在同一系统或设备上往往这三种维修方式可以根据具体情况综合选用。

(三)维修制度

目前,世界上维修理论和制度可分为两大体系:一个是在预防为主的维修思想指导下,以磨损理论为基础的计划预防维修制度;另一个是在以可靠性为中心的维修思想指导下,以故障统计理论为基础的预防维修制度。但两种制度在一定时期内将同时并存,计划预防维修制度较适合于机械设备维修的宏观管理,而以可靠性为中心的维修制度较适合于机械设备维修的微观管理。

1 计划预防维修制度

计划预防维修制度,是在掌握机械设备磨损和损伤规律的基础上,根据各种零件的磨损速度和使用极限,贯彻防重于治的原则,相应地组织保养和维修,以避免零件的过早磨损,防止或减少故障,延长使用寿命,从而能较好地发挥设备的使用效能和降低使用成本。

计划预防维修制度的具体实施,可概括为定期检查、按时保养、计划维修。

实现计划预防维修,需要具备以下几个条件:

(1)通过统计、测定、试验研究,确定总成、主要零部件的维修周期。

（2）根据总成、主要零部件的维修周期，又考虑到基础零件的维修，合理地划分维修类别等级或修程。

（3）制定一套相应的维修技术定额标准。

（4）具备按职能分工、合理布局的维修基地。

前面三项是必不可少的条件，也只有具备了这些条件，计划预防维修制度的贯彻才能取得实际的效果。所以说计划预防维修制度的基础是一套定额标准，其核心是维修周期结构。

❷ 以可靠性为中心的维修制度

以可靠性为中心的维修制度是以可靠性理论为基础的，鉴于一些复杂设备如城市轨道交通车辆、飞机，一般只有早期和偶然故障期，而不考虑耗损期。因为，定期维修对许多故障是无效的。现代机械设备的设计，只使少数项目的故障对安全有危害，因而应按各部分机件的功能、功能故障、故障原因和故障后果来确定需做的维修工作。20世纪60年代美国联合航空公司提出了"逻辑分析决断法"，对重要维修项目逐项分析其可靠性特点及发生功能性故障的影响来确定采用相应的维修方式。

实行以可靠性为中心的维修制度应具备以下几个条件：

（1）要有充分的可靠性试验数据、资料可作为判别机件状态的依据。

（2）要求产品设计制造部门和维修部门密切配合制订产品的维修大纲、维修指导书等。

（3）要具备必要的检测手段、仪器设备和标准。其核心是以状态监测和故障诊断为基础。

（四）我国城市轨道交通车辆采用的维修制度

目前，我国城市轨道交通车辆采用的是计划预防维修制度。城市轨道交通车辆实行计划性的预防检修，车辆的修程分为日检、双周检、三月检、半年检、年检、架修、大修等。

车辆维修分为预防性检修和事后检修或更正性检修。维修制度基本框架，如图1-2所示。

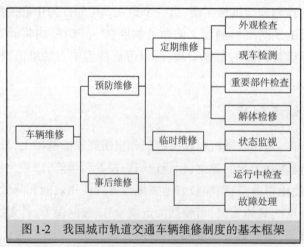

图1-2　我国城市轨道交通车辆维修制度的基本框架

二 制订检修周期的基本方法

制订各种修程的检修周期,是关系到城市轨道交通车辆能否处于良好技术状态的主要因素。零部件使用期限是制订检修周期的主要依据。

1 城市轨道交通车辆极限技术状态的确定依据

城市轨道交通车辆在运行过程中,其技术状态随着走行公里数的增加而逐渐变差,以致达不到预定的工作性能时,即认为城市轨道交通车辆产生了故障。当故障已严重地影响城市轨道交通车辆的正常运行,而必须对其进行维修才能够使城市轨道交通车辆恢复运行时,此时城市轨道交通车辆的技术状况,即城市轨道交通车辆极限技术状态。

城市轨道交通车辆极限技术状态,可综合下面各种情况进行确定:

(1)动力性能下降,在各工况下城市轨道交通车辆发出的功率偏差较大。
(2)经济性能下降,传动效率低。
(3)运行可靠性下降,零件断裂、连接松动、振动增强、电气动作失误等发生的频率高,需进行经常临修。

2 零件的使用期限

我们知道,城市轨道交通车辆故障产生的原因是零件发生了损伤。制订具体的检修制度时,必须知道零件发生了不能再继续使用的极限损伤及从开始使用到发生了极限损伤的期限。

零件在使用过程中,随着工作时间的增长,不可避免地产生各种损伤,使配合关系遭到破坏,工作效率降低,最终导致工作失效,不得不进行维修。零件从投入使用,直到因各种极限损伤而必须维修的全部时间称作零件的使用期限。通过维修,零件恢复或基本恢复了使用要求,又可投入工作,直到下一个使用期限。零件从投入使用,中间经过若干个使用期限,直到不能修复或不值得修复的全部时间,称作零件的使用寿命。此时,零件即应作报废处理。工作中零部件配合关系的好坏,取决于配合件中任何一个组成零件的质量。当组成零件中任何一个部件出现极限损伤,应进行维修或更换时,该配合件达到使用寿命。组成零件中其他零件如没有出现极限损伤,一般情况下仍可继续使用。所以,配合件的使用寿命不能等同于零件的使用寿命。配合件从投入使用,直到其中任一组成零件达到使用期限或使用寿命时,该配合件无法再按技术要求进行工作的全部时间,称作配合件的使用寿命。

3 使用期限与使用寿命的确定依据

零件或配合件的使用期限取决于零件或配合件的极限损伤情况。对于某个零件来讲,它的极限损伤,可能是极限磨损量,也可能是极限腐蚀深度。此外,诸如机械损伤、疲劳、裂纹等而使零件必须进行维修的各种损伤,都可能成为该零件的极限损伤。对某一配合件而言,它的极限间隙就是极限损伤。通常认为有下述四种情况之一,则零件达到使用期限或配合件达到使用寿命。

（1）零件损伤程度在短时间内将要急剧发展。零件或者配合件的工作条件不同，所受主要损伤也不同，不管是哪种损伤，当发现在短时间内该种损伤的程度发展急剧，且也明显影响其工作质量时，该零件或配合件就可以认为达到了使用期限或使用寿命。

损伤急剧发展的表现也是多方面的，这里仅以轴承的配合件来说明。轴承在工作中因种种原因，磨损总是难以避免的，磨损后，配合件间隙会逐渐增大，当配合件间隙增大到一定限度后，会出现噪声、振动加大、轴承温度提高。由于配合件间隙的增大使冲击功迅速增大，冲击功增至极限值时，冲击载荷促使润滑油过热，使磨损加剧。另外，振动增大后也会影响到其他机件的正常工作。由此可判断，当极限冲击功值出现时，其相应的配合件间隙应为极限配合件间隙。通过测其配合件间隙即可确定该配合件的使用寿命。

（2）出现零件工作能力过分消减或丧失的状况。零件的工作能力主要是指零件本身在强度、刚度和其他机械性能上达到要求的能力。设计时应根据零件的材质、工作条件、机加工水平或者适当的表面处理来满足使用要求。但是经过使用和多次维修后，零件从多方面都降低了工作能力，而不能再满足使用要求，如轴颈变细、弹簧弹力下降等。零件工作能力的消减，会直接影响其配合件的工作，如电气动作不及时等。因此在检修过程中，对每个零件的基本尺寸都会按照不同的修程规定了相对应的尺寸限度要求，可根据测量结果决定其是否已到使用期限。

（3）根据经济指标来确定。城市轨道交通车辆运用根据某些工作介质消耗量（如润滑油）、维护检修费用、易耗件消耗量的增加情况来确定。从日积月累的数字上可以看出城市轨道交通车辆整体质量的优劣及变化。如果损失增大到经济上不合算的程度，即使零件还没完全丧失工作能力，也不能再继续使用。

（4）根据工作质量、工作安全性来确定。机件工作不平稳、电气误动作、城市轨道交通车辆振动增加等，均说明城市轨道交通车辆工作质量下降，有些质量问题直接影响到城市轨道交通车辆的安全运行。如车轮踏面及轮缘的不均匀磨损，会破坏和钢轨的耦合。根据磨损规律，轮缘部分越磨越尖，踏面也会失去原有型面，在运行时，可能掉道，甚至在过道岔时将道岔挤坏，发生严重事故。所以从安全与质量的多重因素考虑，当踏面磨损到一定限度时，必须进行镟修，以保证轮缘、踏面的形状正确。因此，当某些零部件因损伤而危及运行安全时，可判定该损伤已到极限，应进行维修或更换。

❹ 使用期限的确定方法

通常确定零件和配合件使用期限的方法有以下几种：

（1）调查统计法。调查统计法是根据城市轨道交通车辆长期运用所积累的经验和实践资料加以整理、加工，用数学统计方法总结出零件和配合件的损伤规律，以此确定是使用极限。这种方法的特点是需要积累大量的资料才能得到比较可靠的结果。

（2）运用试验法。运用试验法是指城市轨道交通车辆在正常运用条件下，对某些零件和配合件做长期的系统观察和测量，根据观察和测量的结果，并经分析和研究，从而确定其使用期限。这种方法的特点是结果具有很高的可靠性,但试验时间较长。

(3)实验室研究法。实验室研究法是在实验室的条件下,对零件和配合进行模拟实验和研究,以总结其损伤规律,并确定其使用期限。这种方法的特点是花费时间少,但由于对零件和配合件的工作条件被理想化了,试验结果与实际情况往往不相符。

(4)计算分析法。计算分析法是在运用条件下,影响零件损伤规律的各种因素之间的关系用公式表示出来,通过计算分析来确定其使用期限。这种方法的特点,由于各种因素的影响,在计算公式中不能完全反映,计算可靠性不易保证。

总之,上述四种方法各有优缺点,但它们不是相互排斥,而是相互补充的,在实际工作中,往往是综合使用的。

5 零件使用寿命的确定

零件的使用寿命与配合件的使用寿命是两个不同的概念。有些情况下,零件与配合件的使用寿命相符合;多数情况下,零件的使用寿命要比它所组成的配合件使用寿命长得多。如图1-3所示,轴类零件的原形尺寸为D_0,运行K_1后因配合件间隙达到极限而达到使用期限,进行维修后轴径由D_0变为D_1,配以等级轴瓦后恢复原配合件使用要求,又投入使用。虽然第一次配合件使用寿命已到,但其自身的使用寿命未到,因此在维修后仍可以使用。通过一次次的使用期限维修,轴颈由D_0逐渐减小到D_1、D_2、…、D_n,当D_n到达允许最小值D_{min}(极限)时,这根轴才完成了使命,达到使用寿命。

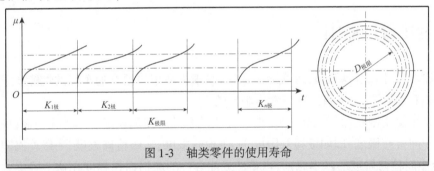

图1-3 轴类零件的使用寿命

所以,零件的使用寿命取决于它自身的强度、刚度等所允许的尺寸限度的极限值。

1.3 城市轨道交通车辆检修限度

城市轨道交通车辆检修限度是指城市轨道交通车辆在检查与维修时,对零部件允许存在的损伤程度的规定限度,如车轮,检修时,踏面擦伤长度小于或等于30mm就是检修限度。它是一种极为重要的城市轨道交通车辆规章制度。城市轨道交通车辆检修限度制订得合理与否,不仅直接影响车辆的质量和行车安全,而且影响车辆检修的成本、经济效果和检修周期。因此合理地制定检修限度标准,对完成城市轨道交通运输任务有着重要意义。

由于影响城市轨道交通车辆零部件的损伤和使用期限的因素十分复杂,用理论计算的方法,往往不能充分反映客观实际条件的各种影响。因此,通常是对零部件在理论上和实际运用情况进行全面调查、分析来确定城市轨道交通车辆检修限度。

一、检修限度的种类

在城市轨道交通车辆检修限度中,城市轨道交通车辆零件的损伤程度多以尺寸的变化来表示,因此检修限度大部分是尺寸限度,即通过对零件某些尺寸的限制,以控制其损伤程度,作为检修要求的依据。同时与城市轨道交通车辆检修制度相适应,把城市轨道交通车辆检修限度分为以下两种:

(1)原形尺寸:各零件的原形尺寸及配合件原始间隙,是指城市轨道交通车辆各零部件的设计尺寸和制造允许公差,组装时的允许间隙。

(2)禁止使用限度:城市轨道交通车辆各零部件的尺寸及配合件间隙,超过此限度时,不经维修或更换不允许再继续使用。

二、检修限度的原则

(1)原形尺寸:设计城市轨道交通车辆时,是根据城市轨道交通车辆的性能要求、零件的材质、加工工艺条件、使用条件等因素而制定的。

(2)禁止使用限度:实际上就是所谓零件或配合件的使用期限。本单元前面已有叙述。

(3)中间检修限度:即四级检修限度、三级检修限度、二级检修限度、一级检修限度。

确定中间检修限度的基本原则:当零件或配合件的磨损损伤程度在这个限度内时,磨损表面尚有足够的磨损余量来保证继续安全使用到下一个规定修程。

五级检修限度,按上述原则是将零件和配合件恢复到原始设计尺寸。其他中间限度也按上述原则确定。

 复习与思考

1. 城市轨道交通车辆故障的类型有哪些?
2. 根据盐浴曲线说明城市轨道交通车辆故障的几个阶段。
3. 简述城市轨道交通车辆检修的可靠性、维修性的含义。
4. 城市轨道交通车辆检修方式有哪些?

单元 2

城市轨道交通车辆检修工艺基础

 教学目标

1. 掌握城市轨道交通车辆零件的损伤。
2. 熟悉城市轨道交通车辆检修工艺过程。
3. 了解城市轨道交通车辆检测技术。

 建议学时

14 学时

2.1 零件的损伤

设备出现故障的原因是零件产生了损伤。零件损伤的主要形式有：磨损、变形、腐蚀、断裂、电气损伤。在机械设备中，磨损是最主要的损伤形式，断裂是最危险的损伤形式。本单元主要介绍零件各种损伤的形貌特征、产生机理、预防及减轻措施。

一 零件的磨损

大量的统计分析表明，机械设备产生故障的主要原因是摩擦副的磨损。城市轨道交通车辆机械零件检修与更换主要是由磨损引起的，因此，研究磨损、提高零件的耐磨性，对于提高城市轨道交通车辆工作的可靠性、延长城市轨道交通车辆零件的使用寿命、节省检修费用都具有重要意义。

磨损是指互相接触的零部件做相对运动时，工作表面的材料逐渐损耗的现象。磨损的快慢以磨损速度或磨损强度来衡量。磨损速度是指单位时间的磨损量，磨损量可以用零件的几何尺寸或零件质量的变化量来表示；工程上常以单位工作时间内，垂直于摩擦表面的尺寸减小量来计算。城市轨道交通车辆零件磨损，通常以在单位运行里程中零部件尺寸的变化量来表示。

磨损带来的后果：一是材料组织结构及性能的破坏；二是形状及表面质量（如粗糙度）的变化。

(一) 摩擦与磨损

1 摩擦

物体间的摩擦会产生磨损，摩擦形式直接影响磨损的程度。根据零件摩擦表面的状态，摩擦可分为干摩擦、液体摩擦、边界摩擦和混合摩擦四种形式。

(1) 干摩擦。摩擦表面之间没有润滑剂，固体直接接触的摩擦称为干摩擦。如轮箍与钢轨的摩擦、制动时闸瓦与轮箍踏面的摩擦。干摩擦时，摩擦系数高达 0.1~0.7，磨损极其严重。

(2) 液体摩擦。液体摩擦是指摩擦表面之间完全被连续的润滑油膜所隔开，载荷的传递是通过油膜实现的摩擦。如各种形式的流体动力润滑轴承（滑动轴承、推力轴承），再如有润滑的齿轮啮合副,都属于液体摩擦。液体摩擦时摩擦系数很小,通常为 0.001~0.01,几乎不产生磨损。形成液体摩擦的关键是要形成油膜。

形成油膜须具备三个条件:零件表面有油楔的几何形状;供应充足的具有一定黏度的润滑油;两零件有相对运动,其运动方向驱使机油从油楔大端流向小端。同时油膜厚度最小值大于两工作表面圆柱度、圆度及微观不平波峰之和。油膜的厚度与机油的黏度、相对运动速度、载荷有关。一般运动速度高、机油黏度大易形成油膜,载荷大时则不易形成油膜。

(3)边界摩擦。两摩擦表面之间仅由一层极薄的油膜所隔开的摩擦为边界摩擦。通常厚度在 0.1μm 以下。它一般是由于载荷突然增大或相对运动速度突然下降,或者由于润滑油温度过高,黏度下降等原因所致。

边界摩擦是一种过渡状态,很不稳定。边界摩擦时,金属表面凸起部分相互接触,由于润滑油具有较强的吸附能力,会在它们之间形成极薄的吸附油膜,从而防止了两金属的直接接触,使摩擦力大为减少,但可能会引起凸起部分的变形及吸附油膜被划破。

(4)混合摩擦。在摩擦表面上,液体摩擦、边界摩擦、干摩擦三种形态混合存在的摩擦称为混合摩擦。在机件运行中,这种摩擦形式广泛存在。它有两种情况:一是半液体摩擦,即同时存在边界摩擦和液体摩擦的情况;二是半干摩擦,即同时存在边界摩擦和干摩擦的情况。摩擦引起的磨损量,是由边界摩擦与干摩擦所占比例而定的。

各种摩擦形式的摩擦系数,如图 2-1 所示。

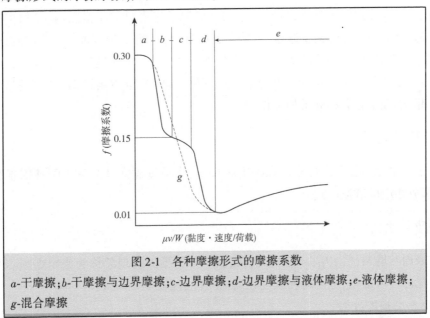

图 2-1　各种摩擦形式的摩擦系数
a-干摩擦;b-干摩擦与边界摩擦;c-边界摩擦;d-边界摩擦与液体摩擦;e-液体摩擦;g-混合摩擦

在上述各种摩擦形式中,干摩擦由于金属直接接触,因此零件表面的磨损是相当剧烈的。边界摩擦由于金属不直接接触,不会产生磨损,但必须指出,在高温或重载下吸附油膜会失去结合力或被划破,导致金属直接接触而引起磨损。液体摩擦不会引起磨损,但在实际工作中液体摩擦只能在高速运转时形成。任何机器总有启动、停车及冲击振动的情况,这时液体摩擦存在的条件即被破坏,边界摩擦、混合摩擦势必发生,从而产生磨损。

2 磨损

摩擦时引起的磨损是一个很复杂的问题,它是一系列物理、化学、机械性能现象的综合。就磨损过程而言,一般认为包含三个过程:一是摩擦表面的相互作用;二是摩擦表面层性质的变化;三是表层被破坏。

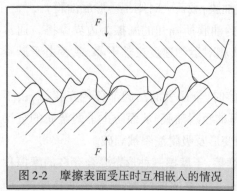

图2-2 摩擦表面受压时互相嵌入的情况

关于磨损机理,一般认为产生磨损主要是由于表层金属的直接接触而产生机械作用和分子作用。由于摩擦表面存在一定的粗糙度,受正压力 F 后,表面凹凸部分互相嵌入,如图2-2所示。各凸起部分的强度、高度、方向是不相同的,嵌入的深浅也不同。当表面相对切向产生位移时,嵌入浅的发生弹性挤压,嵌入深的发生塑性挤压,这样经多次重复后,塑性变形的金属向滑动方向伸长,造成晶格扭曲、晶体滑移和破碎,使部分金属强化或冷作硬化成脆性物质从表层脱落。

表面凹凸部分互相嵌入的同时,还产生分子的相互作用。当两个固体表面紧密接触时,分子之间的距离极其接近,便会出现分子吸引力,使表面互相吸引。当分子互相作用力很大,接触点又没有任何覆盖膜时,接触点上的金属原子进入原子晶格以内,互相扩散成为似固溶体结构,对应点好像焊接了起来,这些点在压紧时,经塑性变形而形成冷作硬化,材料强度比基体强度高,因此相对移动时就发生深层撕扯现象。在摩擦表面的直接接触区产生大量的热。温度过高时,材料在滑移方向会产生塑性流动,甚至使接触部位的金属软化,相互熔合在一起,增强了它们的分子相互作用力。

(二) 磨损形式

磨损是一个相当复杂的过程。在一定条件下,磨损过程常只有一至两种因素起主导作用,从而形成相应的磨损形式。

1 磨料磨损

零件表面与磨料(粒)互相摩擦,而引起表层材料损失的现象称为磨料磨损。磨料磨损是最为常见的一种磨损,也是磨损强度较高的一种磨损。

(1) 磨料磨损的分类

①两体磨料磨损,指机件直接与磨料接触发生的磨损,如挖掘机斗齿的磨损。

②三体磨料磨损,指硬质颗粒进入两表面之间形成的磨损,如灰尘、磨粒进入齿轮副的磨损。

③微凸体磨料磨损,指坚硬、粗糙表面上的微凸体在零件表面上滑动形成的磨损,如淬火齿轮对软尺面带来的磨损。

（2）磨料磨损的影响因素

①金属材料的硬度。一般情况下，金属材料的硬度越高，耐磨性越好。金属材料的硬度与合金成分和热处理有关。

②磨料性质。经研究发现磨粒粒度对材料的磨损强度影响有一个临界值。小于临界值时，粒度增加，磨损加剧；大于临界值时，磨损强度不随粒度增加而增加。磨损粒度的临界值为 $60\sim100\mu m$。

（3）减少磨料磨损的措施

对于机械设备中三体磨料磨损的摩擦副，如滚动轴承、轴颈与轴瓦等应设法阻止外界磨料进入摩擦副，及时清除摩擦过程中产生的磨削和微凸体产生的磨削。具体措施是对润滑油进行良好过滤，注意密封，经常维护，清洗换油。

② 黏附磨损

黏附磨损，是指两个作相对滑动的表面，在局部发生相互焊合，使一个表面的材料转移到另一个表面所引起的磨损。

黏附磨损的产生机理是当摩擦表面的实际接触面积很小、应力很大时，接触点金属产生塑性变形，使氧化膜破坏，呈现纯净金属面，摩擦表层彼此黏结。黏结部位在相对运动中被撕裂、强化，常常把强度较小的金属表层撕走，黏附到另一摩擦表面上。在被撕走金属的部位易产生应力集中现象，逐渐形成显微裂纹，从而引起疲劳破坏。

黏附磨损常发生在压力大、润滑条件差、相对速度高的情况下。黏附磨损会使摩擦表面产生严重的磨损，磨损加剧还会导致零件互相咬死，如抱轴现象。

减轻黏附磨损的措施有：合理润滑，建立可靠的润滑油膜，把两表面隔开；选择互溶性小的材料配对，如铅、锡等的合金抗黏着性能好，易做轴瓦材料；金属与非金属配对，如钢与石墨，也有较好的效果；适当的表面处理，如表面淬火、磷化处理渗氮等。

③ 疲劳磨损

疲劳磨损一般产生于载荷较大的滚动摩擦副中，主要是由于接触疲劳所引起的，是一种表层脱落或剥离现象。如常见的滚动轴承滚动体、外圈产生的麻点，齿面和轮箍踏面的剥离现象。

影响疲劳磨损强度的因素有：接触表面的压力、载荷循环次数、零件表面抵抗挤压变形的能力、强化层的厚度、疲劳强度极限等。

减轻疲劳磨损的措施有：减少材料中的脆性夹杂物；提高表面的加工质量，降低表面粗糙度和形状误差；进行表面处理，如渗氮、表面滚压处理、喷丸处理等。

④ 氧化磨损

在摩擦过程中，氧吸附在摩擦表面上，并向表层内扩散与发生显微塑性变形的金属接触形成氧化膜。氧化膜能防止黏附磨损，抗磨性好，但是当氧化膜较厚时，则易被撕碎从表面脱落，形成氧化磨损。氧化磨损的磨损速度最小，与压力大小有密切关系，压力越大，氧化磨损越严重。有振动载荷时,氧化膜易被破坏使磨损加速。相对速度较高时,氧化磨损将转变为以摩擦为主的黏附磨损。

在以上四种磨损形式中,氧化磨损可以认为是容许的磨损形式。而其他磨损形式均有磨损速度大、摩擦系数高、表面出现粗糙条纹等特点,是非正常磨损,应该设法避免。

(三)零件与配合件的磨损规律

磨损是摩擦的产物,不同的摩擦形式会产生不同的磨损量。尽管总希望零件摩擦是液体摩擦,但在城市轨道交通车辆实际运用中是做不到的。城市轨道交通车辆工作时,总要经历启动和停车两个过程,零件就不可避免地要经历由干摩擦到其他摩擦形式的转换过程,从而产生磨损。

实践表明,城市轨道交通车辆上各零件在润滑状态比较良好的情况下,由于启动→运转→停车过程的影响(且不计其他因素的影响),其磨损规律如图2-3所示。零件的磨损量 μ 随时间 t 的变化规律称为零件的磨损特性,由此形成的曲线称为磨损曲线。

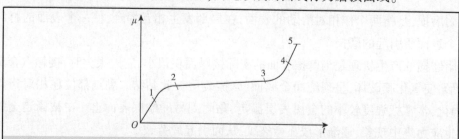

图2-3 零件磨损曲线(启动→运转→停车三个阶段)

图中,曲线 0~2 段为启动阶段,其中 0~1 段为干摩擦阶段,1~2 段转入混合摩擦阶段;曲线 2~3 段为运转阶段,零件处于液体摩擦状态;曲线 3~5 段为停车阶段,其中 3~4 段转入混合摩擦阶段,4~5 段为干摩擦阶段。

在城市轨道交通车辆整个运用过程中,由于各零件的启动→运转→停车的过程是多次发生的,因此零件在城市轨道交通车辆整个运用过程中的磨损曲线将由许多如图2-3所示那样的曲线所组成。如图2-4所示为零件在城市轨道交通车辆整个运用过程中的磨损曲线,从中可以看出,零件的磨损-损坏过程有以下三个明显阶段。

第一阶段(AB 段):零件处于刚开始运转的较短时间内,由于其表面经过加工后,总存在表面粗糙度,此时摩擦系数 f 值也较大,因而发生较强烈磨损。AB 段的仰角较大,表明磨损速度较快。在这一阶段内,零件工作表面经过一段时间的磨损,相互之间的配合间隙由制造时的原始状态过渡到比较稳定的状态(此时的间隙即达到设计间隙),因而磨损速度也逐渐下降。零件的磨损量由 A 值增至 B 值,曲线逐渐平坦,转入第二阶段。通常这一阶段称为零件的磨合阶段。

第二阶段(BC 段):零件经过第一阶段磨合后,开始磨损比较缓慢,在相当长的时间内磨损量增加的速度也比较慢。此时磨损均匀增加。这一阶段称为零件正常磨损阶段,其磨损属于正常磨损。

第三阶段(CD 段):零件在正常工作阶段不断磨损,当磨损量逐渐增大到 C 点时,即发生一个由量变到质变的突变过程,造成配合间隙过大,引起较大的冲击和振动;同时,零件的润滑条件也变得恶化,最后促使零件的磨损速度急剧增加,直至导致零件破坏。因此 C 点称为零件的极限磨损(此时配合副的间隙达到极限间隙)。

图 2-4 的磨损量 μ 也可用配合间隙 S 来代替,运用时间可用城市轨道交通车辆走行公里数 K 来代替,并画成平滑曲线,改制成如图 2-5 所示的曲线。图中 Oa 为制造间隙,Ob 为设计间隙,Oc 为极限间隙;而 Oc' 则为极限走行公里。

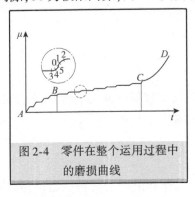

图 2-4 零件在整个运用过程中的磨损曲线

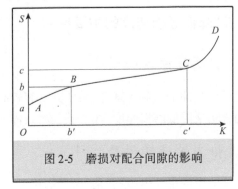

图 2-5 磨损对配合间隙的影响

(四) 影响磨损的主要因素

以上无论哪一种磨损形式,影响磨损速度的因素有以下三个主要方面:

1 工作条件

工作条件是决定磨损形式和磨损速度的基本因素,包括摩擦类型、相对速度和载荷三个方面。

(1) 摩擦类型。摩擦类型对表层的塑性变形特性有直接影响。滚动摩擦引起疲劳磨损;滑动摩擦倾向引起黏附磨损。

(2) 速度。当摩擦条件一定时,摩擦表面的温度随速度增高而增高。当温度达到 150~200℃时,摩擦表面油膜遭到破坏,摩擦类型变为干摩擦。

(3) 载荷。只要载荷增加了,都将使磨损速度增加,当载荷增加到一定值时,磨损会突然变成黏附磨损。此外,冲击载荷也会使磨损加剧。

2 表面间介质

表面间介质,即两表面之间包含的物质,包括润滑油、磨料和气体等。润滑油能使摩擦表面不产生干摩擦,同时还有散热和排除异物的作用。润滑油的性质对磨损过程有很大影响,它应具有适当的黏度、油性或化学稳定性,不含酸类和机械杂质。

3 表面情况

表面情况包括加工质量、金属材质、表面硬度和热稳定性等。加工质量良好,能加速磨合过程,减少磨合时的磨损量,从而减少摩擦副的初间隙,延长配合寿命。下面以表面粗糙度和加工精度来说明。

表面粗糙度:表面粗糙度与零件耐磨性之间有一定的关系,零件表面粗糙度过低或过高均使磨损速度上升。每一种载荷下有一个最合适的粗糙度，其磨损量最小。表面粗糙度过低反而使磨损速度上升的原因：工作表面过分光滑不能很好地储油和形成油膜。

加工精度：精度过低会使摩擦面上载荷不均匀或产生冲击，引起不正常磨损，造成磨损速度过快。如轴颈圆度、圆柱度不符合要求，造成轴颈与轴瓦接触不均。

金属材质与表面硬度对磨损也有十分重要的影响。零件的表面硬度越高，耐磨性越好。

(五) 降低磨损速度的主要措施

1 提高摩擦表面硬度

对于承受冲击载荷的零件，为使其既有较高的硬度又有较好的冲击韧性，一般采用表面处理的方法来降低磨损速度，如渗碳、渗氮、淬火、滚压、喷丸强化等。

2 恰当地选择耐磨材料

在摩擦副的机件中，较复杂、昂贵的机件一般选择优质和耐磨的材料制造，与其相配合的机件应选用软质耐磨材料（即减摩材料）制造，如轴颈与轴瓦。另外，在零件表面覆盖一层耐磨金属也是常用的减摩措施，覆盖的方法可以是电镀或喷涂等，如镀铬，硬度可达HRC60—68所规定的标准，不仅提高了耐磨性，又恢复了零件表面尺寸和形状。

3 合理采用润滑剂

条件允许时，应尽量使零件处于液体摩擦状态，为保证液体摩擦的条件，要注意润滑油的质量、密封条件及供油的压力。

4 保证零件表面的低粗糙度和高精度

零件新制或维修时，要使表面粗糙度和精度达到技术要求；互相配合的零件要使间隙符合技术要求。

二 零件的腐蚀

金属和周围介质发生化学作用或电化学作用而造成的损伤，叫做腐蚀。腐蚀的结果，使金属表面材料损耗、表面质量劣化、内部晶体结构破坏，最终缩短了零件的使用期限。

腐蚀按其机理可以分为两类：化学腐蚀和电化学腐蚀。

1 化学腐蚀

零件的化学腐蚀是金属和周围的干燥气体或非电解液体中的有害成分直接发生化学作用，形成的腐蚀层（膜）。化学腐蚀的基本特点是不产生电流，同时腐蚀产物生成于反应表面。如与空气中的氧、二氧化硫及润滑剂中的某些腐蚀性物质的反应。

化学腐蚀的程度决定于腐蚀后在金属表面形成的膜的性质，不同金属形成的膜是不同的。如钢、铁被腐蚀后,形成一层疏松的膜,腐蚀介质能缓慢地渗透疏松的膜,继续腐蚀金属;又如铝、不锈钢等金属被腐蚀后,会产生一层致密坚硬的膜把介质隔开,使腐蚀停止。

单一的化学腐蚀是很少的,因为零件的工作环境总有水分的存在,会溶解腐蚀性物质,形成电解质溶液,继而产生电化学腐蚀。

❷ 电化学腐蚀

电化学腐蚀是金属和电解液起电化学作用的损伤过程。电化学腐蚀有电流产生,阳极金属被腐蚀,同时腐蚀产物并不完全覆盖于零件表面。电化学腐蚀远比化学腐蚀普遍和严重。电化学腐蚀机理实质是原电池作用原理,如图2-6所示。

将一块锌板和一块铜板插入稀硫酸溶液中,如果用导线在溶液外部把两金属板连接起来,那么导线上就有电流通过,上述实验组成一个原电池(电源)。锌比铜活泼,因而被分解、腐蚀。锌离子进入溶液,并且每个锌原子的两个电子留在锌板上(负极),电子通过导线向铜板流动,这里电子与硫酸中的氢离子结合,生成氢气逸出。不活泼的金属(铜)成为正极(阴极),较活泼的金属(锌)成为负极(阳极),受到腐蚀。

综上所述,产生电化学腐蚀必须具备以下3个条件:

(1)有电解液;

(2)两种金属或同一种金属两部分之间存在电位差;

(3)电解液覆盖金属。

酸、碱和盐类物质的水溶液都是电解液。大气中含有水汽和其他物质,如二氧化碳、二氧化硫等在金属表面上的吸附膜也可形成电解液。

有了电解液,还需有电位差才能形成电流,产生电化学作用。电位差经常存在。例如不同的金属或同一金属具有不同的组织结构,那么在电解液中就形成不同的电位,产生电流,导致阳极金属溶解,即腐蚀。又如金属零件各部分具有不同的应力时,应力大与应力小的两部分金属之间存在电位差,使应力大的部分被腐蚀。

晶粒边界受到的应力也常比晶体本身大,所以晶粒之间也发生腐蚀,即所谓晶间腐蚀。如图2-7所示为铁的电化学腐蚀示意图。

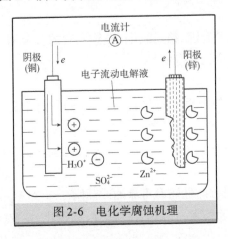

图2-6 电化学腐蚀机理

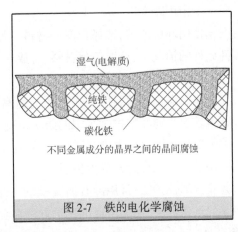

图2-7 铁的电化学腐蚀

钢的基体是铁,而碳化铁是其中的一个成分。铁比碳化铁活泼,为阳极。金属表面有吸附水膜(含有 SO_2、CO_2 等)。这样在金属表面形成了许多原电池。铁为阳极,碳化铁为阴极,这些电极本身是一块金属,自然形成导线,把两极连接起来。阳极(铁)上的电子流向阴极(碳化铁)而形成电流,铁受到腐蚀。

3 影响零件腐蚀的因素

(1) 金属的特性

金属的抗腐蚀性与金属的标准电位、化学活动性有关。金属的标准电位越低,化学活动性就越高,就越容易腐蚀。但有些金属例外,如镍、铬,它们的表面能生成一层很薄的致密性氧化膜,具有很高的化学稳定性,因而具有很高的抗腐蚀能力。

(2) 金属的成分

金属中杂质越多,抗腐蚀性越差。一般钢中都含有石墨、硫化物、硅化物等,它们的电极电位都比铁高,所以易形成电化学腐蚀。

(3) 零件的表面状况

零件的外表形状越复杂、表面越粗糙,越易吸附电解液而形成电化学腐蚀,抗腐蚀能力越差。

(4) 温度

温度越高,金属和腐蚀介质化学活动性越强,则腐蚀速度越快。

(5) 环境

气温高、相对湿度大的环境,会加剧腐蚀。温度变化大的地区,由温度变化引起的凝露现象,也会加速腐蚀。

4 减轻腐蚀的措施

减轻金属腐蚀对延长设备的使用寿命和减轻经济损失有着重要的意义。减轻腐蚀的措施有以下几种方法:

(1) 采用耐腐材料

根据使用环境要求,选择合理的材料。如选用含有镍、铬、铝、铜、硅等元素的合金钢,或在条件允许的情况下,选取工程材料、合成材料、复合钢板等材料。

(2) 覆盖保护层

在金属表面上以薄膜的形式附加上耐腐材料,使金属零件与腐蚀介质隔开,防止腐蚀。这是城市轨道交通车辆中常采用的防腐措施。

①金属保护层采用电镀、喷镀、熔镀、化学镀、气相镀等方法,在金属表面覆盖一层如镍、铬、铜、锡等金属或合金作为保护层。

②非金属保护层,常用的有油漆、塑料、橡胶等,临时性防腐可涂油或油脂。

③化学保护层,用化学或电化学方法在金属表面覆盖一层化合物薄膜,如磷化、发蓝、钝化、氧化等。

④表面合金化，如渗铝、渗铬等。

(3)电化学保护

电化学保护主要介绍阴极保护。阴极保护是使被保护对象成为阴极、外加一个阳极，从而达到保护的目的。这种方法广泛应用于各种地下管道、海水与淡水中的金属设备、热交换器等。其原理示意图，如图2-8所示。

图2-8中，A、B是设备或零件上发生电化学腐蚀的两个极，是保护对象；C是加入的第三极，第三极的电位比原来的两极电位更低（金属离子更活跃，更容易被电解液腐蚀，内部出现多余电子）。C极电子同时向A、B转移，使A、B同时成为阴极而受到保护。

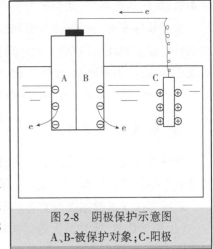

图2-8　阴极保护示意图
A、B-被保护对象；C-阳极

所以通常情况下用一种比零件材料化学性能更为活泼的金属，铆接在零件上，使零件本身成为阴极，不发生腐蚀。

(4)防腐蚀结构

①电位差相差很大的金属应避免互相接触，否则易产生电化学腐蚀。如铝、镁不应同钢铁、铜接触。如必须接触，应用绝缘材料将其隔开，从而隔断腐蚀电流。

②钢结构中不能有积存液体存在，不可避免的情况应开排泄孔以排除积存液体。

(5)改善环境

①采用通风、除湿等措施降低大气或其他腐蚀介质的腐蚀性。对常用金属来说把相对湿度控制在50%以下，可以显著减缓大气对金属的腐蚀。

②采用缓蚀剂。在腐蚀介质中加入适量缓蚀剂，可降低腐蚀速度。缓蚀剂主要应用于静态及循环冷却系统中。

5 零件的腐蚀

在城市轨道交通车辆中，零件腐蚀可分成以下几类：

(1)与水接触的零件。这类腐蚀主要是电化学腐蚀，如各种管道、水腔。

(2)与润滑油接触的零件。随着润滑油运用时间的延长，润滑油受到污染，逐渐生成有机酸、硫化物等，对零件产生腐蚀作用，如各类轴承、齿轮部分。

(3)城市轨道交通车辆转向架、车体等部件的锈蚀。这些部件在运用中，会发生电化学腐蚀，产生腐蚀产物铁锈。

三 零件的变形

机械设备在使用过程中，一些零件，特别是基础零件，如箱体等的变形称为零件的变形。变形的形式有体积改变、弯曲、翘曲等。零件变形使零件之间的位置关系遭到破坏，造成零件偏磨、裂纹甚至断裂,从而影响整个设备的使用寿命。

金属零件变形包括弹性变形和塑性变形两种情况。金属受力变形过程可分为弹性阶段和塑性阶段。弹性阶段,应力消除后,变形基本消失;当应力超过材料的弹性极限,则进入塑性变形阶段,应力消除后,变形不能全部恢复。研究金属材料的变形机理,了解变形规律及变形对材料性能的影响是很重要的。

❶ 零件的弹性变形

弹性变形是材料在弹性范围内的变形,一般与强度无关,仅是刚度问题。轴类零件变形会使其上零件工作异常、支撑过载;箱体类零件可造成系统振动不稳定。

影响弹性变形的主要因素有如下几个方面:

(1)结构因素,零件截面的结构对刚度影响最大。对型钢来说,在截面相等的情况下,工字钢刚度最大,槽钢次之,方钢最小;如果是扭曲变形,环形截面优于实心截面。

(2)弹性模量 E。材料的弹性模量 E 越大,抗变形能力越强。

(3)温度。一般情况下,弹性变形量与温度成正比,当温度过高时,材料的屈服极限降低,易发生塑性变形。

❷ 零件的塑性变形

塑性变形的产生有两种情况:第一种是在弹性变形中总是伴随着微小的塑性变形,并且会积累下来,如压缩弹簧经过一定次数的弹性变形后,在宏观上会产生缩短的现象;第二种是在使用中零件受力超过材料屈服应力,产生塑性变形。

影响塑性变形的因素,主要有温度、载荷、材质性能。另外以下因素也会产生影响:材质缺陷,如热处理存在问题;设计不当,载荷估计不足,工作温度估计不足等;使用维护不当、超载超速、检修拆装不当、零件存放不当等。

塑性变形对金属性能有以下几方面的影响:

(1)引起加工硬化。随着塑性变形的增大,材料的强度和硬度加大,塑性和韧性降低。

(2)提高原子活泼能力。原子活泼能力被提高,使金属容易生锈,耐腐蚀能力下降。

(3)引起残余内应力。残余内应力与外加载荷方向相同时,可促使金属过早断裂。残余应力与外加载荷方向相反时,能提高金属的强度。金属表面通过喷丸引起压应力,便是提高疲劳强度的一例。

❸ 零件变形的原因与减轻变形的措施

1)毛坯制造方面

锻、铸、焊接件的毛坯,在其制造和热处理过程中,都有一个从高温冷却下来的过程,在这个冷却过程中会产生内应力。用这种毛坯制造出的零件经过一段时间的使用后,会引起变形,这种现象称为应力松弛。为此,在制造工艺过程中必须安排消除内应力的工序。如对气缸、变速箱壳体等基础性零件在毛坯制造或粗加工后,进行一次或几次的时效处理。

2）机械加工方面

如果毛坯在有应力的状态下进行机械加工，切去一部分表面金属后，破坏了内应力的平衡，由于应力的重新分布，零件将发生变形。在切削力和切削热的作用下，表层会产生较大的塑性变形。

为了防止机加工后零件的变形，对于比较重要或比较复杂的零件，在粗加工之前应进行一次自然或人工时效处理。在机加工中尽量保留工艺基准，留给维修时使用，这可以减小维修加工中因基准不一而造成的误差。

3）维修方面

零件检修时，要考虑引起变形的因素，避免可能造成更大的变形。在采用修复性工艺，如焊接、堆焊、压力加工等修复零件时，都可能产生新的应力和变形，所以要采取相应的措施减轻应力和变形。

4）使用方面

零件在工作中由于超载或温度过高，也会引起零件变形。零件在使用中要严格保证工作条件和按照操作规程进行，避免超载或温度过高。

四 零件的断裂

城市轨道交通车辆零件的损伤主要是裂纹与断裂。例如轴类、箱体、螺栓等，都是容易发生裂损的零件。零件的裂损通常会产生较严重后果。因此，分析城市轨道交通车辆零件裂损的原因及其规律，以便采取相应措施加以防止，就显得非常重要。

1 断裂机理

城市轨道交通车辆零件的断裂，有的是受一次载荷或冲击载荷作用而造成的，有的是在不太大的载荷长期作用下造成的。大多数城市轨道交通车辆零件是在受多次交变载荷作用下而产生裂纹的，这种形式的损坏叫疲劳断裂。

疲劳断裂的产生决定于交变应力的大小、交变应力循环的次数、材料的抗疲劳强度三个因素。交变应力小于一定数值时，材料可以承受无限多次循环载荷而不破坏，这个数值称为疲劳强度极限。当应力大于疲劳强度极限时，材料所承受的循环次数就有限度，达到这个循环次数时，材料就会破坏。这就是疲劳断裂机理。

一系列金相分析结果表明，断裂过程大致经历 5 个阶段：晶体中局部地区出现晶粒滑移；裂纹成核，即微观裂纹产生；微观裂纹扩展（裂纹长度 $l<0.05\text{mm}$）；宏观裂纹扩展（裂纹长度 $l>0.05\text{mm}$）；断裂。

金属零件承受交变载荷时，在应力集中的局部地区将出现严重的塑性变形，个别晶粒内出现剪切性滑移。在交变载荷的继续作用下，使最初出现的位移加长和变宽，形成一些滑移带，如图 2-9 所示。在某些材料中，实际由滑移带挤出的金属高度高达 $1\sim 2\mu\text{m}$，同时也产生一些深的挤入槽。与此同时,还产生新的剪切位移和滑移带,这些变形使晶粒分裂成小块(其直径为 $10^{-3} \sim 10^{-4}$ mm)。

金属材料表面通过各种滑移方式,最后大都沿着起作用的滑移带形成疲劳源,即疲劳裂纹成核。一般有两种成核方式:晶间成核和穿晶成核。关于疲劳裂纹成核的定义,即何种状态才算是一个疲劳裂纹,有不同的观点。从研究疲劳机理的角度上看,利用分辨率最高的电子显微镜,将长度为 10^{-4} mm 裂纹的定义为成核;往往工程上基于实用角度,通常把长度为 0.05~0.1mm 定义为成核,用一般放大镜可看到。

在形成滑移带裂纹以后,进一步加强了滑移带的应力集中,这时裂纹将沿着与拉伸应力成一定角度(约为 $\pm 45°$)的滑移面扩展。称为疲劳断裂过程第Ⅰ阶段成长。这阶段的穿透通常是不深的(十分之几毫米)。当微观裂纹生长到一定长度后,便很快改变方向,最后沿着与拉伸应力垂直的方向生长。称为疲劳断裂过程的第Ⅱ阶段生长,如图 2-10 所示。

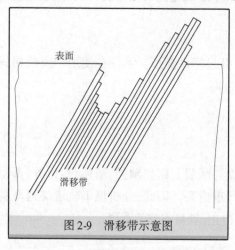

图 2-9 滑移带示意图

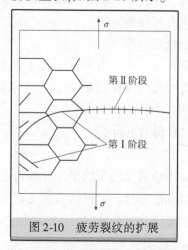

图 2-10 疲劳裂纹的扩展

实际上,多晶体材料第Ⅰ阶段的生长,包含着成百个单位的滑移带裂纹;它们在第Ⅱ阶段成长开始时,最后连成一主导裂纹,即宏观裂纹。宏观裂纹继续扩展,至严重削弱了零件的有效面积时,就导致零件的断裂。

❷ 疲劳断面的特征

由前述可知,疲劳断裂破坏是由于零件局部表面出现疲劳裂纹,裂纹逐步向深、向长扩展,最后当零件有效面积小到一定程度时突然发生断裂。因此,疲劳断裂断口都有明显的两个区域:一个是疲劳断裂区;另一个是最后折断区。前者表面较为光洁,后者表面较为粗糙。

疲劳断裂区的断面光滑明亮,这是裂纹逐渐发展的痕迹。在交变载荷的作用下,裂纹时合时裂,互相摩擦使表面变得光滑。疲劳裂纹的起点,表面多呈方齿形。因为疲劳裂纹都是由许多滑移带连成一个宏观裂纹后,逐步向金属深处扩展,所以裂纹汇合处表面就呈现不平状。

最后折断区的表面粗糙,通常都有明显的塑性变形痕迹。对于韧性金属材料多是纤维状的结构;对于脆性金属材料则是呈粗晶粒结构,如图 2-11 所示。

另外,有些零件在断裂前只经历了一次载荷作用,如冲击载荷;或只经历了较少次数的交变载荷即发生了断裂,这种情况称为一次性加载断裂。其断面形态全部为最后折断区。

疲劳断裂断面有以下几个特点:

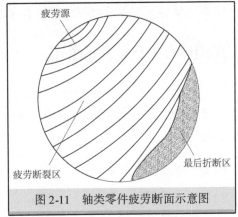

图 2-11 轴类零件疲劳断面示意图

(1) 疲劳源一般发生在零件应力集中最为严重的地方,如小孔、圆角等;也可能发生在零件表面或内部的缺陷处。

(2) 最后折断区面积越大,零件受载越严重。

(3) 疲劳断裂区越光滑,零件断裂前应力循环次数越多。

(4) 对于转动的受弯曲作用的轴类零件,最后折断区越接近中心,其超载程度越大(可达 30% ~ 100%),应力循环不超过 3×10^5 次时即可能断裂。

❸ 疲劳断裂的原因

引起零件疲劳破坏的原因,有以下几方面:

(1) 金属材料自身存在缺陷。金属材料在冶炼、轧制等过程中形成的内部缺陷,如夹杂、气孔等。

(2) 零件在热加工时导致的缺陷。零件在铸造、锻压和热处理时,内部或表面留有局部缺陷,如非金属夹杂、气孔表面裂纹。如果这些缺陷恰位于危险断面内,特别是接近表面时则极易产生裂纹。

(3) 零件结构上存在缺陷。零件在结构、形状上不合理常能造成应力集中、引起断裂,例如零件断面变化急剧,过渡圆角半径过小。强度和硬度越高的材料,对应力集中的敏感性越大。

(4) 零件表面加工而致的缺陷。表面光洁度、加工留下的残余应力及加工深度对疲劳强度极限都有直接的影响。表面越粗糙,疲劳强度越低。

(5) 其他。零件在搬运时碰伤、检查时锤击打伤,都会造成应力集中;检修时,冷压、火烤弯曲零件,会产生内应力或破坏金相组织,降低材料强度;不正确的组装,也会产生附加应力,导致疲劳破坏。

❹ 减轻断裂的措施

(1) 在零件设计上减少应力集中。

(2) 对零件采用表面强化措施,如高频淬火、镀铬、滚压和喷丸处理等。

(3) 提高零件检修质量,特别要注意下面几点:

①避免零件表面的各种损伤,如划伤、碰伤。

②螺栓紧固力矩大小严格符合技术要求。
③保证各装配零件之间和连接零件之间的位置精度要求,如螺栓与支承面的垂直度。

五 电气电子元件的损伤

电气电子元件,分为有触点器件和无触点器件两类。对于交流传动城市轨道交通车辆,由于无触点器件的大量使用,故障主要集中在变流元件和电子线路板上。下面介绍几种常见的故障形式。

1 接触器故障

1) 触头磨损

各种有触点电器,随着工作时间的延长,其触头表面会产生磨损。一些触头的磨损还具有黏附性质,即在一个触头表面形成针状凸起,另一个触头表面形成凹坑。

触头的磨损是机械、电气综合作用的结果。具有一定动能的动触头和静触头碰撞,触头表面材料将产生弹性变形,并且两触头间也产生微量滑移,形成带有机械性质的磨损。当两触头分离时,开始刚刚分离阶段,由于触头压力减小,其接触电阻增大,触头接触部分金属有一定程度的熔化;紧接着分离成一条微小缝隙,其中充满进一步熔化的金属,在电拖动力的作用下,熔化的金属被带走,形成电气性质的磨损。当连接部分的金属被拉断,此时会出现电弧,触头进一步熔化,使上述电气性质的磨损又进一步进行,从而加剧了磨损。

2) 触头熔焊

触头熔焊产生的原因,是操作频率过高或经常过载;闭合过程中振动过于剧烈;触头氧化严重(接触电阻大)及触头弹簧弹力过小。

3) 线圈断线

线圈断线的主要原因,是线圈过热烧损引起。线圈过热烧损的原因,是安装环境空气潮湿、线圈匝间短路、动作频率过高、衔铁吸合不完全,导致线圈电流过大而烧损。

4) 衔铁不释放

衔铁不释放的主要原因为弹簧弹力小、铁芯极面有油污黏着、机械部分犯卡、剩磁过大(对于直流接触器应加厚非磁性垫片或更换)。

2 变流元件损坏

变流元件主要指晶闸管、GTO(可关断晶闸管)和IGBT等大功率电子元件。

由于变流元件的耐压不是很高,因此在主电路出现过电压(再生制动时等)时,容易被击穿。再者,过电流也会对变流元件产生很大威胁,产生过流的主要原因是元件的误触发、吸收电路保护不及时引起变流元件被击穿。此外,变流元件的散热不好,也容易引起过流,长期的过流导致变流元件被击穿。

3 电子线路板故障

一般来说,故障主要集中在功率放大部分,因为此处电流较大,元器件容易发生短路和过流现象。另外线路板上的元器件也易发生故障。由于元器件受潮、过热、腐蚀等原因产生接触不良、断脚、爬电,从而使元件烧损。

4 绝缘材料老化

绝缘材料老化是指电气设备在工作中,其绝缘材料由于环境因素的作用,发生化学、物理的变化,而导致其电气性能(主要是绝缘性能)和机械性能变差的现象。

绝缘材料老化的形态特征,一般为变色(如表面呈现蜡黄色等)、分层、变形、变脆、裂纹。严重时脱落及呈粉酥状态。

引起绝缘材料老化的原因有:材料受热、材料氧化、环境湿度、材料受力、光照等。这里主要的原因是热和氧化作用。绝缘材料老化的速度随其工作温度的超限,增长幅度很大,如E、B级绝缘,温度超限10℃,其寿命将下降一半。绝缘材料的老化会引起电气设备产生故障,如接地、短路都可能产生严重的不良后果。

2.2 检修工艺过程

一 检修工艺概述

工艺是指人们使用工具进行生产时,将材料加工成产品的工作方法及操作技艺。对于机器维修行业,工艺就是人们在维修过程中,为达到维修质量标准所采用的技术、方法和手段。

检修工艺过程,又称工艺流程,是在设备检修过程中,用分解、检查、修复、调整、试验、装配等方法,形成的检修过程。工艺过程一般都由一系列的工序组成,而工序又由工步所组成。工序、工步的定义为:

工序——在维修过程中,一组(或一个)工人,在一个工作地点,对一零件或一部件所施行的、连续进行的工艺过程为一个工序。

工步——在检修过程中,当使用的工具、仪器基本不变时,对一零件或一部件所完成的一部分连续工作称为一个工步。

在检修工作中,由于工作种类十分复杂,工序之间以及工序与工步之间的界限不是绝对的。在实际工作中,一般根据其定义并考虑人员的分布、工作位置和工具设备等因素划分工序、工步。

二 检修工艺过程

城市轨道交通车辆按规定的检修周期进行检修,在维修基地或车厂进行。待修城市轨道交通车辆回至厂、基地直至修竣后的全部过程,称为城市轨道交通车辆某修程(如架修)的生产过程。具体包括以下几个部分:

(1)送修和接修定期检修车辆。
(2)维修开工前的准备工作,包括清扫、外观检查和制订检修作业计划。
(3)城市轨道交通车辆的分解,根据作业计划将其分解成零件或部件。
(4)零部件的清洗、检查,并确定其维修范围。
(5)维修零件和部件。
(6)城市轨道交通车辆的组装及喷涂油漆。
(7)修竣车的技术鉴定和交接。

上述过程中,从(3)到(6)是城市轨道交通车辆检修的全部工艺过程。

根据城市轨道交通车辆零部件维修作业方式的不同,可分为现车维修(即不换件维修)与互换维修两种工艺过程。

1 现车维修工艺过程

现车维修是指待修车上的零部件,经过维修消除缺陷后,仍装在原车上而不进行零部件互换的维修方式。

检修前的首道工序是城市轨道交通车辆分解。车辆分解的范围,应根据修程及技术状态来进行。现车维修的工艺过程,如图 2-12 所示。

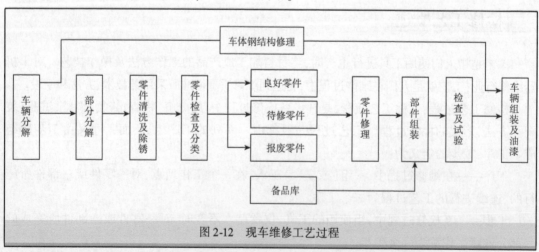

图 2-12 现车维修工艺过程

现车维修作业方式中,除报废零件从备品库领取外,其他零件均待修竣后装回原车。常因待修零件,而延长城市轨道交通车辆停修的时间,其优点是不需储备过多的备用零件。这种方法主要用来维修城市轨道交通车辆数量不大的情况。

❷ 互换维修工艺过程

城市轨道交通车辆定期维修中普遍实行的互换维修,是指从待修车辆上分解下来的零部件,修竣后可组装于同车型的任何检修车上,而并非一定装于原车。这种作业方式能大大缩短检修停时,提高修车效率和效益。

图2-13所示为城市轨道交通车辆互换修大修工艺过程。在城市轨道交通车辆综合维修基地内进行。

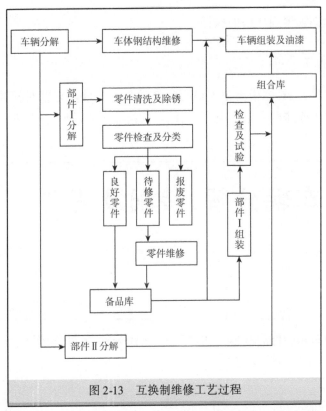

图2-13　互换制维修工艺过程

三 检修工艺文件

根据零部件的技术要求,结合厂(段)的实际情况,并考虑各种因素,将最合理的技术要求、操作方法和程序等,用图、表、文字形式表示出来,并以文件的形式加以规定。这些技术文件就叫工艺文件。通常有如下几种:

❶ 检修技术标准

检修技术标准是城市轨道交通车辆检修的质量标准,具有法规性。它主要规定城市轨道交通车辆检修的技术要求、检修限度、各修程的备件互换范围等。它一般是按照检修规程编制,如广州地铁《地铁一号线电动车组架修规程》。

② 检修工艺规程

检修工艺规程是城市轨道交通车辆和零部件维修的作业标准。它规定了使某一维修对象达到该维修技术标准和要求的维修方法和程序。编制工艺规程应依据铁道部颁检修规程、图纸、技术条件以及各级技术标准编制。工艺规程应对质量标准、工艺装备和机具、检测器具、作业环境、重点作业方法和作业要领等作出明确的规定；应广泛采纳新技术、新材料和先进技术装备。

检修工艺规程必须得到严格的执行。

③ 操作性工艺文件

操作性工艺文件，是具体指导工人进行生产的工艺文件。它针对检修一个具体零部件的全部工艺过程按工作步骤一条一条列出，以具体指导工人操作，如作业手册。

2.3 车辆分解、装配及清洗

城市轨道交通车辆检修的基本工艺过程为：车辆分解、零部件清洗、零件检验、零件修复装配为部件及整车、车辆试验及交车。

一 车辆的分解

城市轨道交通车辆分解，是指把车辆零部件从车辆上拆卸下来的工艺过程。分解是检修过程的第一道工序，分解也称解体。从城市轨道交通车辆解体下来的零部件，绝大多数都要重新使用，因此，要重视分解工作，避免在分解过程中对零件造成损伤。

① 分解的一般性原则和要求

（1）分解前必须弄清楚设备及部件构造和工作原理。主要弄清楚零件结构特点、零件之间的连接、配合关系。

（2）分解前做好准备工作。主要包括：分解场地的选择、清理；拆卸、断电、擦拭、放油；对电气、易氧化、易腐蚀的零件进行保护。

(3)使用正确的分解方法,保证人身和设备安全。分解顺序一般与装配顺序相反,先拆外部附件,再将整机拆成总成、部件,最后全部拆成零件,并按部件分类放置。

根据零部件连接形式和尺寸规格,选择合适的拆卸工具和设备。有些拆卸还要采用必要的支承和起重设备。

(4)对轴孔装配件应坚持拆与装所用力相同原则。主要防止零件碰伤、拉毛,甚至损坏。热装零件需用加热来拆卸。

(5)拆卸应为装配创造条件。拆卸时做好必要的记录和标记,避免误装。细长零件要悬挂存放,防止弯曲变形。精密零件要单独存放,注意做好对精密结合件的防护,以免损坏。细小零件要注意防止丢失。对不能互换的零件要成组存放或作标记。

2 常用拆卸方法

(1)击卸法。利用锤子或其他重物在零件上敲击,使零件拆下。

(2)拉拔法。对精度较高不允许敲击的零件采用此法。采用的工具为专门拉拔器。

(3)顶压法。利用机械和液压压力机或千斤顶等工具和设备进行拆卸。适用形状简单的过盈配合件。

(4)温差法。对尺寸较大、配合过盈量较大或无法用顶压等方法拆卸时,可用此法。

(5)破坏法。若必须拆卸焊接、铆接等固定连接件,或为保存主件而破坏副件,可采用锯、钻、割等方法。

3 分解的注意事项

(1)车辆分解时,要严格遵守工艺规程及操作性工艺文件要求。

(2)城市轨道交通车辆上一部分零部件的公差配合要求较高,具有严格的相对位置且不可互换。对于这种必须对号入座的零部件,分解时须严格注意。制造和检修时,都会在这些零件上打上相互配合的钢号和标记,因此解体前应先核对记号,记号不清者应重新标上,以免将来组装时发生混淆。

(3)有些零部件在运用中发生的运动间隙、相互位置的变形,如轴的横动量,齿轮啮合间隙,只有在组装状态下才能测取,解体后已无法检查、测量。因此,解体前必须对这些主要的、必要的参数进行测量、记录,为检修工作提供依据。

(4)设备上一些调整垫片,重新调整选配比较麻烦,如这些垫片无损坏,为了组装调整的方便,分解时可将每组垫片做好记号,分别存放。

二、车辆的装配

城市轨道交通车辆装配,是把零件按照工艺装配规程要求组装成城市轨道交通车辆的整个工艺过程。装配对城市轨道交通车辆性能和使用寿命有非常大的影响,即使所有零件都合格,装配不当,也不能组装出合格的城市轨道交通车辆。装配包括部件组装和总装配,其顺序为组件、部件装配、总装配。

城市轨道交通车辆装配过程要严格遵守装配工艺规程及操作性工艺文件。若装配不当,将影响城市轨道交通车辆各部分固有的可靠性,导致每做一次定期检修后,就会出现一段故障高峰期。

❶ 装配的精度

保证装配精度是装配工作的根本任务。装配精度是指装配后的质量与技术规格的符合程度。一般包括配合精度、位置精度、相对运动精度、接触精度等。影响装配精度的因素,有零件本身维修质量、装配过程中的选配、装配后的调整与检验。

❷ 保证装配精度的方法

在装配中,获得预定的装配精度的方法主要有四种,即互换法、选配法、调整法和修配法。

(1)互换法。如果配合零件公差之和小于或等于规定的装配允差,零件可完全互换,不必进行修配和调整,此法适用于按标准件制造的零件,对精度要求不很高的配合件,如滚动轴承。

(2)选配法。当精度要求较高时,可在一组零件中进行选配,以保证规定的技术要求。

(3)调整法。此法通过调整件的选择、零件相互位置的改变进行调整,如垫圈选择,锥齿轮位置的变换等。

(4)修配法。在修配件上预留修配量,装配时修去多余的部分,保证装配精度。此法适用于装配精度要求高的情况,如滑动轴承。

❸ 装配工作的一般要求

(1)对零部件要进行检验,坚持不合格的零部件不许进行装配的原则。
(2)对零件进行清洗,并对摩擦表面进行润滑。
(3)装配工作必须按一定的程序进行,一般遵循:先下部零件,后上部零件;先内部零件,后外部零件;先笨重零件,后轻巧零件;先精度高的零件,后一般零件。
(4)要选择合适的装配工具和设备,尽量采用专用工具和机动工具。

❹ 装配的工艺过程

装配工艺过程,基本包括三个环节:装配前的准备,装配,调试(调整和试验)。

装配生产的组织形式为固定式装配。固定式装配是在一个地点进行的集中装配,分为部件装配和总装配。目前,城市轨道交通车辆都是采用固定式装配形式。

三 车辆的清洗

1 清洗的目的与要求

城市轨道交通车辆经过长时间的运转,各部分均有不同程度的油污、积垢、锈蚀等堆积在零部件的内外,如不清洗干净将给下一步的检修工作带来很大困难,使一些隐蔽的缺陷、损伤不能被发现而造成漏检、漏修,可能会导致严重的后果。因此,清洗工作是检修工作中不可缺少的一道工序。

城市轨道交通车辆零部件的清洗是各种各样的。对机械部分而言,主要指除去零部件表面的油污、积尘、水垢、锈蚀、沙尘等;对电气部分主要是吹尘和除尘。清洗类型有如下诸方面:

(1)外部清洗。主要是对整体设备或部件解体前外部的清洗,以方便分解及发现外部损伤。

(2)零件清洗。解体后针对零件的彻底清洗,以方便对零件作进一步的检查或修复。

(3)维修过程中的清洗。即在维修过程中根据维修工艺的需要对零件进行的清洗。如电镀前先除去零件表面的油脂和氧化膜,使镀层与基体表面结合得更牢固。

(4)组装前的清洗。主要是清除维修过程中带来的污垢、铁屑、杂物,避免将其带入部件造成损伤。对配合精度要求较高的零部件更应严格清洗。

对清洗工作的一般要求是,在清洗干净的前提下,尽量采用清洗方法简单、清洗效果好、成本低、安全且无损伤基体的清洗剂。

2 零部件的主要清洗方法

1)机械清洗

(1)手工清除。此法包括擦拭,使用利刀、钢丝刷、扁铲除污,用毛刷除尘。

(2)机械工具清理。这种方法多用于清除零件表面的锈蚀、旧漆。清理时用电钻带动金属刷旋转除去表面污物。

(3)压缩空气吹扫。此法要根据零部件覆盖物性质和厚度来选择压缩空气压力。如牵引电动机一般为 250~350kPa;转向架及车体底架一般为高压吹扫。

(4)采用吸尘器。此法主要用于电气装置和电路板灰尘清洁。

(5)高压喷射清洗。高压喷射清洗的特点是:清洗效率高,能除去严重油污和固态油污;特别适合形状复杂的大型工件清洗;既可间歇生产,也可连续生产。高压喷射清洗的原理是:将清洗液用高压泵加压从而产生高速射流喷向工件表面,在工件表面产生冲击、冲蚀、疲劳和气蚀等多种机械、化学作用,从而清除工件表面的油脂、油污、旧漆氧化皮等有害成分。其清洗形式,如图 2-14 所示。

高压喷射清洗的主要工艺参数是压力和流量。提高压力,可提高清洗效率和清洗质量,但清洗机所用喷嘴、管道、密封质量也要随之提高,会使清洗成本增加。另外,随着工作压力

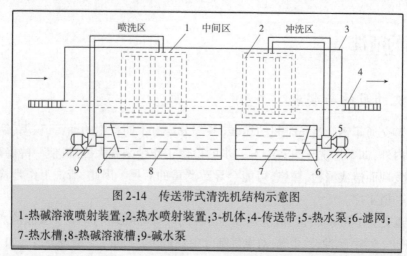

图 2-14 传送带式清洗机结构示意图

1-热碱溶液喷射装置；2-热水喷射装置；3-机体；4-传送带；5-热水泵；6-滤网；7-热水槽；8-热碱溶液槽；9-碱水泵

的提高，到达工件表面的射流有可能反弹回去，干扰后继射流，甚至会使清洗液雾化，反倒使清洗效果下降。常用压力为 0.35～0.5MPa，大型工件可提高至 0.5～1.0MPa，常用的清洗液有水、水基清洗液。喷射压力与清洗时间的关系，如图 2-15 所示。

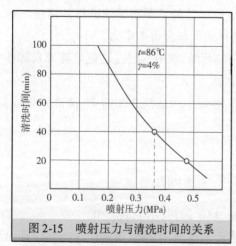

图 2-15 喷射压力与清洗时间的关系

（6）超声波清洗。超声波清洗是一种效果较好的强化清洗，它能通过冲击波破坏零件表面的积炭和油膜，起到清洁作用。它的特点是操作简单、清洗质量好、清洗速度快，能快速清洗有空腔和有沟槽等形状复杂的工件，而且易于实现机械化和自动化。

超声波清洗的机理，是超声波使液体产生超生空化效应，液体分子时而受拉，时而受压，形成一个微小空腔，即空化泡。由于空化泡的内外压力相差悬殊，待空化泡破裂时，会产生局部压力冲击波（压力可达几百甚至上千个大气压）。在这种压力作用下，黏附在金属表面的各类污垢会被剥落。与此同时，在超声场的作用下，清洗液流动性增加，溶解和乳化加速，从而强化清洗。

超声波清洗的主要规范，有超声波频率、超声波功率、清洗液特性、温度，以及零件在超声场中的位置等。超声波频率决定空化泡破裂时产生的冲击波强度，频率通常为 20～25kHz。对于表面粗糙度要求较低，具有小径孔或狭长缝的零件，应选用波长短、频率高、能量集中的高频超声波。但高频超声波衰减较大，作用距离短，空化效果弱，清洗效率低，而且具有很强的方向性，易使零件某些部位清洗不到。超声波功率对清洗效率有很大影响，大功率适用于油污严重，形状复杂、有深孔、盲孔的零件。但功率太大，会使金属表面产生空化腐蚀。因此应选用合适的功率。

清洗液多采用水基合成清洗剂。清洗液的温度对空化作用有较大影响，提高温度对空化作用有利。但温度过高会使空化泡冲击力下降，因此必须保持一定的温度范围。

2)物理-化学清洗

物理-化学清洗这种方法主要是采用各种化学清洗剂,用以软化和溶解金属表面的污垢,并保持溶液的悬浮状态。选择清洗剂时注意不能损伤零件表面,且要考虑经济性,不影响人体健康。常用的清洗剂有碱溶液、酸溶液、有机溶剂和金属洗涤剂。常用的清洗方法有浸洗、煮洗、喷洗、强迫溶液循环和溶剂蒸汽法。工艺过程一般有清洗、冲洗和干燥。其主要方法有以下几种:

(1)碱溶液煮洗。这是一种化学清洗方法。碱溶液成分通常由碱、碱盐和少量乳化剂组成,它利用碱溶液对油脂的皂化作用和乳化作用进行除油、除积炭(积炭不能皂化但可使其与基体产生剥离),高温情况下效果更好。一般煮洗温度在 80~90℃。根据清洗对象的材质、结构形状与除垢程度的不同,可选用不同成分的配方和煮洗时间,如图 2-16 所示,当碱溶液温度为 80℃时,碱溶液的浓度(γ)改变时对清洗质量的影响。如图 2-17 所示,表示当碱溶液浓度一定($\gamma=5\%$)时,改变溶液温度对清洗质量的影响。

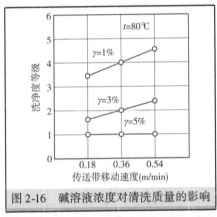

图 2-16 碱溶液浓度对清洗质量的影响

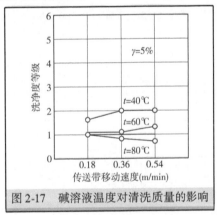

图 2-17 碱溶液温度对清洗质量的影响

碱性清洗液具有价格便宜、操作简单、不会燃烧等优点;但对金属有腐蚀作用,清洗后要用清水冲洗干净,劳动条件差、溶液温度较高、操作时应注意安全。碱溶液煮洗在生产中应用比较广泛,城市轨道交通车辆大中型机械类零件多以此种方法清洗。

(2)有机溶剂清洗。有机溶剂是利用其能溶解皂化性油和非皂化性油的特点,将油垢除去。特点是方法简单,除油速度快,效果好,适应性强,基本不腐蚀金属。但有机溶剂大都价格昂贵,具有挥发性、毒性、易燃性,故在生产使用中受到一定限制。常用的有机溶剂有煤油、柴油、汽油、苯、酒精、丙酮类,某些氯化烷烃、烯烃等。

此种方法常用于有特殊要求的清洗,如电器元件、贵重仪表、精密零件。除柴油外,煤油、汽油、酒精、丙酮的用量都很少。使用有机溶剂时,应特别注意通风、防火,以防事故发生。

(3)水基清洗。水基清洗也称作金属清洗剂清洗,是一种被广泛使用的工业清洗剂清洗方法,牌号有多种。以表面活性剂为主要成分的多组分混合溶剂,可适用于不同清洗对象的要求,一般清洗剂与水的配比为 5%~95%。可在常温下使用,也可加热使用;可煮洗也可喷洗。清洗剂一般呈弱碱性,对工件表面不会产生腐蚀,且具有节省能源、使用安全、操作条件好、污染少、清洗成本低、适用于机械化和自动化清洗等优点,大有以水代油(有机溶剂)、以水代碱(碱溶液)的发展趋势。城市轨道交通车辆绝大部分零部件的清洗均可用水基清洗剂清洗。常用合成清洗剂及适应范围,如表 2-1 所示。

常用合成清洗剂一览表 表 2-1

编号	清洗液成分		主要工艺数据	适应性
1	664 清洗剂 余水	2%～3%	加温 75℃	钢铁制品,清洗硬脂酸、石蜡、凡士林等
2	6501 清洗剂 6503 清洗剂 三乙醇胺油酸皂 余水	0.2% 0.2% 0.2%	加温 35～45℃ 清洗 4～5 次	精密加工钢铁制品,清洗矿物油及含氧化铬等物的研磨剂残物
3	6503 清洗剂 TX-10 清洗剂 聚二乙醇 磷苯二甲酸二丁酯 磷酸三钠 余水	0.5% 0.3% 0.2% 0.2% 1.5～2.5%	加温 35～45℃ 清洗 4min	主要清洗研磨剂残留硬脂酸、各种油脂
4	664 清洗剂 105 清洗剂 羧甲基纤维 余水	0.2% 1% 0.05%	加温 85～90℃	精密加工的钢制件,清洗油脂和抛光剂
5	664 清洗剂 聚氧乙烯脂肪醇醚 三乙醇胺 油酸 聚乙二醇 余水	0.5% 0.3% 1% 0.5% 0.2%	加温 75～85℃ 超声频率 20kHz	精密钢制零件、轴承、喷油嘴等,研磨后清洗

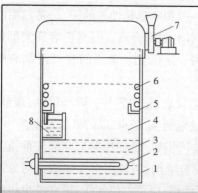

图 2-18 三氯乙烯蒸气清洗示意图
1-清洗槽;2-加热器;3-三氯乙烯液体;
4-三氯乙烯蒸气;5-集液槽;6-冷凝管;
7-通风装置;8-浸洗罐

(4)气相清洗。此法主要用于除去油污。它的突出优点是在除油过程中,与工件接触的清洗液总是经汽化后变成干净的清洗液蒸气,从而使工件表面获得较高的清洁度。

蒸气除油的基本原理是:加热清洗液,使之变为蒸气而形成气相区,工件在此区内,黏附在其表面的油脂被蒸气溶解、冲洗,当蒸气被冷凝时,连同油脂、污垢落回到槽内。清洗液随后再经加热汽化为蒸气,蒸气再与工件接触、发生作用,如此循环作业,直至工件被清洗干净。

蒸气除油使用的溶剂有氯乙烯、过氯乙烯、三氯乙烷及四氯化碳等,其中三氯乙烯使用最多。清洗装置,如图 2-18 所示。

2.4 检 测 技 术

城市轨道交通车辆零部件检测,是检修过程中的一个重要环节。正确地检测零件的缺陷和故障性质、程度和位置,是城市轨道交通车辆维修的前提。零件的检测工作将直接影响城市轨道交通车辆的维修质量。

一、检查类型

在城市轨道交通车辆检修过程中,一般零件须经过以下三种检查:

(1)修前检查。它是在城市轨道交通车辆分解解体成零部件后进行的。其目的在于确定修复工作量,确定零件的技术状态,并将零件分成可用的、不可用的和需要维修的三类。

(2)中间检查。这是在零件维修过程中进行的检验,应用各种检测工具和设备对零件按技术要求进行仔细检查。其目的在于检查经过维修的零件是否符合技术要求,以决定零件的合格程度,避免组装后返工维修。

(3)落成检查。这是部件组成后的性能检测,要核对性能和参数是否符合技术要求;也是较全面系统的检查,检验合格才允许装车和使用。

二、检测内容

零件的检测内容主要包括以下几个方面:

(1)几何精度。即零件的尺寸、形状、位置精度,如直径、长度、宽度、圆度、同轴度、垂直度、平行度等。

(2)表面质量。如粗糙度、零件表面的损伤和其他表面缺陷。

(3)隐蔽缺陷。指零件内部的空洞、夹渣及表面微观裂纹。

(4)零件之间的关系。如配合部位的间隙等。

(5)零件的性能检测。如弹簧的弹力,密封件的漏泄、压力,高速旋转件的平衡、重量等。

三、常用检测方法

检测工作只有方法得当,才能判断正确。由于被检测对象和内容的不同,一般所采用的检测方法也不同。

1 感官检测法

通过检测者的眼、手、耳、鼻等感觉器官来对被检验零件进行检测,以确定其损伤类别及程度。

(1)目检:用眼睛或者借助放大镜来检查零件表面的状态。例如察看空压机缸内壁的刮痕、活塞顶部破损、齿轮轮齿的剥落与折断以及透油、透锈等迹象。

(2)听检:从发出的声响和振动判断机械运转是否正常,是动态听检的主要内容。例如工作者用检查锤轻轻敲击检查部位,可听出螺栓或铆钉的连接情况,完好情况发音清脆,有缺陷的零件发音哑浊。

(3)触检:触检可大致判断运转部分零件的温度,油管、水管内液体流速的脉动,也可通过配合件的晃动量对运动间隙做出粗略的检查。

感观检测法简单、方便,用处广泛,但这种检测方法与工作者实践经验有很大关系,不够精确,一般只作为初检(如日常检查)。对于精确度要求较高的如间隙、圆度等,还必须用量具仪器来测量。

2 量具仪器检测法

(1)用通用量具、量仪测量零件的尺寸、形状及位置。通用量具和量仪是指游标卡尺、百分表、内外径千分尺、塞尺、压力表、万用表等测量工具,其种类很多,使用也很广泛。零件的平行度、垂直度、同轴度、对称度、圆度、圆柱度、跳动量、配合间隙与过盈量等诸多形、位误差,均可通过通用量具检测;电器组件的电压、电流等参数值,也可用量仪进行检测。

(2)用专用量规、样板测量形状和尺寸。在实际工作中,经常会遇到一些表面形状用通用量具无法检测的零件,如齿轮轮齿外形、凸轮外形、轮箍外形,这些零件的尺寸和形状用通用量具都不能将其真实性表示得很完整,因此,采用专用样板(或测尺)、专用量规来测量就具有特殊重要的意义。用样板测量不但方法简便,而且误差较少。城市轨道交通车辆维修工作中,常见的样板很多,如压气机活塞环环槽测量卡规、凸轮形状样板、轮箍踏面形状样板等。

(3)用机械仪器检测零件的性能,如弹簧弹力、平衡重量、严密性、承压能力等性能。

3 隐蔽缺陷的检测方法

隐蔽缺陷是指零件内部的空洞、夹渣、微观裂纹等不易发现的损伤,这些隐蔽缺陷像定时炸弹一样埋伏在工件内部,在运用工作中随时会导致故障的产生。因为是隐蔽缺陷,所以检测方法也大都带有探测性质,又称作无损探伤检测。下面介绍几种常用的方法:

1)荧光探伤法

荧光探伤是利用紫外线对某些物质的激发来检验零件的表面缺陷。它主要用于一些较高技术要求和不导磁材料,如不锈钢、铜、铝、镁合金,塑料和陶瓷等制成的零件。

荧光探伤的基本原理是基于物质的分子可吸入光和放出光能,即每一个分子能吸收一定数量的光能,反之也可以放出一定数量的光能。分子在正常情况下,具有一定的能量,若分子所具有的能量较正常情况下为大时,则该分子处于受激状态。要把分子从正常状态转为受激状态,需要消耗一定的能量,这种能量称为激发能。荧光探伤的原理就是利用紫外光源照射某些荧光物质,使这些物质转化为受激状态,于是向外层跳越,而处于不平衡状态的分子要恢复到平衡状态时,就会放出一定的能量,这个能量是以光子的形式放射出来,这种放射出来的可见光称为荧光。

荧光探伤时,将经过去脂除油的零件浸入荧光渗透剂或涂上一层荧光渗透剂。经过10～30min,渗透剂就渗入到最细微的裂纹中。从零件表面上擦去渗透剂,用冷水清洗吹干,再涂以具有良好吸收性能的显像剂,从而将荧光剂从零件缺陷中吸附出来。荧光渗透剂在紫外光源的照射下会发出鲜明的本身固有的辉光,即荧光。根据荧光就可以确定缺陷的形状和所在位置。荧光探伤仪主要由紫外光源组成。荧光剂由二甲苯二丁酯、二甲苯、石油醚、荧光黄和增白剂组成。显像剂由苯、二甲苯、珂洛酊、丙酮、无水酒精和氧化锌组成。

由于荧光探伤设备简单、成本低廉、使用方便,可用于各种材质,故获得较为广泛的使用。

2) 涂色探伤法

涂色探伤法也是一种探测零件表面裂纹的简便方法。和荧光探伤相仿,也是利用液体渗透原理,只是不用紫外线照射,方法更为简便。

涂色探伤的工艺方法是:先将零件表面去脂除油,然后再涂上一层渗透液(一般为红色),零件表面若有裂纹,渗透液即渗入;10～20min 后将零件表面擦净,再涂以乳化液,稍候擦净再涂以一层吸附液(一般为白色)。由于吸附液的作用,裂纹处的红色渗透液即被吸出,即可显示裂纹。

渗透液由红色颜料(如苏丹红三号)、硝基苯、苯和煤油组成。吸附液则由氧化锌、珂洛酊、苯和丙酮组成。

涂色探伤和荧光探伤一样,不受零件材质的限制,方法简便,反应正确,但只能发现表面缺陷。几乎不受材料的组织或化学成分的限制,在最佳检测条件下,能发现的缺陷宽度约为 $0.3\mu m$,能有效地检查出各种表面开口的裂纹、折叠、气孔、疏松等缺陷。

3) 电磁探伤法

电磁探伤检测能比较灵敏地查出铁磁性材料(铁、钴、镍、镝),以及它们的合金(奥氏不锈钢除外)的表面裂纹,夹杂等缺陷。对于表面下的近表缺陷(2～5mm 以内)在一定条件下也可查出。在最佳检测条件下可检出长度1mm 以上、深度0.3mm 以上的表面裂纹,能检查出的裂纹最小宽度约为 $0.1\mu m$。

(1) 电磁探伤的基本原理

电磁探伤的基本原理,是利用缺陷所引起的材料中磁导率的改变来发现缺陷。众所周知,电磁材料所制成的零件,如果把它磁化,那么该零件就有磁力线通过。如果该零件材料组织均匀,那么磁力线的分布也是均匀的,也就是说各处的导磁力均相等。如果零件内部出现了缺陷,如裂缝、气孔、非磁性夹渣等,那么磁力线通过时,将遇到较大的磁阻而发生弯曲现象。如果缺陷接近于零件表面,磁力线还会逸出缺陷而暴露在空中,形成所谓漏磁通。散逸的磁力线向外逸出,尔后又穿入零件,所以在缺陷两侧磁力线出入处即形成局部磁极,如图2-19所示。

如果在零件表面撒以磁粉,那么这些磁粉就会很快地被吸聚在裂缝处,顺着裂缝形成一条黑线。根据黑线位置,便可确定裂纹位置。由于裂纹的长度和深度不同,磁力线外逸程度也不相同,吸聚的磁粉粗细也不一样,因此,从吸聚的磁粉黑线形象,便可大致判断裂纹的深度和长度。

（2）电磁探伤的基本方法

先将零件表面上的锈蚀、油垢、灰尘及水分除净,露出金属本色;再确认探伤器是否良好（将一有裂纹的样板作为检测对象,观察显示是否清晰来确认探伤器是否灵敏）;然后即可正式操作检测。金属内部的缺陷大小、位置、方向会直接影响磁力线的分布,当缺陷方向与磁力线垂直时,磁力线弯曲程度最大,如图2-20所示。

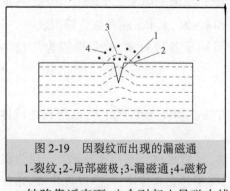

图2-19　因裂纹而出现的漏磁通
1-裂纹；2-局部磁极；3-漏磁通；4-磁粉

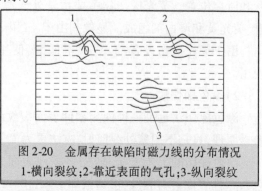

图2-20　金属存在缺陷时磁力线的分布情况
1-横向裂纹；2-靠近表面的气孔；3-纵向裂纹

缺陷靠近表面,也会引起少量磁力线外逸,而当缺陷方向与磁力线相同（平行）时,弯曲变化很小,不易发现。因此在探伤操作时,要采取不同的磁化方法,使形成的磁力线与裂纹走向垂直或成一定的夹角。探伤时,如发现有磁粉聚集成线状时,应将磁粉擦净,再度探查、确认。

检查零件的纵向裂纹时,可将零件直接通电（见图2-21）,将一芯棒（用铜或铝）通电,使芯棒通过空心零件及靠近零件表面。如图2-22所示,利用电流周围的磁场在零件上产生一个周向磁场。这种方法称为周向磁化法。检查零件的横向裂纹时,可用电磁铁或通电的螺管线圈在零件上产生一个纵向磁场,如图2-23和图2-24所示。这种方法称为纵向磁化法。采用直流纵向和交流周向同时磁化的复合磁化法内摆动的磁场,同时检查出不同方向的缺陷。

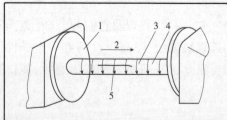

图2-21　零件直接通电周向磁化法示意图
1-夹头；2-磁化电流方向；3-磁力线方向；
4-被检零件；5-缺陷（裂纹）

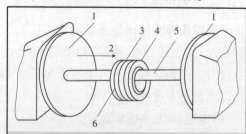

图2-22　芯棒法周向磁化示意图
1-夹头；2-磁化电流方向；3-磁力线方向；4-被检零件；5-铜棒；6-裂纹

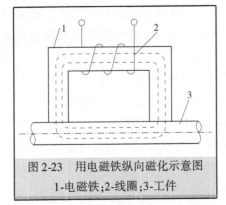

图 2-23 用电磁铁纵向磁化示意图
1-电磁铁；2-线圈；3-工件

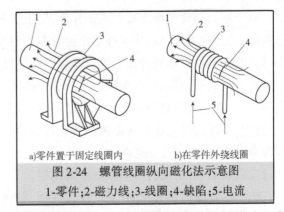

a)零件置于固定线圈内　　b)在零件外绕线圈

图 2-24 螺管线圈纵向磁化法示意图
1-零件；2-磁力线；3-线圈；4-缺陷；5-电流

检测时，可以在对零件进行磁场磁化的同时喷撒磁粉，也可利用零件剩磁进行检验。剩磁法可用于检验剩磁大的零件，如高碳钢或经热处理（淬火、回火、渗碳等）的结构钢零件；当用交流磁化零件时，在不控制断电相位的情况下，有时剩磁很小，会造成漏检。

喷撒磁粉分为干法（即干磁粉）和湿法（即磁悬液）两种。干法对零件表面缺陷检出能力差，但结合半波直流电对零件外加磁场法检验时，可显示出较深的内部缺陷。湿法容易覆盖零件表面且流动性好，对检查表面微小缺陷灵敏度高。

磁悬液分为油磁悬液和水磁悬液。油磁悬液常用 40% ~ 50% 的变压器油与 50% ~ 60% 的煤油混合。磁粉含量 15 ~ 30g/L。水磁悬液中常加入浓乳、亚硝酸钠、三乙醇胺等成分。

磁粉有黑色（主要成分是 Fe_3O_4）、红褐色（主要成分是 Fe_2O_3）等。荧光磁粉和某些有色（如白色）磁粉是采用磁性氧化铁或工业纯磁粉为原料在其上包覆一层荧光物质或其他颜料而成。采用各种有色磁粉是为了增强磁粉的可见度及与零件表面的衬度。荧光磁粉与非荧光磁粉相比，在紫外线灯照射下，缺陷清晰可见，工作人员眼睛不易疲劳，不易漏检。荧光磁粉若配备光电转换装置，可实现自动或半自动化检验。国外目前多采用荧光磁粉。

缺陷的尺寸、位置（是否与磁力线垂直）及距表面的深度，对于探伤效果有显著的影响。如图 2-25 所示。

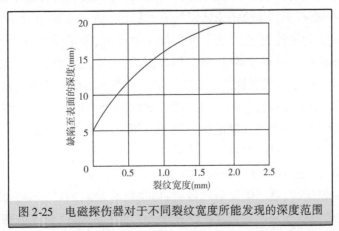

图 2-25 电磁探伤器对于不同裂纹宽度所能发现的深度范围

对于不同裂纹宽度能被发现的深度范围,只有在图示曲线以下的缺陷才能被电磁探伤器查出。另外,不规则的零件外形也会使磁力线分布不均匀,因此,应根据零件外形选用不同形式的探伤器。常用的探伤器有马蹄形和环形。

零件经电磁探伤后,会多少留下一部分剩磁,必须进行退磁,否则,零件在使用过程中会吸引铁屑,造成磨料磨损。最简单的退磁方法是逐渐地将零件从交流电的螺管线圈中退出,或直接向零件通以交流电并逐渐减少电流强度直到为零。但采用交流电退磁时,仅对零件表面有效。所以,用直流电磁化的零件仍应用直流电退磁。向零件通以直流电退磁时,应不断改变磁场的极性,同时将电流逐渐减到零。

由于电磁探伤具有探测可靠、操作简便、设备简单等优点,因此在内燃城市轨道交通车辆检修探测工件中应用最为广泛。

4)超声波探伤法

一般情况下,人耳能听到的频率为 50～20 000Hz,频率大于 20 000Hz 的声波称为超声波。用于探伤的超声波,频率一般为 0.4～25MHz,其中用得最多的是 1～5MHz。由于超声波的波长比可闻声波的波长短,所以它具有类似光直线传播的性质,并且容易发现材料中微小缺陷的反射。

(1)超声波探伤的基本原理

超声波探伤原理是利用超声波通过不同介质的接面,产生折射和反射现象来发现零件内部缺陷的。它不仅可以探测金属及非金属材料缺陷,还可以测定材料厚度。超声波探伤具有灵敏度高、穿透力强、检测灵活、结构轻便、对人身无害等优点,而且现代超声波探伤已逐步向显像法及自动化方向发展。检修工作中主要应用超声波探伤的脉冲反射法和脉冲穿透法。

(2)超声波探伤的基本方法

超声波探伤大致分为两种:一种是将声波发射到被检零件,接收从缺陷反射回来的声波;另一种是测定声波在零件中的衰减。目前生产中应用最多的是脉冲 A 型反射显示法。它是用荧光屏上反射波的波高来确定缺陷大小;用反射波在横轴(称为距离轴)上的位置来确定缺陷的位置;根据探头扫描范围来确定缺陷面积等。如图 2-26 所示为其工作原理。

探伤时将探头放到零件表面上,为了更好地传播声波,通常用机油、凡士林或水作为传播介质。探头发出超声波并穿过零件,在底面反射后,再穿过零件,又回到同时作为接收用的探头。在仪器荧光屏上与发射脉冲 S 相距一定的距离内出现了所谓底面反射波片。发射脉冲和底面反射波之间的距离,与声波穿过零件的时间是相应的。根据零件中存在缺陷的大小,相应的缺陷反射波 F 直接在缺陷处返回,而不能到达底面。缺陷的反射波位于底面的反射波和发射脉冲之间的位置,与缺陷在零件中探伤面和底面之间的位置是相对应的。因此可以很容易地算出缺陷在深度方向的位置。

当超声波碰到缺陷时,就产生反射和散射;但当这些缺陷的尺寸小于波长的一半时,由于衍射作用,波的传播就与缺陷是否存在没有什么关系了。因此,超声波探伤中缺陷尺寸的检测极限为超声波波长的一半。

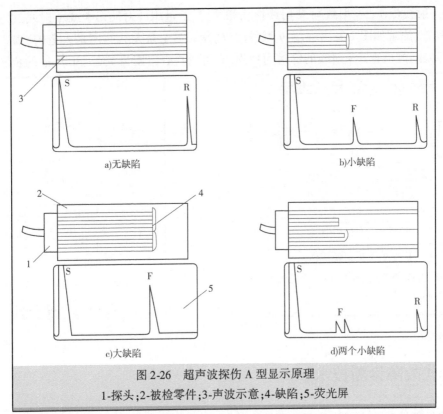

图 2-26 超声波探伤 A 型显示原理
1-探头；2-被检零件；3-声波示意；4-缺陷；5-荧光屏

超声波频率越高,方向性越好,就更能以很狭的波束向介质中传播,这样就容易确定缺陷的位置。而且,频率越高,波长就越短,能检测的缺陷尺寸就越小。然而频率越高,传播时的衰减也越大,传播的距离就越短,故探伤时频率应适当选择。

超声波探伤除了 A 型显示外,还有 B 型显示、C 型显示、立体显示、超声波电视法及超声全息技术等。B 型显示可以在荧光屏上观察到探头移动下方断面内缺陷分布情况,此法目前多用于医学上检查人体内脏的病变。C 型显示以亮度或暗点的不同在荧光屏上显示探头下方是否有缺陷,即显示缺陷的投影,近来已有用颜色(如蓝、绿、红)显示缺陷深度的方法。立体显示是 B 型和 C 型的组合。

超声波检测主要用于探测内部缺陷,也可用于检查表面裂纹。尽管超声波探伤具有很多的优越性,但也有不足之处。如对于形状稍复杂工件内部的微小缺陷不易查出；表面要求平坦、缺陷分布要有一定范围等。当遇有这种情况时,应选用其他探伤方式加以弥补。

5) 射线探伤法

射线探伤法就是利用放射线对金属有相当的穿透能力来检查零件内部缺陷。

(1) X 射线探伤。采用 X 射线检查零件时,如果光路上遇有空隙(裂纹、气孔等),那么在缺陷部位的射线投射率就高,透过的射线就强。若用透视法,在荧光屏上就会有比较明亮的部分,亦即缺陷的位置和大小。如图 2-27 所示,为 X 射线探伤的原理图。可用照相法把影像记录下来。

利用 X 射线检查金属的最大厚度一般为 80mm。

(2)γ射线探伤。γ射线与X射线探伤相仿,只不过用放射性元素或γ射线发生器来代替X射线管,原理如图2-28所示。γ射线的放射源,不论是天然的还是人造的,都广泛用于金属内部缺陷的检查。γ射线的穿透力更强,它可以检查厚度为150～300mm的金属。

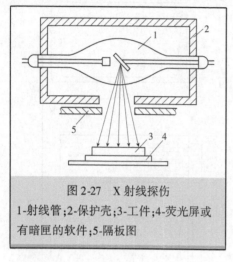

图2-27 X射线探伤
1-射线管;2-保护壳;3-工件;4-荧光屏或有暗匣的软件;5-隔板图

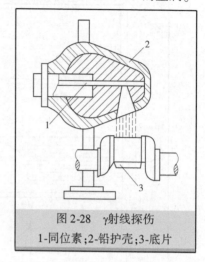

图2-28 γ射线探伤
1-同位素;2-铅护壳;3-底片

四 现代故障诊断技术

现代故障诊断技术就是采用检测技术装备,在设备不解体或运转的情况下,获取其有关技术信息,以判定设备技术状态是否处于良好、正常、劣化、故障的技术。

随着科学技术的发展,城市轨道交通车辆装备故障诊断技术的应用范围越来越广泛,诊断技术本身的领域也非常宽广,近代已经发展成为一门独立的应用科学,此处不予详细论述。下面仅就城市轨道交通车辆常用的机械故障诊断技术作简单的介绍,其中包括振动诊断、声诊断、红外线诊断、润滑油分析和性能趋向监测等。

1 振动诊断技术

振动诊断是对正在运行的机械装备或给静止状态的系统以人工激励,测其振动响应,对得到的各种数据进行分析处理;然后将结果与事先制定的标准进行对比,从而判断出是否存在损伤或裂纹。在城市轨道交通车辆中,常常应用振动诊断技术来检测空压机、电动机、轴系、齿轮箱、滚动轴承等,由于疲劳、磨损、不平衡、不对中、松脱、老化等引起的故障。

振动诊断技术应该包括振动信号的采集,振动信号的分析处理,故障的识别,故障预报。振动诊断的方法是要测量被测装备上的振动量,然后应用振动分析技术来分析其振动特性的变化。振动信号的分析方法主要有:幅值分析法、频域分析法、相关分析法、时序分析法、特征分析法。

近代振动诊断技术发展很快,在装备的故障诊断中得到了十分广泛的应用。由于其方便、可靠,常应用于故障预报。振动量有三种,分别为位移(振幅)、速度和加速度。因此在振动诊断时,首先要决定测量哪一种振动量,采用什么测量装置,然后才能确定采用什么分析技术来分析处理输出信号。一般说来,位移传感器在低频时比较灵敏;速度传感器在中频带比较灵敏;加速度传感器在高频区域比较灵敏。振动信号的强度与传感器的安装方向和安装紧密程度有很大关系。

❷ 声诊断技术

从广义上来说,声音也是振动的一种形式。声诊断技术是利用声学的原理进行故障诊断的技术。主要有声和噪声诊断、声发射诊断和超声波诊断。

1)声和噪声诊断法

声和噪声诊断是根据装备在运行中发出的声和噪声来判断其是否发生故障的技术。当装备的零部件发生磨损、变形、裂纹等物理变化时,其声音信号的特性就会发生变化,装备发出的声音通过传声器把声音送到放大器放大后直接读数或进行信号处理,也可以记录、存储后再进行处理,可以对信号进行频谱和倒频谱、频率和倒频率分析,从而判断装备是否发生故障。声和噪声诊断的方法,主要有主观评估法、近场测量法、表面振速测量法、频谱分析法和声强法等。

2)声发射诊断法

装备零部件的材料和结构在内外力的作用下会产生变形或裂纹,此时装备会以弹性波的形式释放出应变能,这种现象称之为声发射,也称为应力波发射。各种材料声发射的频率范围很宽,从次声频、声频到超声频,但大多数的金属(如钢、铁等)的声发射频带都在超声范围内。声发射诊断是采用声发射探头将声发射源发射的弹性波转变为电信号,然后进行放大和处理,从而得到一些声发射的特征参数,根据这些参数即可推测材料内部声发射源的特征和状态,如果采用多通道系统,还可以确定声发射源,即缺陷的具体部位。声发射诊断具有很高的灵敏度,能够检测到微米数量级的显微裂纹变化。如果采用多通道探头,则可以在一次试验中大面积地诊断出缺陷的分布及其危害性,这是常规无损检测方法难以做到的。声发射诊断方法主要用于诊断零部件因塑性变形、疲劳、应力和磨损而产生的裂纹及其发展。

由上述可以得知,声和噪声诊断法及声发射诊断法具有对被测物可达性要求低、可以遥控检测、测量系统设置迅速的优点;超声波诊断法具有定向性好、测量精度较高的优点。但它们又都具有测量会受到无关噪声干扰、分析结果比较困难的缺点。近年来,声诊断技术在城市轨道交通车辆中得到了广泛的应用和发展,例如轮对的超声波探伤已经成为机车车辆维修中必不可少的诊断程序。

❸ 红外线诊断技术

红外线是太阳光谱中红光外的不可见光,其波长范围相当宽,为 0.75~1 000 μm。红外线诊断技术实质上是红外线测温技术。由于装备发生故障绝大部分都直接或间接与温度的变化有关,因此红外线测温技术可以被用来诊断故障。目前,红外线测温仪器很多,有测定温度的,有只对温度场成像的,也有既可成像又可实时显示温度值的。根据用途可将红外线诊断技术分为红外线测温技术和红外线成像技术。

1) 红外线测温技术

由红外线辐射的基本定律可知,被测物体表面的辐射系数为常数时,它的辐射功率与其绝对温度的 4 次方成正比。因此,物体表面温度的检测就变为对其辐射能量的检测,通过红外线辐射能量的测量,再经过黑体标定,就能够确定被测物体的温度。红外线测温与传统的接触测温不同,它是非接触测温,而且测温速度快,测温范围宽,灵敏度高,对被测温度场无干扰,可动态测温和远距离测温。

2) 红外线成像技术

红外线成像技术是将被测物体的红外线辐射转换为可见图像,从而使人们的视觉范围扩展到红外线谱段。红外线成像技术分为两类:光机扫描热成像技术(红外线热像仪)和热释电摄像管热成像技术(红外线热电视)。前者是将红外线辐射经光学系统聚集到探测器上,并将辐射通量按照时间顺序排列,探测器将红外线辐射变成电脉冲信号,通过视频信号处理送到显示器显示出热像;后者是将红外线辐射送入热释电摄像管,到达以热释电材料做成的靶面上,释放出热释电流,经处理形成电压信号,视频放大后送入显示器显示出热像。红外线测温技术除在现代军事上有着广泛的应用外,在国民经济各部门也有着大量的应用。由于它是遥测、遥感的非接触测量方式,可用于高温、高压、高电压、高速旋转状态下的各种检测。从 20 世纪 70 年代开始红外线轴温检测技术在我国机车车辆上广泛应用。红外线轴温检测技术是一种不停车情况下检测轴温的技术,利用列车运行中轴箱发射的红外线辐射来发现热轴的故障。在铁路两侧,每隔 30km 便安装一红外线轴温探测器,红外线探头中的光学系统将机车车辆轴箱的红外线辐射聚集到红外线探测元件上,将其转换为电脉冲信号,经过放大处理后进行显示、存储。轴的温度越高,输出的电脉冲信号越大。一旦有热轴信息,就会将热轴所处的车辆位数、位置准确地通知现场。另外,在重要的旅客列车不安装轴温在线监测系统,其他的每个轴箱上均安装了温度传感器,可以采用热敏电阻,把温度信号变成电信号,经处理后显示出轴承的实时温度,实现了列车运行中对轴温的在线监测。

新一代的红外线轴温检测和监测装置已经采用微机信号处理技术,对运行中的列车故障信息自动处理,通过多种传输方式将测得的各种数据传输到控制中心或附近车站以及运行的列车上。所测信息全部采用数字显示,能自动识别滚动轴承和滑动轴承,并有计轴计辆装置,一旦检测出危及行车安全的故障,则立即自动报警,以便及时采用措施,防止事故的发生。

❹ 润滑油分析技术

润滑油分析技术不仅限于对润滑油本身理化性能(如黏度、酸度和水分等)的化验和评定,而更重要的是对润滑油内所含的机械磨屑和其他微粒进行定性和定量测量与分析,从而得到摩擦副的磨损状况及系统污染程度等方面的重要信息。润滑油分析技术除常规化验外,主要有润滑油光谱分析和铁谱分析。

1) 光谱分析技术

技术装备的润滑油,内含有大量以分散形式存在的各种微粒,这些微粒包括摩擦副的磨屑、润滑系统的异物和外来污染物等。润滑油光谱分析技术是利用各种元素的原子发射或吸收特定光谱的原理,对被测装备的润滑油进行光谱分析,得知各磨损元素的种类和浓度,从而判定相应零件的磨损状况和润滑系统的相关故障。润滑油光谱分析技术主要有两种,即发射光谱分析和吸收光谱分析。

(1) 发射光谱分析

发射光谱分析是利用物质受高压电(1.5kV)激发后,发出特定光谱的性质来判定某种元素是否存在,然后根据这些元素发射出的光谱强度进行定量分析,得出元素的浓度值。这种方法操作简便、分析速度快、测量精度高、灵敏度好。但其缺点是设备(如美国 Baird 公司的 MOA 直读发射光谱仪)价格昂贵,所得结果不能给出磨屑的外形、尺寸等信息,不能反映磨屑产生的原因。而且这种方法只适用于悬浮在油液中小于 $10\mu m$ 的磨屑,而对于磨损严重的较大颗粒磨屑则无法检测出。

(2) 吸收光谱分析

吸收光谱分析是将分析油样送入燃烧器雾化,油样中各种磨屑微粒被原子化,而处于吸收状态。另外,采用一种能发出不同元素波长的光源(空心阴极灯),当它发出的射线穿过燃烧器的火焰时,就被相应磨屑微粒元素的原子吸收,其吸收量正比于该元素的浓度。通过标定就能够准确测出其浓度值。这种方法的测量精度较高,而且消除了周围环境的干扰。一般说来,这种方法每测量一种元素就需要更换相应的光源,比较麻烦。目前已有双光束、多通道的吸收光谱分析仪,可以一次分析多种元素,而且将油样直接送入燃烧器,克服了原来方法的不足。

润滑油光谱分析技术由于操作简便、分析速度快、测量精度高等优点而得到了广泛的应用,我国铁路在20世纪80年代曾从美国 Baird 公司购置了大批的发射光谱分析仪,在各个铁路局均设置了润滑油光谱分析中心(站),润滑油光谱分析技术已经成为机车车辆故障诊断技术的重要手段。

2) 铁谱分析技术

铁谱分析技术是利用磁场来分离和诊断润滑油样中的磨屑微粒,从而分析和判断机械装备摩擦副的磨损情况。当油样通过铁谱仪的高强度、大梯度的磁场时,油样中的微粒在谱片上迅速、有序地沉积。沉积的规律会受到微粒的尺寸、形状、密度、磁化率和油的物理性质等的影响。然后通过光学显微镜、电子显微镜及X射线能谱仪对谱片进行分析,由磨屑的形态、大小、成分、浓度和粒度分布等分析出装备的磨损状况。根据对磨屑分析和处理方法的不同,铁谱分析仪分为分析式分析仪、直读式分析仪、气动式分析仪、在线式分析仪等。

铁谱分析技术比较简单实用,我国自行研制和生产许多铁谱分析仪,在铁路机车车辆上得到了大量应用。它不但能够分析出磨屑的成分和浓度,而且还能够根据磨屑的形状、颜色和粒度分布等来分析和判断磨损的原因和部位,还可在线监测。铁谱分析技术的缺点是只适用于尺寸大于 $1\mu m$ 的磨屑颗粒分析,对于非磁性材料则无法检测出。

由上述分析可以看出,润滑油光谱分析和铁谱分析技术各有特点,在实际使用中可相互补充。例如光谱分析对 0.01~1μm 的磨粒分析效率最高;而铁谱分析在粒度为 1~1 000μm 级时,分析效率可达 100%。因此,两种技术综合使用,则会增强润滑油分析的诊断范围和深度。

5 性能趋向诊断

性能趋向诊断是通过对性能参数劣化趋势的监测,从而对装备进行故障诊断。这种诊断方法已经应用了几十年,是一种较为传统的故障诊断方法。

性能参数的劣化趋势是指性能参数(如压力、温度等作为因变量)随另外的参数(如时间等作为自变量)向坏方向的变化趋势。可以表征性能的主要参数有长度、质量、时间、电流、温度、光强等;由这些参数推导出的参数为力、压力、功、能量、功率、电荷、电位差、电阻、电容、电感和热导率等;以及由这些参数推导出的函数关系:燃油消耗率、力矩、冲量、流量等。

2.5 零件的修复

零件的修复,是城市轨道交通车辆检修工作的重要组成部分。合理地选择和运用修复技术,是提高检修质量、缩短停修时间、节约资源、降低检修费用的有效措施。

目前常用的修复工艺,有钳工和机械加工法、压力加工法、金属喷涂法、焊修法、电镀法、刷镀法、气相沉积和黏结技术等。

一 钳工和机械加工法

钳工和机械加工法,是零件修复中最主要的工艺方法。

1 几种精加工方法

(1) 铰孔

铰孔是利用铰刀进行精密孔加工和修整性加工的方法。它能得到很高的尺寸精度和较小的表面粗糙度,主要用来修复各种配合的孔。

(2) 珩磨

珩磨是利用 4~6 根细磨料的砂条组成可涨缩的珩磨头,对被加工的孔作既旋转又沿轴向上下往复的综合运动,使砂条上的磨料在孔的表面上形成既交叉但又不重复的网纹轨迹,磨去一层薄的金属。由于参加切削的磨料多且速度低,磨屑中又有大量的冷却液,使孔的表面粗糙度变小,精度得到很大的提高。所以珩磨是一种较好的修复内表面的方法,如压气机气缸内表面的珩磨。

(3) 研磨

用研磨剂和研具对工件表面进行微量磨削的方法叫做研磨。研磨剂是由磨料和研磨液混合而成的一种混合剂。研具一般由铸铁制成,它有良好的嵌砂性。研磨常用于修复高精度的配合表面,研磨后的精度可达到 0.001~0.005mm。

(4) 刮削

刮削是用刮刀从工件表面上刮去一层很薄的金属的手工操作。它一般在机加工后进行,刮削后的表面精度较高,表面粗糙度较小,常用于互相配合且重要滑动表面的零件,如滑动轴承、机床导轨。

❷ 钳工修补

(1) 键槽

当轴或轮毂上的键槽只磨损一部分时,可把磨损的键槽加宽,然后配制阶梯键。当轴或轮毂上的键槽全部磨损时,允许将键槽扩大 10%~15%,然后配制大尺寸键。当键槽磨损大于 15% 时,可按原槽位置旋转 90°或 180°,重新按标准开槽,开槽前把旧槽用气或电焊填满并修正。

(2) 螺孔

当螺孔产生滑牙或螺纹剥落时,可先把螺孔钻去,然后攻出新螺纹。如果损坏的螺孔不许加大时,可配上螺塞,然后在螺塞上再钻孔、攻出原规格的螺纹孔。

(3) 铸铁裂纹修补

铸铁裂纹修补可采用加固法修复,一般用钢板加固,螺钉连接,并钻出裂孔,如图 2-29 所示。

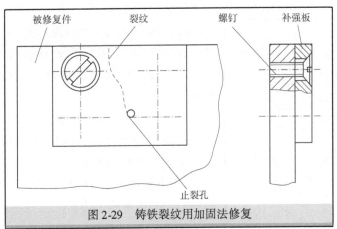

图 2-29 铸铁裂纹用加固法修复

❸ 局部更换法

若零件某个局部损坏,其他部分完好,可把损害的部分除去,换上一个新的部分,从而保证连接的可靠性,这种方法称为局部更换法,如城市轨道交通车辆轮对的轮箍部分的更换。

❹ 换位法

某些零件在使用上通常产生单边磨损,对称的另一边磨损较小。如果结构允许,可以利用零件未磨损的一边,将它换一个方向继续使用,此为换位法。

❺ 附加零件法

附加零件法是将磨损零件的工作表面进行加工,然后装上附加零件,再加工至所需尺寸的方法。如轴颈磨损后,可做成外衬套,以过盈配合装到轴颈上。为了连接可靠,有时还用骑缝螺钉或点焊进行紧固。

❻ 维修尺寸法

维修尺寸法的具体做法是对配合件中的一个零件进行加工,扩大(或缩小)其尺寸以消除不均匀磨损,恢复其原有的正确几何形状,并相应更换与其配合的零件,从而达到原来的配合要求。维修后的配合件的尺寸和原来的尺寸不同,这个新尺寸称为维修尺寸,这种维修方法就叫做维修尺寸法。

此方法适合于修复磨损的配合件,保留配合件中价值高、结构复杂、尺寸较大的零件作为加工对象,对另一个零件按照新的尺寸更换。新配合件虽然改变了零件原来的尺寸,但却恢复了原设计要求的几何形状和配合间隙,使其能够重新恢复到正常的工作能力。

通常把第一次加工的尺寸称为第一次维修尺寸,第二次加工的尺寸称为第二次维修尺寸,以此类推。被加工零件能进行多少次加工,是根据它的强度(一般轴颈减少量不超过原设计尺寸的10%)、刚度、工作性能和磨损情况来确定的。同时,为了使修复的零件具有互换性,以及为了制造备品零件的需要,也要使每次加工的尺寸标准化。

维修尺寸法具有最小维修工作量、设备简单、经济性好、修复质量高的优点;缺点是维修某一零件,但必须同时更换或维修另一组合零件。维修尺寸法在城市轨道交通车辆及机械行业应用非常广泛。

零件按维修尺寸维修时,应先确定零件的维修尺寸。

(1)确定轴的维修尺寸

如图2-30所示,为一轴颈的维修尺寸。

设d_H为轴颈的名义尺寸,d_1为运行磨损后的尺寸,由于磨损的不均匀,其一边的磨损量最小为δ'_1,另一边的磨损量最大为δ''_1,直径方向的总磨损量为

$$\delta_1 = d_H - d_1 = \delta'_1 + \delta''_1$$

设ρ为不均匀磨损系数

$$\rho = \delta''_1 / \delta_1$$

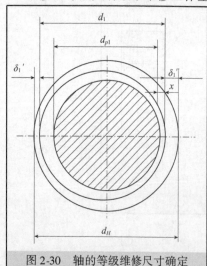

图2-30 轴的等级维修尺寸确定

当磨损均匀时，$\delta'_1 = \delta''_1$，则
$$\delta_1 = \delta'_1 + \delta''_1 = 2\delta''_1 = 2\delta'_1$$
$$\rho = \delta''_1/\delta_1 = \delta''_1/2\delta''_1 = 0.5$$
当只有单面磨损时，$\delta''_1 = 0$，则
$$\delta_1 = \delta'_1 + \delta''_1 = \delta''_1$$
$$\rho = \delta''_1/\delta'_1 = 1$$
由此可知，磨损的不均匀系数 $\rho = 0.5 \sim 1$。

用测量统计法，对磨损件进行多次测量，就可以求得该零件的平均磨损不均匀系数。

为确定维修尺寸，在不改变轴心位置的情况下，选定加工方法，并考虑到加工系统的刚性和安装误差，确定加工余量为 x，则轴颈的第一次维修尺寸为
$$d_{p1} = d_H - 2(\delta''_1 + x) = d_H - 2(\rho\delta_1 + x)$$
式中：$2(\rho\delta_1 + x)$——轴颈的维修间隔，以 I 表示。

根据零件的刚度和强度要求，假设轴颈的最小容许尺寸为 $d_{\min}$，在所有维修间隔相同的条件下，轴颈的容许维修次数为
$$n = (d_H - d_{\min})/I$$

这样，就可以求出各次的维修尺寸：

第 1 次维修尺寸　　　　$d_{p1} = d_H - I$

第 2 次维修尺寸　　　　$d_{p2} = d_H - 2I$

第 3 次维修尺寸　　　　$d_{p3} = d_H - 3I$

　　　　⋮　　　　　　　　　⋮

第 n 次维修尺寸　　　　$d_{pn} = d_H - nI$

(2) 确定内孔表面维修尺寸

如图 2-31 所示，同理可求得内孔表面的各次维修尺寸：
$$D_{p1} = D_H + 2(\rho\delta_1 + x) = D_H + I$$
设孔的最大容许尺寸为 $D_{\max}$，则孔的容许维修次数为 $n(D_{\max} - D_H)/I$。这样，孔的各次维修尺寸为：

第 1 次维修尺寸　　$D_{p1} = D_H + I$

第 2 次维修尺寸　　$D_{p2} = D_H + 2I$

第 3 次维修尺寸　　$D_{p3} = D_H + 3I$

第 n 次维修尺寸　　$D_{pn} = D_H + nI$

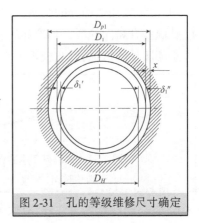

图 2-31　孔的等级维修尺寸确定

二 压力加工法

压力加工法是指在外界压力作用下，使金属发生塑性变形，恢复零件的几何形状或尺寸的加工方法。它通常分为冷压加工和热压加工两类。其具体方法有镦粗法、扩张法、缩小法、压延法、校正法几种，下面介绍常用的校正法。

零件在使用中，常会发生弯曲、扭曲等残余变形。利用外力或火焰使零件产生新的塑性变

形,去消除原有变形的方法称为校正。校正分冷校和热校,而冷校又分为压力校正和冷作校正。

1 压力校正

压力校正就是将变形的零件放在压力机的 V 形槽中,使凸面朝上,用压力把零件压弯,弯曲变形量为原来的 10～15 倍,保持 1～2min 后撤出压力。努力做到一、二次校正成功,切忌加压过大,反复校正。

压力校正简单易行,但校正的精度不易控制,零件内部留下较大的残余应力,效果不稳定,则疲劳强度下降(一般降低 10%～15%)。

为了使压力校正后的变形保持稳定,并提高零件的刚性,校正后需要进行定性热处理。

2 冷作校正

冷作校正是用手锤敲击零件的凹面,使其产生塑性变形。该部分的金属被挤压延展,在塑性变形中产生压缩应力,它对邻近的金属有推力作用,弯曲零件在变形层应力推动下被校正。

冷作校正的校正精度容易控制,效果稳定,一般不进行定性热处理,且不降低零件的疲劳强度。但它不能校正弯曲量较大的零件,通常零件弯曲量不超过零件长度的 0.03% ～0.05%。

3 热校

热校是将零件弯曲部分的最高点用气焊的中性火焰迅速加热到 450 ℃ 以上,然后迅速冷却,由于被加热部分的金属膨胀,塑性随温度升高而增加,又因受周围冷金属的阻碍,不可能随温度升高而伸展。当冷却时,收缩量与温度降低幅度成正比,收缩力很大,造成收缩量大于膨胀量的情况,以此校正了零件的变形,如图 2-32 所示。

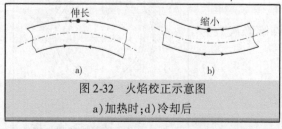

图 2-32 火焰校正示意图
a)加热时;d)冷却后

热校时,零件弯曲越大,加热温度应越高,且校正能力随着加热面积和深度增大而增加。当加热深度达到零件厚度的 1/3 时校正效果较好。超过此厚度,效果变差,全部热透则不起校正作用。

热校适用于变形量较大、形状复杂的大尺寸零件,校正保持性好,对疲劳强度影响小,应用比较普遍。

城市轨道交通车辆上有许多零件在工作中受外力的作用会发生弯曲、扭曲变形损伤,如连杆杆身、曲轴、管道等。对于这类情况,只要结构允许,均可采用压力加工法校正。

三 金属喷涂法

金属喷涂法是用高速气流将熔化了的金属吹成细小微粒,此微粒以极高的速度喷敷在经过专门处理过的待修零件表面上,形成覆盖层。喷涂的涂料只是机械地咬附在基体上,基体金属并不熔化。

根据热源不同,喷涂工艺又可分为氧-乙炔焰喷涂、电弧喷涂、等离子喷涂等,但其工作原理是一致的。喷涂层的厚度一般为 0.05~2mm,甚至可达 10mm。电弧喷涂工作原理,如图 2-33 所示;气喷涂枪外形,如图 2-34 所示。

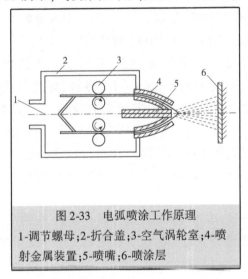

图 2-33 电弧喷涂工作原理
1-调节螺母;2-折合盖;3-空气涡轮室;4-喷射金属装置;5-喷嘴;6-喷涂层

图 2-34 气喷涂枪的外形
1-金属丝;2-导线;3-滚轮;4-导向头

金属喷涂在维修中应用很广,是修复零件表面的工艺。其主要特点有如下诸方面:

(1)适应性强,可喷涂的材料很多,不受可焊性的影响。
(2)喷涂温度只有 70~80℃,零件热应力小,变形也小。
(3)工艺简单、生产效率高。
(4)喷涂层与基体的结合强度低,不适合压延、滚动、冲击零件的修复。
(5)喷涂层由细小的微粒堆积和铺展而成,具有多孔性,储油能力强,但降低了抗腐蚀性。

四 焊修法

焊接技术应用于维修工作时称为焊修。焊修是通过加热基体及焊条,并使之溶化,使两个分离体结合成一个整体的加工方法。零件的加热会带来基体组织、性能和形状的改变,这是焊修的关键问题。根据加热方式的不同,焊修可分为电弧焊、气焊和等离子焊等。按照焊修的工艺和方法不同,可分为焊补、堆焊、喷焊和钎焊等。

1 焊补

(1)铸铁

普通铸铁是制造形状复杂、尺寸庞大、防振减磨的基础性零件的主要材料。铸铁件的焊补,主要应用于裂纹、破断、磨损、气孔等缺陷的修复。焊补的铸铁主要是灰铸铁。

铸铁的可焊性差,在焊补时会产生很多困难:铸铁熔点低,铁水流动性差,施焊困难。焊缝易产生又脆又硬的白口铁,焊缝不熔合、加工困难、接头易产生裂纹,甚至脆断。为此,必须采用一些技术措施,如选择性能好的铸铁焊条;做好焊前准备,清洗、预热等;控制冷却速度(缓冷)才能保证质量。铸铁件的焊补分为热焊和冷焊两种,需根据外形、强度、加工性能、工作环境、现场条件等特点进行选择。

①热焊。它是焊前对工件进行高温预热,焊后加热、保温、缓冷。用气焊或电弧焊均可得到满意效果。焊前加预热到600℃以上,焊接过程不低于500℃,焊后缓冷。

这个过程工件温度均匀,焊缝与工件其他部位之间温差小,有利于石墨析出,避免白口、裂纹和气孔。热焊的焊缝与基体组织基本相同,焊后加工容易,焊缝强度高,耐水压、密封性能好。比较适合铸铁件毛坯或加工过程中发现形状复杂的基体缺陷的修复。

②冷焊。它是不对铸件进行预热或预热温度低于400℃的情况下进行,一般采用手工电弧焊或半自动电弧焊。冷焊操作简便,劳动条件好,施焊时间短,具有更大的应用范围,一般铸铁件多采用冷焊。

冷焊时要根据不同的焊补厚度选择焊条直径,按照焊条直径选择焊补规范,包括电流强度、焊条药皮类型、电源性质、电弧长度等,使焊缝得到适当的组织和性能。冷焊操作时,需要较高的焊接操作技能。

(2)有色金属

有色金属主要有铜及铜合金、铝及铝合金等。因它们的导热性高,膨胀系数大,熔点低,高温下脆性较大,强度低,很容易氧化,所以可焊性差、焊补比较困难。因此,必须采用一些技术措施才能保证质量。

铜及铜合金的特点是:在焊补过程中,铜易氧化,生成氧化亚铜,使焊缝塑性降低,促使产生裂纹;导热性强,比钢大5~8倍,焊补时必须用高而集中的热源;热胀冷缩量大,焊件易变形,内应力增大;易在焊缝熔合区形成气孔,这是焊补后常见的缺陷之一。所以要重视以下问题:焊补材料的选择(电焊条、焊粉)及焊补工艺正确。

铝及铝合金的特点是:铝及铝合金的可焊性差,主要是氧化膜问题。铝及铝合金的焊接方法很多。目前焊接质量较好的是钨极交流氩弧焊,其次是气焊、弧焊。无论哪种方法,都要做好焊前清洗工作。

(3)钢

对钢进行焊补主要是为了修复裂纹和补偿磨损尺寸。各种钢的可焊性差别很大。低碳钢和低碳合金钢在焊接时发生淬硬的倾向较小,有良好的可焊性。随着含碳量的增加,可焊性降低。高碳钢和高碳合金钢在焊接时发生淬硬的倾向大,易形成裂纹。含碳或合金元素很高的材料一般都经过热处理,损坏后如不经过退火直接焊补,易产生裂纹。

❷ 堆焊

堆焊是焊接工艺方法的一种特殊应用。它不是为了形成接头焊缝,而是用焊接的方法在零件表面堆敷一层金属。其目的在于修复因磨损损坏了的零件或在表面得到特殊的性能,如耐磨性、耐腐性。凡是属于熔焊的方法都可以用于堆焊,目前应用最广的方法有手工电弧堆焊、氧-乙炔焰堆焊、振动堆焊、埋弧堆焊、等离子堆焊。

堆焊特点是堆焊金属与基体金属有很好的结合强度;对基体的热影响小,热变形小;可以快速地得到较厚的金属层,效率高。

在工艺措施中注意两点:一是耐磨堆焊层一般都有较高的硬度,存在淬硬性,容易产生裂纹,为了减少这种倾向,要采取预热和缓冷措施;二是耐磨堆焊层堆焊材料都含有较多的合金元素,堆焊时由于基体的熔化会冲淡合金元素的浓度,影响堆焊层性能,所以要采取措施予以避免。

③ 喷焊

喷焊是在喷涂的基础上发展起来的。它是将喷涂层再进行一次重熔过程处理,与基体表层达到熔融状态,进一步形成紧密的合金层。与喷涂相比,它具有结合强度高、硬度高,同时使用高合金粉末之后可使喷焊层具有一系列的特殊性能。喷焊时工件表面产生熔化熔敷层。

喷焊不仅用于表面磨损的零件,当使用合金粉喷焊时,能使修复件比新件更耐磨,而且它还可以用于新零件的表面强化、装饰等。

④ 钎焊

钎焊采用比母材熔点低的金属作钎料,把它放在焊件连接处一同加热到高于钎料熔点而低于基体金属的熔点温度,利用熔化的液态钎料润湿基体金属,填充接头间隙,并与基体金属产生扩散作用,而把分离的两个焊件连接起来的焊接方法。

钎焊适用于焊接薄板、薄管、硬质合金刀头焊修、铸铁件及电气设备等。钎焊根据钎料熔点的不同分为如下两类:

(1) 软钎焊。即钎料熔点在450℃以下进行的钎焊,如锡焊等。常用的钎料是锡铅焊料。它主要用于电器元件的维修。

(2) 硬钎焊。即钎料熔点为450~800℃,它主要用于有色金属材质的维修,如空调维修中的热交换器铜管的焊修。

根据采用的热源不同,可分为火焰钎焊、高频钎焊。为使焊接牢固,钎焊时必须使用溶剂。作用是溶解和清除零件钎焊部分表面的氧化物,保护钎焊表面不受氧化,改善液态钎料对焊件的润湿性。

五 电镀法

电镀法是利用电解的方法将金属以分子的形式逐渐沉积到待修零件的表面上,形成均匀、致密、结合力强的金属镀层的过程。

电镀时,温度都在100℃以下,零件不会发生变形;镀层厚度可以控制,随电流密度和时间的增加而变厚。电镀不仅可以恢复磨损零件表面的尺寸,还能改善零件表面的性质,提高耐磨性、防腐性、形成装饰性镀层和需要某种特殊性能的镀层。主要用于修复磨损量不大,精度要求高、形状结构复杂及适合批量较大的情况。电镀的缺点是电镀需要有特殊设备,镀层厚度有一定的限制。在维修中,最常用的有镀铬、镀铁、镀铜。下面仅介绍镀铬。

镀铬是使用电解法修复零件的最有效的方法之一,它不仅能修复磨损的表面尺寸,而且在相当大的程度上能改善零件的质量,特别是提高表面耐磨性。

1 镀铬层的特点

(1)镀铬层的化学稳定性好,摩擦系数小,其硬度可高达400~1200HV,比零件淬火硬度还硬,具有较高的耐磨性。

(2)通过调节可以得到不同的镀铬层,镀层与金属结合强度高。

(3)镀层具有较高的耐热性,在480℃下不变色,500℃以上才开始氧化,700℃以上硬度才显著下降。

(4)抗腐蚀能力强,能长期保持光泽,外表美观。

(5)镀铬层脆,不宜承受分布不均的载荷,不能抗冲击,当镀层厚度超过0.5mm时,结合强度和疲劳强度降低。

(6)沉积率低,润滑性能差,工艺复杂,成本高。

2 镀铬层的种类

镀铬层可分为硬质镀铬层和多孔性镀铬层。在一定电解浓度的条件下,改变电流密度和电解液温度,可获得不同颜色、不同性能的硬质镀铬层。其性能和适用范围,见表2-2所示。

硬质镀铬层的性能及适应范围 表2-2

电流密度	电解液温度	铬层颜色	性能特点	适应范围
高	低	灰暗色铬层	结晶粗大,颜色灰暗,有网状微小裂纹,质地坚硬(1 200HV)但韧性差	基本无实用价值,仅可用于刀具、量具
中	中	光亮色铬层	结晶细致、表面光亮,内应力小,有密集的网状裂纹,硬度较高(900HV),韧性耐磨性较好	适用于修复承受变负荷的摩擦件、静配合表面、滑动摩擦表面及防锈防腐表面
低	高	乳白色铬层	结晶细密,呈乳白色,无网状裂纹,硬度为400~500HV,有较高的韧性和耐磨性	适用于修复承受冲击负荷和单位压力大的零件,常用厚度为0.05~0.5mm

在零件获得硬质镀铬层的基础上,再将零件作为阳极进行短时间的反镀,零件表面就会形成点状或沟状孔隙,这种方法称为多孔性镀铬。多孔性镀铬层改善了硬质镀铬层的润滑不良性能,更适应于润滑条件差又需耐磨的零件。沟状铬层和点状铬层比较,在阳极腐蚀规范相同的条件下,点状铬层的细孔容积比沟状铬层的细孔容积大3.5倍以上,即点状铬层的吸油容量大,而储油性能仅次于沟状铬层。点状铬层形成后其硬度减少2/3,较软易磨合,适

用于载荷重、需要储存一定油量又易于磨合而提高气密的工件,如空压机第一道活塞环。沟状铬层形成后,其硬度下降14%~17%,由于硬度高、储油性能好,所以宜用于润滑条件差又需抗腐的零件上,如气缸套等。其性能和应用,见表2-3所示。

多孔性镀铬的性能和应用举例　　　　　表2-3

硬质铬层	多孔性镀铬层	多孔性镀铬的优点	实用零件名称	要求的镀层厚度(mm)
灰暗色镀层 灰暗-光亮过渡层	沟状镀铬层	①耐高温; ②表面硬度高; ③能抗燃烧气体的化学腐蚀作用; ④保证均匀的润滑; ⑤延长使用期限4~7倍	气缸和气缸套	0.5~0.25 或更厚(视特殊情况需要而定)
		①保证均匀的润滑; ②提高表面硬度; ③延长使用期限4~8倍	曲轴、凸轮轴	
光亮色镀层 光亮-乳白色镀层	点状镀铬层	①提高耐磨性及工作效率3~5倍; ②改善磨合情况; ③气缸或气缸套的磨损降低1/2~2/3	活塞环	0.05~0.15

六 刷镀法

刷镀法是应用电化学原理,在金属表面局部有选择地快速沉积金属镀层,从而达到恢复零件尺寸,保护零件和改变零件表面性能的目的。

1 原理

刷镀是使用不同形式的镀笔和阳极、专门研制的刷镀液,以及专用的直流电源进行。如图2-35所示。

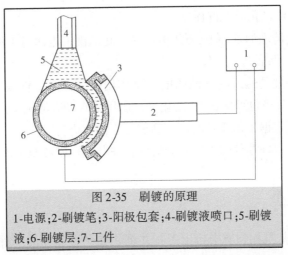

图2-35　刷镀的原理
1-电源;2-刷镀笔;3-阳极包套;4-刷镀液喷口;5-刷镀液;6-刷镀层;7-工件

工作时,电源的负极与被镀工件7相连,刷镀笔2接正极,刷镀笔上的阳极(石墨材料)包裹着有机吸水材料(如用脱脂棉或涤纶、棉套或人造毛套等),称阳极包套3,浸蘸或浇注专用刷镀液5,与待镀工件表面接触,并擦拭或涂抹作相对运动。镀笔和工件接上电源正负极后,镀液中的金属离子在电场力的作用下向工件表面迁移,不断还原并以原子状态沉积在工件表面上,从而形成镀层。随着时间的延长与通电量的增加,镀层逐渐加厚,直至达到需要的厚度。镀层厚度由专用的刷镀电源控制,镀层种类由刷镀液种类决定。

2 特点

(1)刷镀在低温下进行,基体金属性质几乎不受影响,热处理效果不会改变。镀层与基体结合强度高于常规的电镀和金属喷涂。对于铝、铜、铸铁和高合金钢等难以焊接的金属,以及淬硬、渗碳等热处理层也可以刷镀。

(2)工艺适用范围大,同一套设备可镀不同的金属镀层。

(3)设备轻便简单,工艺灵活。

(4)镀层厚度可控制在±0.01mm,适用于修复精密零件。

3 应用

(1)修复零件由于磨损或加工后超差的部分,特别是精密零件和量具,如曲轴轴颈、滚动轴承外圈的外圆等。

(2)修复大型、贵重零件,如曲轴、机体等局部擦伤、磨损、凹坑、腐蚀、空洞。

(3)零件表面的性能改进,提高耐磨性、耐腐性。

(4)电镀的反向操作,有电腐蚀效果。

4 刷镀工艺

(1)工件表面准备:工件表面应光滑平整、无毛刺。无需机械加工,但疲劳层和原镀层应去除,淬火层、渗碳层和氮化层允许保留。

(2)电净:在上述清理的基础上,再用电净液电化清洗。电净时工件接负极,时间应尽量短,电净后应用流动水彻底清洗工件。

(3)活化:活化处理是通过活化液的电化学作用彻底去除工件表面的氧化膜和其他杂质。活化时工件可接负极也可接正极,活化后也应用清水彻底清洗工件。

(4)刷镀过渡层:根据工作镀层的情况确定是否需要进行。

(5)电镀工作层:根据零件的工况,选择合适的刷镀液,刷镀至所需厚度。

七 气相沉积技术

气相沉积技术是从气相物质中析出固相并沉积在基材表面的一种新型表面镀膜技术。根据使用的原则不同,可分为化学气相沉积(CVD)及物理气相沉积(PVD)两大类。前者系利用气相化学反应在待沉积的基材表面上成核、长大和成膜;而后者是利用加热或放电物理方法使固体蒸发后,凝结在基材表面上成膜。近年来各类气体放电技术诱发某些高温下才出现的气相反应在较低温度下就可以发生。CVD 和 PVD 技术相互渗透而发展出一代新型气相沉积(PVCD)技术。

气相沉积能够在基材表面生成硬质耐磨层、软质减磨层、防蚀层及其他功能性镀层,因而十分引人注目。由于这类技术工艺先进,获得的镀层致密均匀,提高材料的耐磨性效果明显,所以它在改性材料表面工艺中占有十分重要的地位。

八 黏结技术

黏结是利用胶粘剂把两个分离、断裂或磨损的零件进行连接、修复或补偿尺寸的一种工艺方法。它以快速、牢固、经济等优点代替了部分传统铆、焊等工艺。

1 胶粘工艺的特点

(1)黏结时温度低,不产生热应力和变形(可修复薄件、铸铁件等),不改变机体金相组织,接头的应力分布均匀。

(2)可使黏结面具有密封、绝缘、隔热、防腐、防振导电等性能。

(2)工艺简单,不需要复杂设备。

(3)胶粘剂具有耐腐、耐酸、耐油、耐水等特点。

(4)不耐高温,一般只能在150℃以下长期工作,黏结强度比基体强度低得多,耐冲击力差,易老化,胶粘剂有毒,易燃。

2 胶粘剂的种类

胶粘剂的种类很多,成分各异,一般由基料、固化剂、增塑剂、填料、溶剂等配合制成。

按基料的化学成分分为:无机胶粘剂,主要有硅酸盐、硼酸盐、磷酸盐;有机胶粘剂,主要有天然胶,如动物胶、植物胶;合成胶,如树脂胶,橡胶型和混合型胶。

(1)无机胶粘剂

无机胶粘剂具有较好的黏附性及较高的耐热性。设备维修中常用的有磷酸铝-氧化铜胶粘剂。无机胶粘剂的特点:适应的温度范围较广,可在 -183~950℃使用,耐湿、耐油、不易老化,成本低;但脆性大,耐酸、耐碱性能差、不抗冲击。它可用于量具及硬质合金刀头等的黏结。

(2)有机胶粘剂

有机胶粘剂分成天然胶粘剂和合成胶粘剂,目前合成胶粘剂约占整个胶粘剂的80%。它的种类繁多,组成各异,按其用途又分为结构胶粘剂、非结构胶粘剂、特种胶粘剂。

①结构胶粘剂。它具有较高的强度,黏结后能承受较大的载荷,可用于较大零部件的修复。常用品种有环氧树脂、聚氨脂、有机硅树脂、丙烯酸等。

②非结构胶粘剂。不能承受较大的载荷,一般用于较小零件的修复或作定位用。常用品种有动物胶、植物胶、聚酰胺等。

③特种胶粘剂。这种特种胶满足某种特殊功能要求,如导电胶、压敏胶、密封胶、水中固化胶等。

3 胶粘剂的选用

(1)了解黏结件的材料类型、性质、需要黏结的面积、线胀系数、表面状态等。
(2)了解黏结剂的黏结强度、使用温度、收缩率、耐腐蚀性等。
(3)确定黏结的目的及用途,主要满足什么功能,是连接,密封,还是定位。
(4)考虑黏结件的受力情况,受力大的选用结构胶;受力不大的选用通用胶粘剂;长期受力的选用热固性胶粘剂,以防蠕变破坏;作用力频率小或静载荷,可选用刚性胶粘剂,如环氧胶;冲击载荷选用韧性胶等。

4 工艺要点

(1)根据被黏物的结构、性能要求、客观条件,确定黏结方案,选择胶粘剂。
(2)设计黏结接头,尽可能增大黏结面积。
(3)对表面进行处理,包括清洗、除油、除锈、增加表面粗糙度的机械处理。
(4)胶粘剂配制,对单液型液体胶粘剂在使用前时摇匀;对多组分胶粘剂的配制,一定要严格按规定的条件、配件、配比及调制程序进行,配胶器皿须清洁干燥,否则将影响黏结质量。
(5)涂胶,按胶粘剂的状态(液体、糯糊、薄膜、胶粉)不同,可用刷涂、喷涂、刮涂、粘贴等方法。胶层厚度一般控制在 0.05~0.35mm 为最佳。
(6)晒置,对含溶剂的胶粘剂在涂胶以后必须晾置一定时间,以挥发溶剂,否则固定化后胶层结构松散,有气孔,从而削弱黏结强度。不同类型的溶剂,晾置的温度和时间也不同。
(7)固化,即通过一定的作用是涂于黏结面上胶粘剂变为固体,并具有一定强度。固化时通过加压挤出胶层与被黏物之间的气泡,保证胶层均匀,以得到理想的强度。
(8)质量检验,检查黏结表面有无翘起和剥离现象,是否固化。

5 黏结修复的应用

黏结技术在设备维修中应用日益广泛。修复磨损、裂纹、断裂、填堵孔洞、密封管路、接缝;用简单件黏结成复杂件,代替焊接、铆接;黏结与其他技术配合使用,能更加充分发挥各种技术的特点。如电动机机座裂纹,可采用钢板加固黏结修复,用螺钉、钢板、胶粘剂进行处理。

九 零件修复工艺的选择

修复一个零件可能有若干种方法,但究竟哪一种方法最好,需要合理地选择。选择的原则是要使所选用的方法在技术上是可行的,在质量上是可靠的,在经济上是合算的。

1 零件各种损伤的维修方法

现在从技术角度介绍如何选择各种损伤的维修方法。

(1)磨损的维修

①改变公称尺寸的方法:只对零件的几何形状和表面质量进行加工,配合的正常工作条件通过选配来解决。

②恢复原公称尺寸的方法:这种方法可恢复零件表面质量、几何形状,又恢复了原公称尺寸,使装配工作更方便,如电镀法、镶套等。

(2)腐蚀的维修

①恢复零件的强度。由于零件腐蚀使其尺寸减小、结构变弱,腐蚀深度过大,可堆焊或加焊补强。

②恢复防腐保护层。

(3)裂纹的维修

根据零件的深度、长度和零件的重要性,采用铲、旋、磨等消除;或采用焊修和补强等方法。

(4)弯曲的维修

变形一般采用调整法处理,并据情况予以补强。

(5)配合松弛的维修

常见为连接件,如螺栓、铆钉等发生松弛,应重新组装;对车轮与轴,则必须分解,重新选配零件组装。

2 选择修复方法的原则

以上从技术角度,粗略地、方向性地指出修复方法的选择。修复方法的选择应综合考虑如下各种因素:

(1)工艺合理性

所谓工艺合理性,就是使零件的工作性能得到有效的恢复。在工作过程中零件工作性能的破坏不外是尺寸、几何形状、表面质量和材料性质等的改变。修复就是恢复上述的一些变化,但并不是所有的修复方法都能得到同样的效果。如活塞销磨损后,可用镀硬铬的方法恢复磨损尺寸,也可以用喷涂的方法恢复原形和尺寸,虽然从外形尺寸、几何形状看效果一样,但从前面所介绍的维修方法中得知,喷涂后对活塞销在液体摩擦和受冲击载荷较大的工作条件是不适合的,由于它不能恢复零件的工作性能,所以在工艺上是不合理的。

(2)保证零件所需的机械性能

确保修复层达到零件所要求的机械性能,是选择零件修复方法的主要依据。评定金属零件修复机械性能的主要指标是:修复层与基体金属的结合强度;修复层的耐磨性能;修复层对零件疲劳强度的影响。

(3) 经济性

所谓经济性就是真正做到多、快、好、省,保证修复成本低,零件修复后使用寿命长。这是评定修复方法选择合理与否的最重要的指标。经济上合算不仅要算成本账,同时还要考虑修复后的使用寿命。

(4) 结合本单位条件

究竟采用哪种修复方法,应考虑本单位的现实条件。如曲轴表面氮化层磨损掉后,本应重新进行氮化处理修复,这在工艺要求上虽然合理,但一套完好的氮化设备不是每个单位都具有的,若改用镀铬修复,条件就变得简单了,又不影响曲轴的工作性能。

选择修复方法时,除根据前述原则外,还应注意以下几点:

①采用维修尺寸法能简化修复工艺过程,但不是所有的零件都能采用。应当选择加工较方便的零件作为用维修尺寸法进行修复的对象。

②要注意某些工艺上的特点。如电镀、喷涂等工艺,修复时零件受热温度不高,不破坏原有的热处理特性;而堆焊、压力加工等工艺修复需进行复杂的热处理过程。

③在选择修复方法时,应考虑被修零件的数量,因为单件维修和成批维修在工艺和经济效果上是不同的。

④为修复一个零件上的各种不同磨损部位,不应选用过多的修复方法和类型,否则会使总的工艺复杂化。

3 选择修复方法的步骤

(1) 查明零件存在的缺陷(如磨损、变形、弯曲、破裂等),缺陷的部位、性质或损坏的程度;特别是对非正常的磨损和破坏,必须彻底查明原因。

(2) 分析零件的工作条件、零件材料和热处理情况。

(3) 研究各种覆盖层的机械性能。

(4) 选择修复方法。

4 修复方法的经济合理性

为了评定修复方法选择得是否合理,应当进行经济效果的评估。经济上合理的修复方法应该是修复零件单位走行公里的修复成本低于零件的制造成本。这一关系可用下式表示:

$$E_{修}/K_{修} < E_{新}/K_{新}$$

式中:$E_{修}$——零件的修复成本;

$E_{新}$——新制零件的成本;

$K_{修}$——修复零件的走行公里;

$K_{新}$——新造零件的走行公里。

应当指出,修复方法的经济合理性不能只从一个零件来考虑,而应有整体、全局观点。对于那些修复成本较高的,应采用新技术、新工艺来提高劳动生产率,节约原材料来设法降低成本。修复成本与批量有密切关系,有些零件的制造成本较低,对其修复在经济上似乎不合理,但如果集中起来大批量维修,其修复成本无疑还是会低于制造成本的。

 复习与思考

1. 试述零件磨损的形式及城市轨道交通车辆零件的磨损规律。影响零件磨损的因素是什么?
2. 试述减轻零件磨损的措施。
3. 零件腐蚀有哪些类型?试述减轻零件腐蚀的措施。
4. 试述零件在使用中产生变形的原因及减轻变形的措施。
5. 试述零件断裂过程及疲劳断面特征。
6. 零件产生断裂的原因有哪些?如何减轻断裂?
7. 试述检修工艺过程的定义及组成。
8. 试述城市轨道交通车辆各种检修限度的意义。
9. 城市轨道交通车辆及部件分解时的一般原则和要求是什么?城市轨道交通车辆装配时注意的要点是什么?
10. 城市轨道交通车辆零部件清洗有哪些主要方法?简述各种清洗方法的适用范围。
11. 零件检验的内容有哪些?简述各检验方法的用途。
12. 试述荧光探伤法、涂色探伤法、电磁探伤法、超声波探伤法和射线探伤法的工作原理。
13. 城市轨道交通车辆常用的修复工艺有哪些?
14. 试述零件维修尺寸法的具体工艺方法及其特点。
15. 试述零件变形的各种校正方法及其各自的特点。
16. 试述金属喷涂的原理和特点。
17. 试述焊修的种类及其各自的特点。
18. 试述镀铬的种类及其各自的特点。
19. 试述刷镀的应用和特点。
20. 选择零件修复工艺的原则是什么?

单元 3

城市轨道交通车辆车体检修

 教学目标

1. 熟悉城市轨道交通车辆车体(壳体)及内部设施的结构组成,掌握其常见故障及检修方法。
2. 熟悉城市轨道交通车辆车门的结构及工作原理,掌握其常见故障及检修方法。
3. 熟悉城市轨道交通车辆车钩及缓冲装置的结构组成,掌握其常见故障及检修、试验方法。

 建议学时

8 学时

单元3　城市轨道交通车辆车体检修

城市轨道交通车辆的主体结构是车体,车体按结构功能分为车钩、车体(壳体)、车门、车窗、贯通道和内装饰。其中车体(壳体)是供旅客乘坐和司机驾驶的部分,主要功能是运载旅客,承受和传递荷载,安装传动机构、电气设备和内装设施。

3.1 车体(壳体)的检修

一、车体(壳体)的结构

1 车体的材料

目前,城市轨道交通车辆车体的材料以铝合金和不锈钢为主,我国上海和广州 A 型车主要采用铝合金材料。为了保证车体具有足够的弯曲刚度,车体主要承载构件采用大型中空截面的挤压铝型材,例如,车体的底架、侧墙、车顶一般均采用大型中空截面的挤压铝型材拼焊而成,以满足车体所需的强度和刚度。采用铝合金车体结构与钢制车体结构相比,制造工艺大大简化,焊接工作量减少 40%,重量可减轻 3~5t(约 30%~40%),而且保证车体承载结构在使用寿命期内(30 年)不需结构性维修和加固。由于车体的不同部位其强度和刚度的要求不同,所以应根据需要选取不同的铝合金系列型材。

 知识链接

轨道交通车辆发展初期,车体一般由普通碳素钢型材构成骨架、外侧包薄钢板,构成一个闭口的整体承载的筒形薄壳结构,自重达 10~13t。但是,普通碳素钢车体在使用中其腐蚀十分严重,增加了维修的工作量和成本。为了提高车体的耐腐蚀性,延长车体的使用寿命,曾采用含铜或含镍、铬等合金元素的耐腐蚀的低合金钢(或称耐候钢),可使车体结构自重减轻 1~1.5t(约 10%~15%)。后来,采用半不锈钢(包板为不锈钢,骨架为普通碳素钢)或全不锈钢车体,免除了车体内壁涂覆防腐蚀涂料和表面油漆,在保证强度、刚度的前提下,板厚也可减薄。不锈钢车体自重比普通碳素钢可减轻 1~2t(约 10%~20%)。

随着轨道交通车辆制造技术的不断发展,为了进一步实现车体轻量化,许多国家在高速铁路、城市轨道交通车辆上采用铝合金钢车体,因为铝合金的相对密度仅为钢的 1/3。

② 车体的制造工艺

车体的制造工艺一般采用焊接和铆接。随着车体的模块化设计和制造,焊接工艺在铝合金车体制造上受到了制约,铝合金材料的可焊性较差,同时焊接以后产生的变形很难控制,因此,铝合金车体上焊接和铆接两种工艺交替使用。

③ 车体的种类

城市轨道交通列车的编组有四节、六节及八节等形式。以六节车辆编组的列车为例,其车辆分为 A、B、C 三类车型,A 车带有司机室,B 车带有受电弓,C 车和 B 车的车体结构基本相同。

④ 车体的构成

(1) 车体结构

地铁车辆的车体是由底架、侧墙、车顶和端墙等部件组成的封闭筒形结构,如图 3-1 所示。

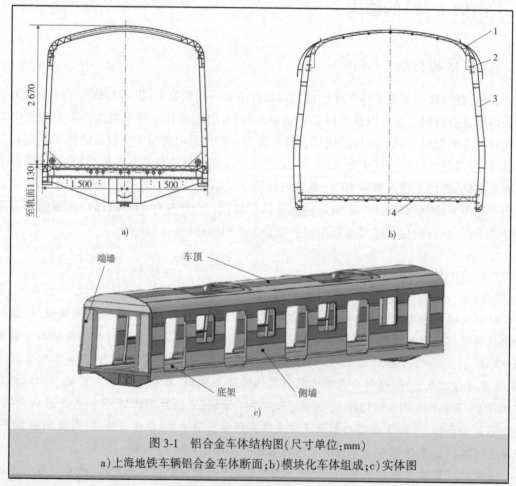

图 3-1 铝合金车体结构图(尺寸单位:mm)
a)上海地铁车辆铝合金车体断面;b)模块化车体组成;c)实体图

车体底架由地板、侧梁、枕梁、小横梁和牵引梁组成。枕梁用于连接走行部,牵引梁设在底架的两端,用来安装车钩缓冲装置。

以 A 型车为例,车体的左、右侧墙各有五扇车门和四个车窗,侧墙被分隔成六块分部件(全车共十二块),在组装时分别与底架、车顶拼接,各块分部件亦为整体的挤压铝型材或焊接部件。

车顶两侧小圆弧部分采用形状复杂的中空截面挤压铝型材,中部大圆弧部分为带有纵向加强杆件的挤压成型的车顶板,车顶组装时仅留下几条与车顶等长的纵向长焊缝。

车体两端的端墙由弯梁、贯通道立柱和墙板组成。

车体还采用了防撞设计:A 车底架的前端设有撞击能量耗散区,其上开有数排椭圆孔,当车辆受到迎面意外撞击时,能产生较大的塑性变形,吸收纵向冲击能量,起到保护司机、乘客和车体的作用。A 车司机室前端安装防爬器,不仅起到车辆之间防爬的作用,且具有吸收能量的双重功能,起到保护司机、乘客和车体的作用。

查一查

模块化车体结构有什么特点?

(2)车体内部设施

车体的内部设施主要有地板、顶板、客室侧墙、端墙、车窗、坐椅、立柱、扶手、贯通道、位于客室坐椅下面的空气弹簧储气缸、B 车受电弓升弓脚踏泵、灭火器和风笛等。

二 车体及内部设施的检修

以上海地铁 AC01/02 型电动列车为例,介绍车体结构和内部设施的故障及维修。

1 车体的损伤及检修

车体结构常见的故障是车体的变形。原因来自于目前的车体是由大型铝合金挤压型材焊接制造而成,焊接加热过程使铝合金车体的强度损失达到40%~60%,因此运用时的受力将使车体产生变形。

车体的变形有下列两种形式。

(1)无碍车体外形或设备功能的车体永久变形

无碍车体外形的车体永久变形是指对车辆的动态限界无影响;无碍设备功能的车体永久变形是指对车辆的正常运营不影响。

这种损坏只需对车体采取挖补、截换方法进行焊修,修后再表面平整,使外观恢复原状,并补涂同色油漆。

(2)妨碍车体外形或设备功能的车体永久变形

妨碍车体外形的车体永久变形是指对车辆的动态限界有影响;妨碍设备功能的车体永

久变形是指对车辆的正常运营产生影响。

这种损坏应和车体供货商进行联系,应由供货商或对铝合金焊接有经验的厂商进行处理。

❷ 内部设施的检修

(1) 地板

客室地板的底层是铝合金中空型材,在铝型材表面黏结 2.5mm 厚的 PVC 塑料地板,此种地板具有耐磨、阻燃和防滑的性能。

地板在维修时,应检查覆盖层与地板黏结是否牢固,无鼓泡、破损和明显划痕。全车允许直径小于 150mm 的鼓泡、破损处一处,直径小于 80mm 的两处。否则将原整块揭掉后重新黏结。

(2) 顶板

顶板即天花板。客室顶板由三部分组成,中间为平板,平板两侧为多孔的空调通风口,最外侧为客室照明灯的灯箱和门控驱动机构的弧形盖板。

顶板的维修内容如下:

① 清洁空调通风口和灯罩的格栅。

② 更换照明灯。

③ 检查客室顶板是否安装良好,应无破损、无严重变形。

④ 检查弧形盖板及其锁的安装和功能,安装牢固、开闭作用良好,盖板锁安装牢固、作用良好。

(3) 客室侧墙、端墙

客室内壁的侧墙、端墙都是阻燃的密胺树脂胶合板。侧墙、端墙的铝合金型材的内侧应涂抹隔音阻尼浆并敷贴保温材料。

维修时,应检查客室各侧墙、顶板、装饰条的外观,无破损、无严重变形,油漆良好。

(4) 客室车窗

对于 A 型车,客室每侧一般均匀布置四扇车窗,装有中空玻璃,玻璃用环型氯丁橡胶条嵌入装配在侧墙内。

客室车窗的维修内容如下:

① 更换橡胶框。

② 检查玻璃,无裂纹和严重划伤,玻璃夹层中无进气和进水现象。

③ 检查窗户是否安装良好。

(5) 司机室车窗

主驾驶台的车窗安装有约 12mm 厚的风挡玻璃,在玻璃内预设电加热丝,在冬季可进行加热除霜,在玻璃外侧装有刮水器。

司机室车窗的维修内容如下:

① 检查风挡玻璃的状态和除霜功能。

②更换刮水器橡胶刮板。
③检查刮水器,确保安装良好、功能正常。

(6) 司机室坐椅

司机室坐椅是按人机工程学原理专门为司机设计的专用座椅,可根据司机的重量、身高等进行上下和前后调节。

维修时,应检查机械机构各零件完好无损,各螺栓连接处紧固良好;调节坐椅和靠背的升降和旋转机构,动作应灵活自如;坐椅、靠背软垫外表面无破损;清洁并润滑司机室坐椅活动部位。

(7) 客室坐椅

客室坐椅采用靠侧墙纵向布置的方式,在每节车厢两侧车门之间设置有一条长条坐椅。根据上海气候特点和车厢内的空调条件,坐椅的壳面采用玻璃钢材料。

客室坐椅的维修内容如下:
①检查坐椅是否安装牢固;坐椅壳与坐椅框架间的隔垫安装良好、无破损;橡胶止挡安装良好、无破损;坐椅外观及油漆良好、清洁、无尘垢。
②检查坐椅下盖板及其锁的安装状态,开闭功能良好。

(8) 立柱、扶手

为了给站立乘客提供方便,在客室内设有立柱及纵向扶手。立柱与纵向扶手都是铝合金圆管型材,外表面进行阳极氧化处理。

对立柱和扶手维修时,应检查:立柱和扶手的安装牢固无松动;立柱和扶手的表面若划痕严重,应进行表面翻新。

(9) 贯通道

在车辆与车辆之间设有贯通道。设置贯通道可以自动调节车厢内的客流密度;当某节车的空调出故障时,在列车起动和制动时,车厢间的空气通过贯通道可起到流动调和的作用;当末班车或晚间车厢内乘客较少时,对暴力犯罪有一定的抑制作用。

贯通道主要由波纹折棚、框架、活动侧墙、连接顶板及渡板装置组成。

贯通道的维修内容如下:
①检查折蓬,应安装牢固、完好无损。
②检查过渡板,应无裂纹及严重磨损,翻转灵活;磨耗条厚度须≥2mm,否则更换。
③检查活动侧墙,活动侧墙及其机构各件安装牢固、完好无损、功能良好。
④检查连接顶板,各件安装牢固、完好无损、翻转灵活。
⑤清洁贯通道处各部件。

(10) 其他设施

对于客室的坐椅下面安装的空气簧附加气室(储气缸),受电弓升弓脚踏泵(仅 B 车配备)及灭火器等都应进行检查。

检查升弓脚踏泵,应功能良好;检查灭火器,应使其安放到位、安装牢固,并在有效期内;检查风笛安装和功能,风笛各部件应完好无损、安装牢固、鸣叫响亮。

3 车体油漆

当车体油漆出现划痕,油漆破损面积达到 $4cm^2$ 时,应当进行补漆。

(1)油漆前处理

①打磨和清除原漆层局部的龟裂、老化和破损处。

②用原子灰将车体或底架下箱体外表的局部表面凹凸不平处涂刮找平,并用砂纸打磨平整。

③对露出金属表面处,需将金属表面的锈垢清除干净,并涂金属底漆。

(2)遮蔽

用纸和不干胶等将车体外非油漆部位进行遮蔽。

(3)油漆

①用打磨机打磨车体外侧油漆部位原有面漆和中涂漆。

②用高压风吹扫车体外表面各打磨区域表面。

③用湿抹布清洁油漆粉尘并自然晾干。

④喷涂中涂层。

⑤打磨中涂层,用湿抹布清洁油漆粉尘,自然晾干。

⑥测定中涂层厚度和光泽度。

⑦喷涂面漆,依照不同部位的油漆色标选择面漆进行喷涂。

⑧测定面漆厚度和光泽度。

⑨按上述工艺打磨和清洁喷涂色带和各种标记部位的局部面漆,喷涂色带和各种标记。

(4)整理

喷漆结束后,揭除遮蔽纸和胶带等,将车体外表整理干净。

(5)测试和试验

对油漆质量应进行以下抽检试验。

①中涂层面漆附着力试验:用3m胶带纸粘贴油漆表面,用2mm画格仪检测,检测结果应≤1级标准,或参照道格拉斯工艺标准执行。

②湿热、烟雾试验:240h,检测方法按 GB 1733 标准执行。

③人工老化试验:2 500h,检测方法按 GB 1766 标准执行。

④油漆阻燃性试验:在1 000℃环境温度下,喷涂的油漆不燃烧起火,只起壳、剥离。

4 架车

在车辆检修作业中,应注意选用合适的架车点组合架车,以防车体翘曲变形,如图3-2所示。根据车辆的检修工艺,常用架车点组合如下:

(1)带转向架整车架起的架车点号为3、4、5、6。

(2)无转向架整车架起的架车点号为1、2、7、8,或1、2、5、6,或3、4、7、8;或3、4、5、6。

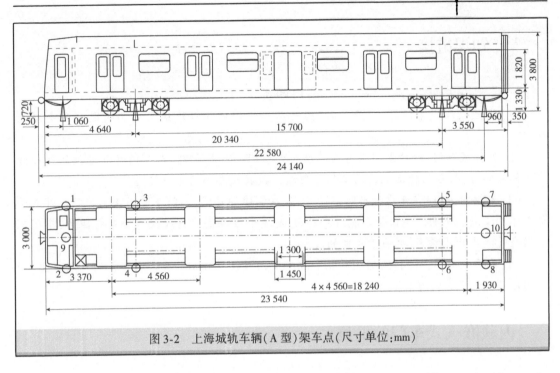

图 3-2 上海城轨车辆(A 型)架车点(尺寸单位:mm)

在列车脱轨后的复轨作业中,可用三点架车,其架车号为:1、2、10,或 3、4、10,或 7、8、9,或 5、6、9。

 **想一想**

总结一下,车体检修的重点有哪些?

3.2 车门的检修

城市轨道交通车辆的客室车门,按照驱动系统的动力来源分为电动式车门和气动式(电控气动式)车门。电动式车门的动力来源是直流或交流电动机,气动式车门的动力来源是驱动气缸。按照车门的开启方式,客室车门可分为内藏嵌入式车门、外挂式车门、塞拉门和外摆式车门四种。由于车门具有开关频繁的特点,所以车门故障也是列车运营中最常见的故障。

知识链接

车门的类型

(1) 内藏嵌入式车门:车门开关时,门叶在车辆侧墙的外墙板与内饰板之间的夹层内移动。

(2) 外挂式车门:外挂式移门与内藏嵌入式移门的主要区别,在于门叶和悬挂机构始终位于侧墙的外侧,车门传动机构的工作原理与内藏嵌入式移门完全相同。

(3) 塞拉门:车门在开启状态时,门叶贴靠在侧墙的外侧,车门在关闭状态时门叶外表面与车体外墙成一平面。不仅使车辆外观美观,也有利于在高速行驶时减小空气阻力,车门不会因空气涡流产生噪声,也便于车体的清洗。

(4) 外摆式车门:开门时,通过转轴和摆杆使门叶向外摆出并贴靠在车体的外墙板上,门关闭后门叶外表面与车体成一平面。

一、内藏嵌入式车门的检修

(一) 内藏嵌入式车门的结构及原理

1 车门的结构组成

以上海地铁 1、2 号线现有 AC01/02 型电动列车的客室车门为例,采用内藏嵌入式车门,如图 3-3 所示。每节车辆两侧各设置了五扇客室车门,每扇车门由驱动汽缸、门控电磁阀、机械传动系统、行程开关和门叶等组成。

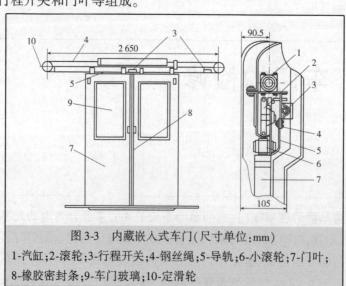

图 3-3 内藏嵌入式车门(尺寸单位:mm)
1-汽缸;2-滚轮;3-行程开关;4-钢丝绳;5-导轨;6-小滚轮;7-门叶;
8-橡胶密封条;9-车门玻璃;10-定滑轮

2 车门的动作原理

上海地铁1、2号线现有AC01/02型电动列车的客室车门,采用气动门,开、关门动作的动力来自于驱动气缸。车门动作原理简述为:压缩空气经过门控电磁阀的控制,作用于驱动汽缸活塞,再由活塞杆带动,由钢丝绳、绳轮、防跳轮、滚轮和导轨组成的机械传动系统使两门叶同步反向移动,完成车门的开、关动作。

想一想

根据图3-4车门气路系统原理图,想一想车门开、关时的气路情况。

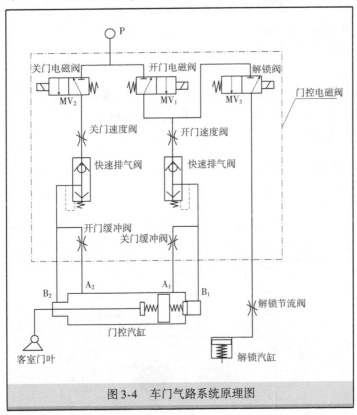

图3-4 车门气路系统原理图

(二) 内藏嵌入式车门的故障及检修

1 驱动汽缸

(1) 驱动汽缸的结构

驱动汽缸是执行开、关门动作的执行元件,由压缩空气推动其活塞运动,再通过机械传动系统将推力传递至门叶。驱动汽缸的性能好坏将直接影响车门的开、关动作是否可靠。

驱动汽缸为双重活塞双作用式结构,采用对称的带有台阶的非等直径的活塞,即:活塞两侧直径为20mm,中部为40mm;其汽缸的内径也是非等直径的,两端头的公称内径为20mm,中间为40mm。这样的结构可使活塞做变速运动,在车门打开和关闭的瞬间,速度降低而形成缓冲,可以起防止夹伤乘客以及降低冲击噪声的作用。

汽缸的尾座是铰接连接,活塞杆的头部是球铰连接,因此整个汽缸是处于浮动状态,不会因车体变形而使活塞在汽缸内产生卡死现象。

(2) 驱动汽缸的检修

驱动汽缸比较容易出现的故障是漏气。对驱动汽缸的检查如下:

①清洗汽缸缸体及其所有零部件。
②检查缸体和活塞组件的滑动接触部位。
③更换所有橡胶圈、橡胶垫。
④更换所有缓冲弹簧。
⑤检查连接气管的接头及其密封套。
⑥润滑汽缸的缸体内壁、活塞杆、活塞、橡胶圈的滑动接触部位。
⑦将汽缸接入检测试验台,检查汽缸的动作和缓冲功能。
⑧检查汽缸是否漏气。

2 门控电磁阀

(1) 门控电磁阀的结构

门控电磁阀由三个二位三通电磁阀(MV_1、MV_2、MV_3)、四个节流阀和两个快速排气阀的集成阀组成,如图3-5所示。

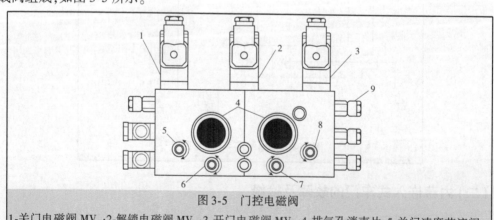

图3-5 门控电磁阀
1-关门电磁阀MV_2;2-解锁电磁阀MV_3;3-开门电磁阀MV_1;4-排气孔消声片;5-关门速度节流阀;6-开门速度节流阀;7-关门缓冲节流阀;8-开门速度节流阀;9-气路连接器

MV_1、MV_2和MV_3电磁阀分别为开门、关门和解锁电磁阀。

四个节流阀的功能分别为调节开门速度、关门速度、开门缓冲和关门缓冲。

两个快速排气阀的功能是:主气缸两端排气管通过快速排气阀排向大气。它相当于一个双向选择阀,它的排气口是常开的,当驱动气缸通过它充气时,其阀芯将排气口关闭。

(2) 门控电磁阀的检修

门控电磁阀比较容易出现的故障是漏气、各部件损坏及调节功能失效等。对门控电磁阀的检查如下:

①用无油压缩空气对阀体及其零部件进行清洁。

②更换所有阀芯的橡胶密封件。

③检查所有调节螺栓的磨损情况,若磨损严重则更换。

④检查所有阀芯的磨损情况,若磨损严重则更换。

⑤检查钢丝挡圈是否损坏,若损坏则更换。

⑥检查快速排气阀的消声板、塑料垫圈和弹簧是否损坏,若损坏则更换。

⑦将维修后的电磁阀在试验台上进行试验,检测其功能是否正常。

3 机械传动系统

(1) 机械传动系统的结构

机械传动系统的作用是将驱动气缸活塞杆的运动传递至两扇门叶,使车门动作。机械传动系统主要由钢丝绳、绳轮、防跳轮、滚轮和上下导轨组成。活塞杆的端头与一扇门叶及钢丝绳的一边相连接,而另一扇门叶与钢丝绳的另一边相连接,则使门叶在活塞杆运动时,能同步反向移动。每扇门叶的顶部装有两个尼龙防跳轮和两个尼龙滚轮,通过滚轮吊嵌在C字形的导轨内,只要合适地调整好防跳轮与导轨的间隙,就可使门叶平稳地灵活滑动。防跳轮与导轨的间隙一般调整为:在车两端的车门为0~0.3mm,而在中间车门为0~0.5mm;若门叶在运动时有跳动现象,则可适当减小其间隙,但要保证车体在承受最大荷载时,即车体有一定挠度时,车门也能正常地开、关。上下导轨用来支撑和引导车门运动。

(2) 机械传动系统的检修

机械传动系统容易出现导轨磨损、变形、松动等故障。

对机械传动系统进行如下维修:

①用抹布和中性清洁剂清洁导轨和所有其他零部件。

②检查导轨工作表面是否磨损或腐蚀,导轨安装是否松动或变形。

③更换所有尼龙防跳轮、滚轮和绳轮。

④检查钢丝绳是否有断股或拉毛的情况,检查钢丝绳头部的螺纹是否损坏。

⑤用专用润滑剂润滑钢丝绳。

4 门叶

(1) 门叶的结构

客室车门的门叶内、外表面为1mm厚的铝合金板,内部为铝箔构成的蜂窝结构,以提高门叶的抗弯刚度和减轻重量,面板与蜂窝结构采用加温加压黏结成一体。门叶上部装有由钢化玻璃及氯丁橡胶密封条组成的玻璃窗。在门叶的中心处可承受90kg的横向荷载,而其挠度不大于

6.2mm。门叶的前后边装有橡胶密封条,保证门叶关闭时有良好的密封效果。门叶前边的橡胶条又称为护指橡胶,在车门关闭瞬间起保护乘客免于被夹伤的作用,如图3-6、图3-7所示。

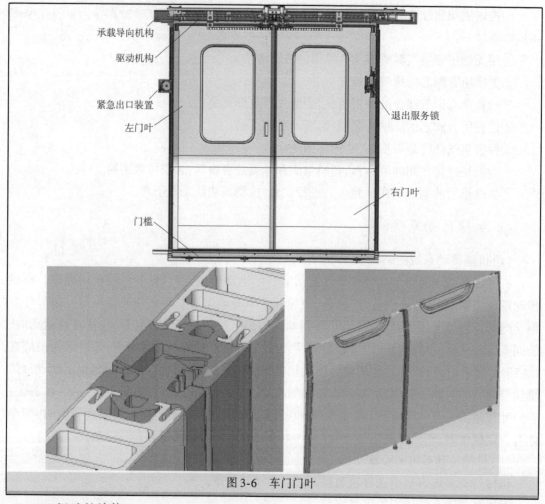

图3-6 车门门叶

(2)门叶的检修

门叶容易出现扭曲变形、密封刷损坏、锁销磨损等故障。

对门叶进行如下维修:

①用抹布和中性清洁剂清洁门叶。

②检查门板是否损坏,损坏严重则应局部修补。

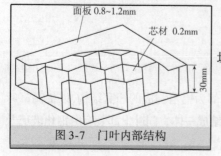

图3-7 门叶内部结构

③检查门板是否扭曲变形,并采取措施校正。

④检查门板上、下侧的密封刷是否损坏,若稍有损坏则需更换。

⑤检查门锁销的磨损状况,酌情更换。

⑥更换门叶前、后侧的密封橡胶条。

⑦更换门窗玻璃安装橡胶条。

⑧更换门叶下侧的尼龙磨耗条。

5 行程开关

(1) 行程开关简介

行程开关是反映车门开、关动作的限位开关,车门进行开、关动作时,行程开关把车门的机械动作变成电信号反映到车门的监控回路,使司机随时了解车门的开、关状态。

有 S_1、S_2、S_3、S_4 四个行程开关,分别对门钩位置、关门行程、门控切除及紧急手柄位置进行监控和显示。

S_1 为门钩位置行程开关,指示门钩锁定与否的信息。

S_2 为门叶行程开关,指示门叶关闭与否的信息。

S_3 是车门紧急切除开关,当某扇车门由于故障而不能正常开、关时,使用方孔钥匙将应急拉手旁的 S_3 行程开关的3/4触点合上,1/2触点断开,从而将该扇门的监控回路短接。即将该扇门的控制电路切除,使该车门处于关闭状态而不能开启,以确保列车还能正常运营。

S_4 为紧急开门装置的限位开关,有如下两种情况:

在ATP系统开通时,当客室内的紧急手柄被拉下时,S_1 和 S_4 两个行程开关同时动作,此时列车将自动紧急停车,车门可由人工开启。另外,由于 S_4 的3/4触点合上,则向司机报警,显示在客室里有异常情况发生。

在ATP系统关闭时,当客室内的紧急手柄被拉下时,S_4 的3/4触点合上,则向司机报警,客室有异常情况,但是列车不会自动停车。

(2) 行程开关的检修

行程开关为易损件,容易出现内部弹簧老化或其他故障导致触头接触不到位等,损坏时只能更换新件。

6 其他零部件的维修

对于车门易损件,需要检查和更换。

①用抹布和无油压缩空气清洁安装门控系统的车体部位。

②清洁和检查解锁气缸动作的灵活性,并润滑其活塞杆。

③清洁和检查解锁气缸的节流阀。

④更换门钩复位弹簧和门钩复位弹簧销。

⑤更换门钩限位销。

⑥更换开门、关门橡胶止挡。

⑦清洁和检查紧急开门装置。

⑧检查车门外侧防挤变形限位滚轮是否损坏。

⑨检查车门防挤变形导向磨耗板是否松动。

⑩检查内侧、外侧门槛条是否松动、损坏或变形。

7 客室车门的调试

(1) 钢丝绳的松紧调整

①在距门钩中心向左 165mm 测量秤砣悬挂处上、下钢丝绳之间尺寸应为 15mm±3mm，如图 3-8 所示。

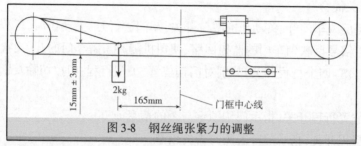

图 3-8　钢丝绳张紧力的调整

②调整钢丝绳六角螺栓或螺母，且使上、下两根六角杆的露头部分的长度应基本一致，以便今后检修和调节方便。

（2）调整两门护指橡胶侧边的间距

①两门护指橡胶侧边的间距：在距门上端 150mm 的范围内测量时应为 84mm；在距门下端 150mm 的范围内测量时应为 82mm，即上、下间距差为 2mm。

②调节左、右门叶滚轮的最大轮径处均须偏向右侧（观察者在客室内面向门）。

（3）偏心防跳轮调整

①在两门叶接近关闭时，应调整两端头两扇门防跳轮上缘与门导轨间隙为 0.1～0.3mm；中间一扇门间隙为 0.1～0.5mm；其余两扇门间隙为 0.1～0.4mm。在门移动的整个过程中，对所有门而言，应保持偏心防跳轮与导轨的间隙为 0.1～0.5mm。

②调节左、右门上偏心防跳轮的最大轮径处均须偏向左侧（观察者在客室内面向门）。

（4）调整门锁钩与门锁销之间的间隙

要使车门开闭正常，一个重要的参数就是锁钩与锁销之间的间隙要适当。锁钩间隙过小，将导致锁钩下落困难，S_1 行程开关检测不到位，导致列车检测到有车门没有锁闭而无法缓解制动。

锁钩间隙的调整方法如下：

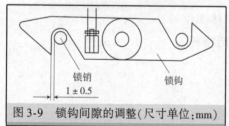

图 3-9　锁钩间隙的调整（尺寸单位：mm）

①在无电状态下，松开钢丝绳夹，使左门叶与右门叶脱离，同时将驱动气缸活塞杆与左门叶的连接拆开，用手关上左门叶并锁闭，用力使左门叶与关门止挡压紧，用塞尺检查，锁钩与左门叶锁销之间的间隙应为 1mm，调整关门止挡直至满足要求，拧紧关门止挡的锁紧螺母，如图 3-9 所示。

②手动关闭两门叶，拧紧左门叶拉臂上钢丝绳夹的锁紧螺钉。

③有电状态下检查左、右锁钩与锁销间隙，应满足 1mm±0.5mm 的要求。

（5）调整车门开度

如 AC01/02 型车，其车门开度为 1 400mm±4mm。

（6）开、关门速度、缓冲调整（有电作业）

①门开、关时间均为 2s±0.5s。

②在距门完全开、关前 140～170mm 范围的位置上须有缓冲动作。

(7) S_1 行程开关调整

调整 S_1 行程开关,使得其滚轮与安装于 S 钩上的扇形板接触面之间的间隙不大于 1mm 且扇形板须在滚轮中间。

(8) S_2 行程开关调整

调整 S_2 行程开关,须满足:关门时,在车门两护指橡胶条中央距地板面 1m 的位置处放置尺寸为 30mm×60mm(30mm 宽度置于水平位)的木块,S_2 须断开;正常关门时,S_2 须接通。

(9) 客室门槛条的调整

车门下滑槽与门板间隙为 1~2mm;车门开、关时不能与门框发生摩擦。

(10) 空气管路泄露的检查

用肥皂水检查所有空气管路连接处,应无泄漏。

(11) 检查关门夹紧力

关门夹紧力:110~130N(DC01);150~200N(AC01/02)。

(12) 全面检查

检查各部分电气以及 S_1~S_4 行程开关,保证插头接触良好、功能正常;门叶滑动时与各电气线路、气管无擦伤和碰撞现象及其他异声。

(三) 车辆其他内藏嵌入式车门的检修

1 司机室侧门

在司机室两侧墙上各设有一扇单叶的内藏式滑动移门,其结构与客室车门类似,只是没有气动驱动装置,采用人工开关,供司机上、下车。

对司机室车门进行如下检修:

(1) 检查和清洁门导轨,门导轨滑动面清洁、光滑,门导轨外侧面与车体侧墙外侧面距离应为 48mm±1mm,紧固所有门导轨安装螺栓。

(2) 检查门锁,更换门锁钩板的复位弹簧;清洗干净后,润滑其滑动摩擦部位。

(3) 清洁和检查门叶,门叶外观平整、油漆良好,毛刷完好无损。

(4) 清洁和检查门槛条,完好无损、安装牢固、无污垢。门叶与门槛条间隙为 1~2mm。

2 紧急疏散安全门

紧急疏散安全门设置在 A 车司机室正、副驾驶台中间的前端墙上。列车在隧道内运行时,一旦发生火灾或其他险性事故时,司机可打开紧急疏散安全门,引导乘客通过紧急疏散安全门走向路基中央,然后向两端的车站疏散。在驾驶室内或室外都可开启紧急疏散安全门,一旦门锁开启,车门能自动倒向路基。

对紧急疏散安全门进行如下维修:

(1) 清洁安全疏散门及门上各部件。

(2) 检查门叶、汽缸和门上其他各部件,须完好无损、安装牢固。

(3) 检查行程开关的功能。

(4)润滑扶手各转动支点、钢丝绳和弹簧锁。

❸ 司机室通道门

在司机室后端墙中间设有一个通客室的通道门,在客室一侧没有设开门把手,在正常情况下不允许乘客开启。当乘客发现司机突发急病或发生其他险性事故等特殊情况时,可以启用该门上方的一红色紧急拉手,开启通道门。

对通道门进行如下维修:

(1)检查通道门及其门锁的安装、功能和外观,须完好无损、安装牢固并开闭作用良好,门下通风板无破损。

(2)检查、清洁和润滑门铰链,门铰链功能良好、安装牢固并适当润滑。

二 塞拉门的检修

❶ 塞拉门的结构及作用原理

以上海地铁3号线AC03型电动列车的客室为例,采用电动式塞拉门,如图3-10所示,每节车辆两侧各设置了五组客室车门,每组车门由直流电动机驱动,通过丝套在丝杆上的横向移动带动安装在光杆上的门叶在导轨上滑动,其最大特点是门叶在将要完全关闭时有一个明显的向内拉紧的动作。塞拉门采用先进的电子门控单元(EDCU)控制,对车门零部件的安装尺寸有非常高的要求,任何零部件的安装尺寸稍有偏差,将直接引起程序控制的计算机处理能力的失效,导致开、关车门的故障。

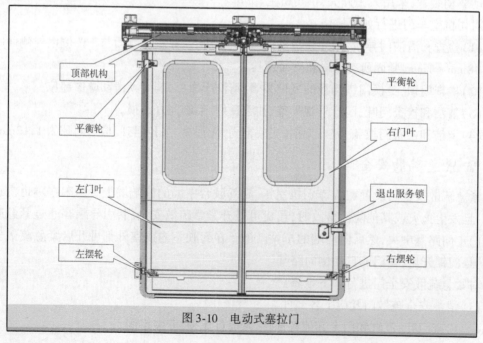

图3-10 电动式塞拉门

❷ 塞拉门的检查与维修

（1）车门各装配部件的螺钉应紧固良好、无松动，防松线标记明显。如果螺钉松动，必须拆除、清洁，再涂上乐泰胶进行紧固，并重新补画防松线。

（2）上、下导轨清洁，无异物，无变形。丝杆螺母、导柱与轴承配合良好。

（3）门叶外观整洁，玻璃无破损，密封良好，门叶胶条无异常磨损。门叶无变形、损伤。开门后门叶上、下部摆出尺寸满足 52～58mm（左右门叶摆出距离最大相差 ±2mm）的要求，如图 3-11 所示。

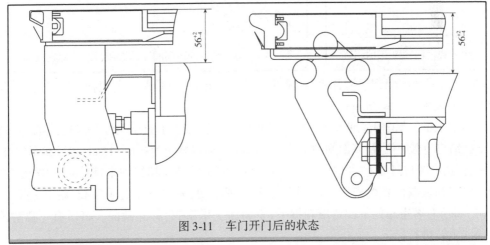

图 3-11　车门开门后的状态

（4）检查车门电路部分及地线接线是否牢固，应无松动、无虚接，电线表面无破损。

（5）检查门控单元各插头是否安装到位，通信插头紧固螺栓是否松动。连接控制线是否紧固良好、无松动。

（6）使用手动润滑枪，用 3 号锂基脂对以下部位润滑：

①润滑导柱和两个携门架中的直线轴承。每个直线轴承及导柱用 4～6g 润滑油。

②对整个丝杠和短导柱进行润滑，将润滑油均匀涂抹在丝杠和短导柱表面，完成后手动开、关门 2～3 次。

③对上滑道圆弧处、下滑道内侧、平衡压轮周边进行润滑。

（7）用甲基硅油对门周边胶条进行润滑，完成后用干净的布擦干护指胶条。

❸ 塞拉门的测试与调整

（1）检查测量客室车门的净开度，应符合规定标准。

（2）检查车门的"V"形情况（即：在车门完全关闭后，两门叶下部紧密接触，上部存在 2～5mm 的间隙）。若尺寸不符合要求，需松开两个下滑道，保证门叶没有被滚轮摆臂组件夹持着，通过转动每个门叶上方靠近外侧的悬挂偏心轮进行调整，如图 3-12 所示。

（3）操作车门的紧急解锁装置后，确认制动装置的齿间间隙满足 1.5～2mm 的要求，如图 3-13 所示。

（4）检查铰链板上开口销是否装配正确，无脱落，调节锁紧螺母无松动。

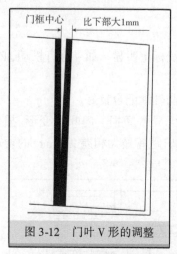

图 3-12　门叶 V 形的调整

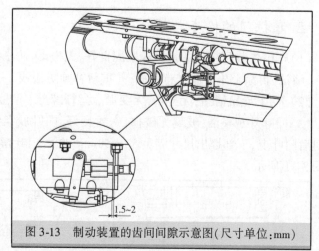

图 3-13　制动装置的齿间间隙示意图(尺寸单位:mm)

(5)检查紧急解锁钢丝绳和套管、夹头等情况应正常,无损坏。若更换,要求钢丝绳每个拐角处的半径满足 $R \geqslant 200$mm。

(6)将门槛下挡销槽清理干净,避免关门时,影响下挡销的进出。在门关闭且锁紧后,检查门板下挡销与门槛的位置,底部间隙应为 2~3mm,侧面检修应为 0.5~1mm,并且在车门开、关过程中,挡销不应与门槛上的挡块碰撞。最后分别将下挡销及挡销固定螺栓打上防松线进行标记。检查挡块及门槛的安装、固定情况,若出现松动,需重新涂上乐泰胶,将其紧固。

(7)将所有客室车门下摆臂滚轮拆下,重新涂上乐泰胶,将其紧固。将所有下摆臂滚轮的防松线重新进行标记。

(8)检查及调整车门限位开关的位置:

①当车门处于关闭位置,该开关处于松开状态,测量车门处于关闭位置时左、右携门架组件中运动小车之间的距离 X。手动开门,再手动慢慢使门板位于关闭位置,关门限位开关应在距尺寸 X 还有 $X+3.5^{+1}_{0}$mm 时动作,若不能满足上述要求,需通过调整限位开关组件安装板的位置来完成。在门关闭后,手动门限位开关可以移动,如图 3-14 所示。

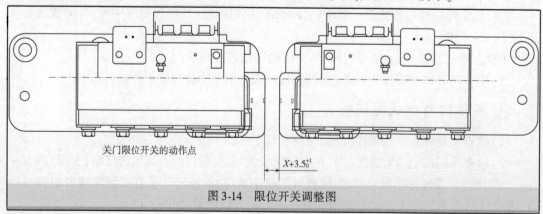

图 3-14　限位开关调整图

②手动将门叶打开,将门限位开关用力扳到最大行程位置,检查其是否能平滑地复位,是否有卡滞现象。若出现卡滞时,需对门限位开关进行更换。

(9)检查平衡压轮。检查平衡压轮轴的台阶与门扇上压轮槽的台阶之间的间隙,使其满足 1~2mm,并且门关闭后,门板相互平行,滚轮接触压板,很难转动。

(10)障碍检测功能:关门时,用截面 30mm×60mm 长方体或直径 30mm 的圆柱体测试物进行检查,出现三次防挤压后,车门处于完全打开状态。

(11)检查隔离锁功能:通过方形钥匙操作车门上的隔离锁,门隔离指示灯亮,此时手动可以开门。

(12)观察手动和电动开关门时,门机构是否有卡滞现象,是否有异响。如有需要应对门机构进行调整。

(13)检查客室车门下部门槛固定螺栓是否松动,如有松动,需重新涂乐泰胶,然后将其紧固。

 想一想

按照电动式塞拉门的结构示意图,试着归纳出塞拉门的检修项目和故障处理方法。

3.3 车钩及缓冲装置的检修

车钩缓冲装置是车辆最基本也是最重要的部件之一,通过它使机车和车辆或车辆和车辆之间实现连挂,并且传递和缓冲列车在正常运行或在调车作业时所产生的纵向牵引(制动)力或冲击力。

城市轨道交通车辆的车钩缓冲装置按其结构可分为三种不同的类型,即全自动车钩、半自动车钩和半永久车钩(也称半永久拉杆),其均属于密接式车钩。其基本结构都由车钩钩头、缓冲装置、对中装置、钩尾冲击座等部分组成。

 知识链接

全自动车钩可以实现机械、气路和电路的完全自动连挂和解钩,或人工解钩。

半自动车钩的机械和气路的连接机构与作用原理基本上与全自动车钩相同,可以实现自动连挂和解钩,或人工解钩。但是电路必须靠人工连挂和解钩,以方便检修作业。

半永久车钩的机械、气路和电路的连接和解钩都需要人工操作,但一般只有在架修以上的作业时才进行分解。

一 车钩的检修

(一) 车钩的结构及作用原理

车钩是车辆与车辆实现相互连接的装置。以上海地铁为例,AC01/02/03 型电动列车的车钩由德国夏芬伯格(Scharfenberg)公司设计和制造,AC04 型电动列车的车钩是由瑞典丹纳(DELLNER)公司设计和制造。车钩钩头结构基本相同,只是电气连接箱位置略有区别。如 AC01/02 全自动车钩结构如图 3-15 所示,车钩钩头由机械钩头(型号为 35 号)、电气连接箱和气路连接器三部分组成。机构钩头部分居中,电气连接箱分设在左、右两侧,钩头中心线下方设有气路连接器。

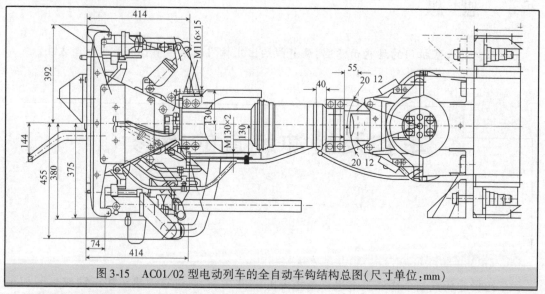

图 3-15　AC01/02 型电动列车的全自动车钩结构总图(尺寸单位:mm)

1 机械钩头

全自动车钩机械钩头由壳体、心轴、钩舌板、钩舌板连杆、钩舌弹簧、钩舌板定位杆(或称棘爪)及弹簧、撞块及弹簧和解钩气缸组成,如图 3-16 所示。

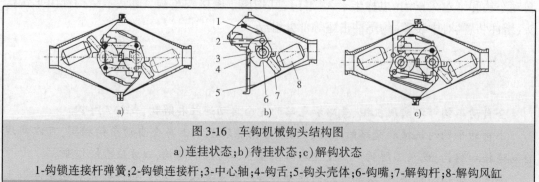

图 3-16　车钩机械钩头结构图
a)连挂状态;b)待挂状态;c)解钩状态
1-钩锁连接杆弹簧;2-钩锁连接杆;3-中心轴;4-钩舌;5-钩头壳体;6-钩嘴;7-解钩杆;8-解钩风缸

壳体的前部一半为四锥体的钩头,另一半为钩头坑(或称凹坑),车钩连挂时相邻两个车钩的四锥体的钩头和钩坑相互插入。

固定在心轴上的钩舌板在钩舌板弹簧的作用下可绕心轴转动,并带动钩舌板连杆动作。钩舌板是按功能需要设计成的不规则几何形状,设有供连挂时定位和供解钩气缸活塞杆作用的凸舌,以及与钩舌板连杆连接的定位槽、钩嘴等,是车钩实现动作的关键零件。

钩舌板连杆在连杆弹簧拉力的作用下使车钩可靠地连接起来。

钩舌板定位杆上的两个凸齿,使钩舌板处于待挂或解钩状态。

撞块可在车钩连挂时解开钩舌板定位杆与钩壳的锁定位,从而使两钩实现连挂。

半自动车钩的机械钩头与全自动车钩基本相同,半永久车钩的机械钩头采用半环箍型联轴器连接,一般仅在加修和大修时才分解进行检修。

❷ 电气连接箱

全自动车钩的电气连接箱设于机械钩头的两侧或上、下侧。其中一侧连接低压电缆,另一侧连接信号和通信电缆。全自动车钩的电气连接箱通过机械操纵机构实现自动连挂和解钩,当机械钩头连挂时钩头内心轴转动带动顶端的凸轮一起转动,从而推动一个二位五通阀使压缩空气作用于电气连接箱的气缸,气缸活塞杆通过杠杆机构和弹簧使电气箱迅速连挂。

半自动车钩电气连接箱的连挂和解钩是由人工实现的,通过手动转动齿轮,使得齿轮和齿条机构动作,从而带动杠杆和弹簧使电气连接箱连挂和解钩。因此半自动车钩的电气连接箱运动不随机械车钩同时动作。

❸ 气路连接器

气路连接器设在机械钩头凸缘下侧的中间,分设两个风管弹簧阀,当一方弹簧阀的阀芯管压迫另一方的阀芯时则双方阀被打开,使总风管和解钩风管接通。而一旦对方风管撤离,也就是两钩头的凸缘面分离时,则阀芯又在弹簧力的作用下将阀关闭。这样设计的风管连接装置可使风管的接通和断开随车钩的连挂和解钩自动进行,如图3-17所示。

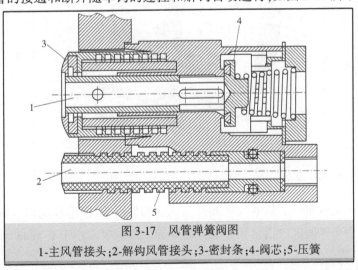

图3-17　风管弹簧阀图
1-主风管接头;2-解钩风管接头;3-密封条;4-阀芯;5-压簧

(二)车钩的故障与检修

车钩钩头常见的故障有钩头零件的磨损、变形及裂纹。如钩锁机构各零件的磨损,钩舌、连接杆、中心销等的裂纹,解钩气缸活塞杆的磨损、弹簧的折损等。

对车钩的检修有如下要求:车钩分解之前先要对车钩间隙进行测量,车钩分解之后要对车钩的外观进行检测,检查有否严重锈蚀的部件及已经损坏的部件,并对车钩的钩舌板总成、钩舌板中心销轴、车钩连接环进行磁粉探伤。对被严重撞击过的车钩,增加车钩机械钩头部分和连接压溃管的牵引杆的磁粉探伤。装配完成后的车钩须进行气密性试验和连挂以及解钩试验。

❶ 车钩从车体上的分解

(1)将液压升降小车置于车钩下方,将车钩存放支架放在液压升降小车的工作台面上,并调整到适当高度。

(2)将电气车钩与机械车钩连接的销轴组件拆除,将电气车钩与机械车钩分离。

(3)将车钩底座部件中的 M36 螺栓组拆除。

(4)将与车体连接的风管分离。

(5)用液压升降小车将车钩运走。

❷ 车钩磨损的检测

在将全自动车钩或半自动车钩分解之前,应该用专用的测量工具——间隙规检测机械钩头内机械连挂机构的间隙,来判定钩锁的磨损情况,如图 3-18 所示。

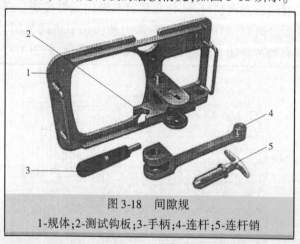

图 3-18 间隙规
1-规体;2-测试钩板;3-手柄;4-连杆;5-连杆销

测量前,先将机械车钩上的电气零部件和阀类部件拆除,用中性的清洗剂将车钩外表面的污垢洗净,便于车钩间隙的测量和零部件的拆卸。间隙要求小于 1.4mm,如果大于 1.4mm 则更换钩舌板总成。

检测步骤如下:

(1) 检测之前应先清洁机械钩头表面及钩锁机构。
(2) 将钩锁转至连挂位。
(3) 从间隙规的钩舌板中取下连接杆销。
(4) 使间隙规定位,即:使规体表面与机械钩头表面贴合。
(5) 使车钩连接杆钩住间隙规的钩舌板。
(6) 使间隙规的连接杆钩住车钩的钩舌板。
(7) 通过转动棘轮手柄调节间隙规钩舌板的位置,以便可以插入连接杆销。
(8) 顺时针转动棘轮手柄,使间隙规处于张紧状态,调节扭矩限于 100N·m。
(9) 间隙规上的游标尺可读至 0.1mm,钩锁机构的磨损极限不得超过 1.4mm。
(10) 如果超过磨损极限,必须拆下钩头并分解,以检查钩锁零件的损坏和磨损情况,如有必要,则将其更换。

❸ 车钩零部件的分解

(1) 将车钩中所有的零部件进行分解。
(2) 将钩舌板置于连挂的位置。
(3) 先将盖板拆除,然后再拆除电气连接器的连接销轴和动作执行气缸、主风管部件、对中装置的风管以及车钩连接环。

❹ 机械钩头的检修

机械钩头的各零件通过相互的连接配合完成三态作用,并传递纵向牵引、制动作用力,所以在运用时会出现磨损、裂纹及变形等损伤。

(1) 对机械钩头进行如下维修。
① 清洁和检查下述钩锁机构零件的磨损情况:连接杆、连接杆销子、钩舌板、中心销、撞块、棘爪、导向杆、张紧弹簧。
② 更换磨损或损坏的零件,按照润滑方案和工艺给相关零件涂油。
③ 更换部分弹簧件。
④ 对钩舌板、连接杆和中心销进行磁粉或其他无损探伤。
⑤ 重新油漆各零件。
⑥ 用压缩空气清洁弹簧支撑座,更换损坏件,并给压簧涂点 Rivolta GWF。
⑦ 在螺栓螺纹表面涂 Rivolta GWF。
⑧ 在机械车钩表面涂 HS300 涂层。

(2) 对解钩气缸进行如下维修。
① 用无油压缩空气和抹布清洁零件。
② 用刚性金属丝清洁汽缸盖板上的排气孔。
③ 检查活塞 O 形密封圈和气缸盖板上的防尘圈有无裂痕,如有,则将其更换。
④ 检查活塞杆的磨损情况,磨损严重将更换。

⑤检查活塞复位弹簧是否断裂,如有,则将其更换。
⑥用 Rivolta SKD3400 润滑气缸活塞杆和气缸内侧壁。
⑦用 Rivolta GWF 涂于螺栓端部。

(3)电气连接箱。

电气连接箱只有在损坏的情况下才有必要分解维修。一般的,对电气连接箱进行如下维修:

①用干布和无油压缩空气清洁触头和绝缘块。
②更换个别已损坏触头,更换可动触头和更换固定触头的方法相同。
③检查接线柱,用兆欧表测量接线柱的绝缘性能。
④更换密封橡胶框。
⑤修复电气连接盒的塑料绝缘涂层。

(4)对电气连接箱的操纵机构进行如下维修。

①更换密封件。
②清洁零部件和检查零部件磨耗情况,更换磨耗件,用无油压缩空气清洁软管和风管。
③如有必要则重新油漆。
④用 Rivolta GWF 润滑滑动接触表面和衬套。
⑤用 Rivolta GWF 润滑螺栓端部。
⑥用 Loctite 572 密封插接式软管的螺纹件,活结螺母不必密封。
⑦用 Rivolta SKD3400 润滑气缸内侧表面和活塞杆。

(5)对气路连接器进行如下维修。

①清洁和检查零件是否有损坏,更换损坏件。
②更换主风管和解钩风管弹簧阀对接口的橡胶密封件。
③更换主风管和解钩风管的橡胶管。
④用白色酒精清洁橡胶件,不得用润滑油脂处理。
⑤用 Rivolta GWF 保护螺栓端部。
⑥用 Loctite 572 密封气管上的螺纹件,活结螺母不必密封。

5 车钩的组装与测试

车钩各零部件检修完成后,按照与分解相反的顺序组装,并进行相关测试。

(1)电气车钩的调试。

利用电气车钩的调整模板对每个电器车钩进行调整。要求每个电器车钩盒内的触头座不得歪斜。

(2)车钩连挂和气密性试验。

将全部拼装好的全自动车钩安装在试验台上,将车钩进行连挂。连挂时要听其声音是否清脆,以判别机械钩头安装的质量如何。

用肥皂水喷在接头处以判别气路是否有泄漏。

二 缓冲装置的检修

1 缓冲装置的作用及类型

缓冲装置的作用是缓和并衰减列车在启动、制动及调车作用时产生的纵向冲击力,提高车辆运行的平稳性,延长车辆的使用寿命,增加乘客的舒适度。

缓冲装置分为可再生缓冲器和不可再生缓冲器两种类型,可再生缓冲器有双作用环弹簧缓冲器、橡胶缓冲器(EFG3)、液压缓冲器和气液缓冲器等,压溃管是不可再生缓冲器。

上海地铁原DC01型电动列车车钩使用的缓冲器为双作用环弹簧缓冲器。它由弹簧盒(筒)、弹簧前后座板、外环簧、内环簧、端盖和牵引杆等组成,如图3-19所示。该缓冲器的容量为18.7kJ,行程为55mm,能量吸收率为66%。当车钩受压缩冲击时,牵引杆推动弹簧前座板向后挤压内、外环簧。由于内环簧和外环簧相互间的接触面为V形锥面,从而使内环簧受压缩,外环簧受拉伸,使冲击能量转化为弹簧的势能,同时内、外环簧锥面的相互摩擦还产生一定的热量,从而也使一部分冲击能量转化为热能。总之,缓冲器将冲击动能转化弹簧的势能和热能,来达到吸收冲击能量的目的。当牵引杆受拉伸冲击时,牵引杆后端的预紧螺母压迫弹簧后座板,同样后座板也挤压内、外环簧,同样也使内、外环簧产生与牵引杆受冲击时同样的变化过程。所以该缓冲器无论是受压缩冲击还是受拉伸冲击时,都能吸收冲击能量。

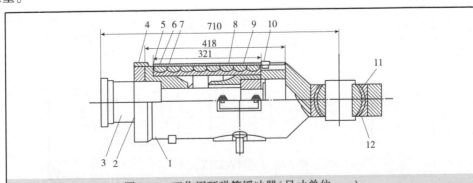

图3-19 双作用环弹簧缓冲器(尺寸单位:mm)

1-弹簧盒;2-标记环;3-牵引杆;4-端盖;5-半环弹簧;6-外环弹簧;7-弹簧前从板;8-内环弹簧;9-弹簧后从板;10-预紧螺母;11-球形支座;12-橡胶嵌块

上海地铁AC01/02型电动列车车钩的缓冲装置由压溃管和橡胶缓冲器(EFG3)组成(图3-20)。在列车相撞时,通过压溃管的变形来吸收冲击能量。压溃管属于免维修部件,当压溃管的变形部位超过规定的标准时必须进行更换。在列车进行正常的牵引和制动时,通过橡胶缓冲器(EFG3)的橡胶变形来吸收冲击能量。它能吸收的最大压缩冲击能量为14.1kN,吸收最大拉伸冲击能量为7.075kN。

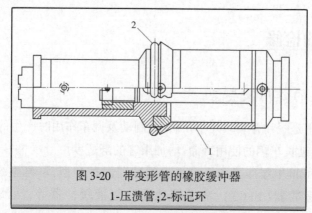

图 3-20 带变形管的橡胶缓冲器
1-压溃管;2-标记环

上海地铁 AC03 型电动列车车钩的缓冲装置是液压缓冲器,是一种可恢复的能量吸收装置,车钩在发生撞击时,缓冲器内部的活塞杆作用于活塞,使压力油通过活塞和缸体内壁的间隙流动,从而吸收能量,其相对速度越快吸收能量越大。

2 缓冲装置的检修

(1) 压溃管和橡胶缓冲器(EFG3)的检修

① 可压溃变形管变形超过规定标准时需更换。检查时用塞尺测量压溃管,检测是否在要求范围内,如图 3-21 所示。

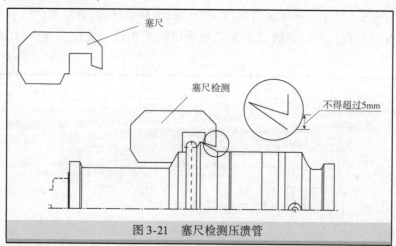

图 3-21 塞尺检测压溃管

② 对于 EFG3 缓冲器,应将所有的气管拆除,再将接地线拆除。

a. 将 EFG3 缓冲器下部的垂向支承拆卸下来,再将上部转轴上的螺栓、方形垫片和塑料盖取下,并用行车吊起转轴,更换密封环,检查衬套。清洗内部,内部与转轴涂油脂(AUTOL – Top2000)。再装上方形垫片、塑料盖、螺栓。

b. 检查橡胶堆有无裂纹,若裂纹深度大于 3mm,长度大于 50mm,则更换。

c. 用刷子清扫橡胶堆,用酒精清除橡胶堆上的杂质。

d. 用 Rivolta GWF 润滑磨耗环和抗摩擦盘的座。

e. 用 Rivolta GWF 润滑轴颈座以及上、下壳体的连接座表面。

(2)双作用环弹簧缓冲器的维修

①对缓冲器进行分解检修之前和装配之后,用缓冲器压力试验机对缓冲器逐渐加载至550kN,缓冲行程为55mm,缓冲器的能量吸收率大于66%,缓冲曲线应与其给定的弹性曲线一致。

②打开缓冲器后检查环弹簧是否在正常位置,然后放松预紧环。

③清洁环弹簧和缓冲器的内腔。

④检查和更换有裂纹的环弹簧片。

⑤用专用油脂对环弹簧片进行润滑。

⑥清洁和检查缓冲器两侧的磨耗板的磨损情况,若磨损严重则更换。

⑦检查缓冲器端部的球铰橡胶件有无裂纹,若有裂纹,深度超过5mm就要更换。

3 其他装置的检修

(1)对中装置

车钩对中装置分为水平对中装置和垂向对中装置。水平对中装置一般简称为对中装置,可分为气动对中装置和机械对中装置。垂向对中装置一般称为垂向支承,通过调整该处的调节螺栓可以实现调节车钩端面中心线到轨道上表面的距离。

上海地铁AC01/02/03电动列车车钩对中装置采用气动自动对中装置。其结构和对中原理是:在缓冲器的尾部下方左、右侧各设有一个对中汽缸,它的活塞头部装有一个水平滚轮,当汽缸冲气活塞杆向外伸出时,能自动嵌入固定在球铰座下方的一块呈桃子形凸轮板左、右两个缺口内,从而达到使车钩自动对中的目的,也就是使车钩缓冲装置的中心线与车体中心线在同一个垂直平面内,以便使两个钩头对准对方的车钩的钩坑,如图3-22所示。

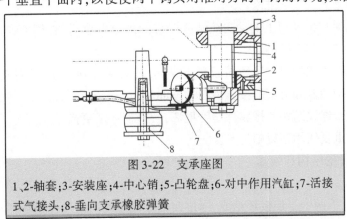

图3-22　支承座图

1、2-轴套;3-安装座;4-中心销;5-凸轮盘;6-对中作用汽缸;7-活接式气接头;8-垂向支承橡胶弹簧

上海地铁1号线增购的AC04型电动列车车钩的对中装置采用机械对中方式,其原理是:根据机械弹簧的挠度较大,可以使得车钩在水平方向摆动一定角度,实现车钩在直线段和曲线段的正常连挂。

对于垂向支承,上海地铁现有电动列车基本相同,都是通过调整橡胶支承垫的预紧力来调整车钩在垂向距轨道上表面的距离(一般为720mm)。

对于对中装置进行如下维修:

①用无油压缩空气和抹布清洁各零件。
②用刚性金属丝或螺丝刀清洁汽缸排气孔。
③检查凸轮板和衬套是否损坏和磨损,如有损坏则更换。
④检查活塞杆端部的滚轮是否损坏,如有损坏则更换。
⑤用 Rivolta GWF 润滑所有的滑动件和壳体内侧。
⑥用 Rivolta GWF 保护螺纹和螺栓端部。
⑦用 Loctite 572 保护插接式软管上的螺纹件。

对于垂向支承装置进行如下维修:
清洁和检查橡胶弹簧是否有裂纹和损坏,如果裂纹深度超过 3mm 或长度超过 10mm,须更换橡胶弹簧;清洁和更换衬套。

(2) 钩尾冲击座

缓冲器的尾部是通过一个球铰与车体底架相连,该球铰部分简称钩尾冲击座。这样的结构可使整个车钩缓冲装置在水平面内摆动 ±40°,而在垂直面内摆动 ±5°,满足车辆在水平曲线和竖曲线上运行的要求。

通过钩尾冲击座将车钩缓冲装置安装在车体的底架牵引梁上,而钩尾冲击座与牵引梁之间安装过载保护螺栓。过载保护螺栓是采用鼓形结构,当冲击荷载大于 800kN 时鼓形结构被破坏,车钩与车体分离并沿着导轨向后移动,从而避免超过容许用荷载的冲击力加载到车体底架上。

上海地铁现有电动列车车钩钩尾冲击座的原理和功能基本相同,只是结构和尺寸略有差异。

对钩尾冲击座进行如下维修:
①当车钩受到 850kN 以上的冲击荷载或严重的碰撞事故后,必须检查过载保护螺栓和衬套是否损坏,若有损坏须更换。
②清洁和检查底架的尼龙导轨轨板是否损坏,若有损坏须更换,并对其进行润滑,但是不允许对过载保护螺栓和衬套的接触表面进行润滑。
③清洁和检查球铰结构的橡胶件是否损坏,若有损坏须更换。
④自锁螺母重复使用不得超过 5 次。

(3) 其他附件的结构和维修
①连接环。
连接环由上、下两个半连接环组成,通过四个螺栓连接。通过连接环把车钩钩头和缓冲器连接在一起,实现力和运动的传递。

对连接环进行如下维修:
a. 清洁连接环的内外表面。
b. 用磁粉或其他无损检测方式进行探伤。
c. 用 Safecoat DW36X 涂连接环内侧底部,不得涂连接环和车钩钩头法兰环的工作表面。

d. 用 Rivolta GWF 保护螺纹和螺栓端部。
e. 安装时连接环的排水孔必须朝下。

②监测和控制元件。

车钩实现连挂和解钩动作的控制和监测元件为 S_1、S_3、S_4 行程开关和二位五通换向阀。当机械钩头连挂和解钩时,钩头中心销的凸轮板转动,S_1 行程开关监测到该动作并给出反馈电信号。当电气连接箱连挂和解钩时,S_3 行程开关监测到电气连接箱操纵机构的动作并反馈电信号。S_4 行程开关与车钩的止动板有连锁作用,当止动板动作时即切断车钩高压电路,特别在解钩时起保险作用。

车钩的气路控制元件为二位五通换向阀,通过该阀实现电气连接箱和对中装置的自动动作。

对监测和控制元件进行如下维修:
a. 检查 S_1、S_3 和 S_4 行程开关的动作是否良好,否则进行更换。
b. 在安装开关时,确保其行程触头的正确角度和位置,并检查其功能。
c. 清洁和检查二位五通阀。

三 探伤

对钩舌板总成、钩舌板中心销、EFG3 缓冲器颈、钩头颈、牵引杆颈和车钩连接环进行磁粉探伤,要求各部分不得有裂纹。

四 车钩缓冲装置的试验

1 车钩连挂和解钩试验

将全部组装好的全自动或半自动车钩安装在试验台上,进行车钩自动连挂和解钩试验。连挂时要听其声音是否清脆,以判别机械钩头安装的质量。通过操纵手动解钩装置,检查手动解钩的性能是否正常。

2 气密性试验

在车钩处于连挂状态下,用肥皂水喷在所有阀和管路接头处以检查气路是否有泄漏。

五 尺寸检查

1 车钩中心线至轨面的距离

以 AC01/02 车为例,车钩中心线至轨面距离为 720mm ± 10mm。

❷ 缓冲器标记环的移动距离

以 AC01/02 车橡胶缓冲器为例,缓冲器标记环移动距离≤55mm。

❸ 电气钩头端面与机械钩头端面的距离

电气钩头端面应凸出机械钩头端面 2~3mm。

想一想

试着总结一下车钩缓冲装置各部分的主要故障分别有哪些?哪些零部件需要进行探伤检查?

复习与思考

1. 车体检修的主要项目有哪些?
2. 车体的变形有哪两种情况,如何处理?
3. 电控气动门的工作原理是怎样的?主要对哪些零部件进行检修?
4. 客室车门应进行哪些调试?
5. 车钩缓冲装置由哪些部分组成?车钩钩头的主要故障有哪些?
6. 钩尾冲击座的检修内容主要有哪些?
7. 车钩连挂和解钩试验如何操作?

单元 4

城市轨道交通车辆转向架检修

 教学目标

1. 熟悉城市轨道交通车辆转向架的类型、作用、结构组成。
2. 熟悉城市轨道交通车辆转向架的分解、组装和试验的内容及工艺。
3. 熟悉城市轨道交通车辆转向架各部件的结构、故障及检修方法。

 建议学时

10 学时

转向架是城市轨道交通车辆的重要组成部件,起着支撑车体、担负走行任务,承受和传递与车体、轨道间各种力的作用。所以,转向架各部件的检修、组装和试验的质量将直接影响城市轨道交通车辆运行的安全性和可靠性。

4.1 转向架的分解与组装

一、转向架概述

1 转向架的基本作用及要求

(1)增加载重、长度、容积,提高运速。
(2)车轮滚动转化为车体平动。
(3)支撑车体,承受并传递荷载。
(4)利用轮轨黏着,传递牵引力和制动力。
(5)顺利地沿轨道运行及通过曲线。
(6)悬挂装置根据客流调整刚度,保证地板面高度合适。
(7)弹簧减振装置缓和振动冲击,提高运行平稳性。
(8)动力转向架要便于安装牵引电动机及传动装置。
(9)转向架与车体间连接件尽可能少,结构简单,装拆方便,便于维修。

2 转向架的类型

城市轨道交通车辆所采用的转向架,有动力转向架和非动力转向架两种,分别用于动车和拖车,为检修方便、便于相同零件的互换需要,结构基本相同,主要区别在于动车转向架上设有动力驱动装置。

转向架的类型很多,而目前的城市轨道交通车辆转向架则采用二轴构架式形式。

 知识链接

转向架的类型:
(1)转向架按结构形式分,有构架式和侧架式。目前,城市轨道交通车辆转向架采用构架式形式。

(2) 转向架按二系悬挂结构分为有摇动台、无摇动台、无摇枕结构，如北京地铁的 DK 型转向架是我国自行设计制造的无摇动台转向架，而目前国际上地铁客车已普遍采用无摇枕转向架。

(3) 转向架按二系悬挂弹簧形式分为圆弹簧悬挂和空气弹簧悬挂，城市轨道交通车辆转向架普遍采用空气弹簧悬挂形式。

(4) 转向架按车轴数目分，有 2 轴、3 轴和多轴形式，城市轨道交通车辆转向架普遍采用二轴形式。

(5) 转向架按轴箱定位结构分为导柱式、拉板式、拉杆式、转臂式和橡胶弹簧式。以上海地铁为例，采用转臂式、橡胶弹簧式及轴箱定位式等形式。

③ 转向架的结构组成

二轴转向架的结构基本相同，一般动力转向架主要由六部分组成：构架、弹性悬挂装置、轮对轴箱装置、基础制动装置、中央牵引装置、驱动系统。

(1) 构架

构架是转向架各零部件安装的基础，可将转向架的零部件组成一个整体。构架不仅要承受和传递荷载，其形状、尺寸都应满足转向架各零部件结构、形状、安装的要求。

(2) 弹性悬挂装置

为了减小线路的不平顺和轮对运动对转向架和车体造成的横向、垂向振动及曲线通过能力，在轮对与构架间、构架与车体间设置弹性悬挂装置。轮对与构架间的装置称为轴箱悬挂装置(又称一系悬挂)，构架与车体间的装置称为中央悬挂装置(又称二系悬挂)。

(3) 轮对轴箱装置

轮对沿钢轨滚动，传递轮轨之间的各种作用力。轴箱装置是联系构架与轮对的活动关节，将轮对的滚动转化为车体沿钢轨的平动。

(4) 基础制动装置

空气制动的执行机构，通过闸瓦与车轮踏面的摩擦，使列车产生制动效果。

(5) 中央牵引装置

中央牵引装置连接车体与转向架，传递车体与转向架间的各种作用力，并使两者能相对转动，顺利通过曲线。

(6) 驱动系统

驱动系统能向动车提供牵引力，也能提供电制动力。驱动系统由牵引电动机、联轴器、齿轮箱、齿轮箱悬挂装置等组成。

④ 上海城市轨道交通车辆转向架简介

下面以上海城市轨道交通车辆转向架为例，来了解转向架的类型和结构特点。

上海城市轨道交通车辆转向架均为无摇枕结构，H 形低合金钢焊接箱形构架，转向架设两系悬挂,配垂向、横向减振器及抗侧滚扭杆等装置以提高列车运行的稳定性和舒适性。转向架除动车、拖车不同外,每种车型也对应不同的转向架。上海城市轨道交通车辆 A 型车有三类转向架,下面分别进行介绍。

(1) 第一类转向架

上海地铁 1、2、4 号线转向架如图 4-1 所示,其主要特点如下:

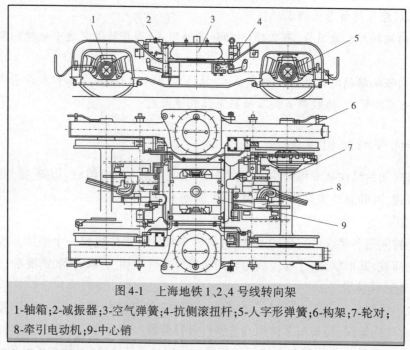

图 4-1　上海地铁 1、2、4 号线转向架
1-轴箱;2-减振器;3-空气弹簧;4-抗侧滚扭杆;5-人字形弹簧;6-构架;7-轮对;8-牵引电动机;9-中心销

①采用交流电动机牵引(原采用直流电动机牵引的 1 号线转向架均已改造为交流电动机牵引)。

②一系采用人字弹簧定位,二系采用空气弹簧,每个转向架设 2 个垂向减振器、1 个横向减振器、1 套抗侧滚扭杆。横向减振器在构架下侧,便于检修。抗侧滚扭杆的扭臂、连杆置于构架外侧,扭杆工作长度大,对车体侧滚运动反应灵敏。

③采用 H 形箱体焊接结构构架,轴箱部位呈拱形以适应人字弹簧定位要求,横梁两侧设悬臂式电动机座和齿轮箱吊座。

④中央牵引装置采用中心销、复合弹簧、心盘座、Z 形牵引拉杆结构,均匀分配牵引力和制动力,中心销两侧设横向止挡。

⑤交流牵引电动机采用机械联轴器,齿轮箱吊杆长度不可调,可在转向架进行台架试验时加垫片调整。

⑥齿轮箱为一级减速,采用横向垂直分型面,不便于检修。

⑦每辆车的 2 个转向架分别设 1 个高度阀,车体两点定位,易满足转向架均衡性要求,但调整地板面高度的难度大。

(2) 第二类转向架

上海地铁 3 号线转向架如图 4-2 所示,其主要特点如下:

①一系采用转臂式轴箱定位,二系采用空气弹簧。每转向架设2个垂向减振器、1个横向减振器、1套抗侧滚扭杆。区别在于横向减振器设在构架上方,不便检修;抗侧滚扭杆的扭臂、连杆置于构架内侧,扭杆工作长度小,对车体侧滚运动反应不够灵敏,效果较差。

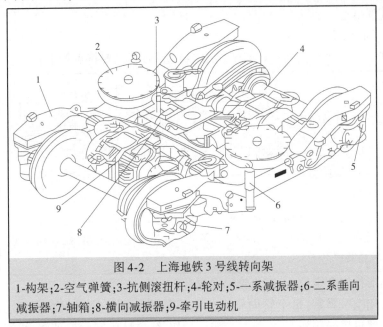

图4-2　上海地铁3号线转向架
1-构架;2-空气弹簧;3-抗侧滚扭杆;4-轮对;5-一系减振器;6-二系垂向减振器;7-轴箱;8-横向减振器;9-牵引电动机

②动车、拖车转向架构架不能互换。

③中央牵引装置采用中心销和橡胶堆结构,结构简单,易于检修,中心销两侧设横向止挡,如图4-3所示。

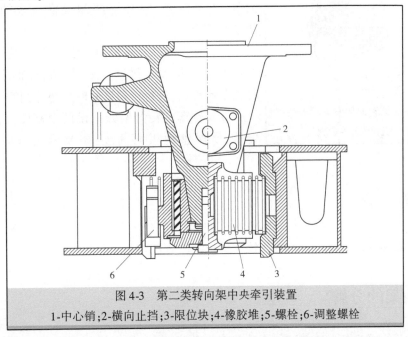

图4-3　第二类转向架中央牵引装置
1-中心销;2-横向止挡;3-限位块;4-橡胶堆;5-螺栓;6-调整螺栓

④驱动系统的齿轮箱为两级减速。采用机械联轴器,齿轮箱吊杆长度不可调,进行台架试验时加垫片调整。

⑤每辆车的两转向架分别设两个高度阀,车体四点定位,易调整地板面高度,不易满足转向架均衡性要求。

(3) 第三类转向架

上海地铁1号线北延伸列车转向架如图4-4所示,其主要特点如下:

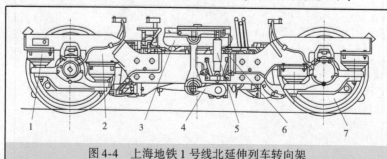

图4-4 上海地铁1号线北延伸列车转向架
1-锥形橡胶弹簧;2-构架;3-空气弹簧;4-抗侧滚扭杆;5-垂向减振器;6-高度调整装置;7-轮对

①采用锥形橡胶套定位,一系为锥形橡胶套。

②二系采用空气弹簧,每个转向架设2个垂向减振器、1个横向减振器、1套抗侧滚扭杆。横向减振器设置于构架上方,抗侧滚扭杆的扭臂、连杆置于构架外侧,扭杆长度大,对车体侧滚运动反应灵敏。

③中央牵引装置采用中心销和单牵引杆结构,结构简单、便于检修,中心销两侧设横向止挡,如图4-5所示。

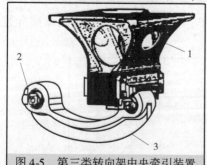

图4-5 第三类转向架中央牵引装置
1-连接座;2-轴;3-牵引杆

④驱动系统的齿轮箱为一级减速,齿轮箱箱体为卧式水平分型面,易于维修。采用机械联轴器,齿轮箱吊杆长度不可调,进行台架试验时加垫片调整。

⑤每辆车两转向架分别设两个高度阀,车体四点定位,易调整地板面高度,不易满足转向架均衡性要求。

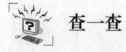

查一查

我国其他城市(如北京、天津)地铁车辆转向架的形式是怎样的?

二 转向架的分解

城市轨道交通车辆的车型多、每种车型的数量不大,而车辆的结构复杂、编组固定,所以,车厢的维修不适宜采用流水作业。但某些部件的维修则可以采用流水作业,如转向架、主接触器、单元制动机等。这些部件的数量较大,维修工序较多,一般都有分解、清洗、维修、组装和调试等工艺过程。对维修工人专业化程度要求比较高,使用设备上有很大一部分是专用的或特殊设计的,特别是调试设备和工具。流水作业为专门技术、专业设备的使用提供了最大可能性。

1 列车的分解

列车在架、大修库的架车线上分解时,6节编组的列车分2次分解成单节车,8节编组的列车分3次分解成单节车。列车分解成单节车后,单节车被地下架车机抬升,转向架从车底落到轨道上然后被推出,通过移车台送到转向架维修流水线上去,拆下车体上的高度调节阀、垂向减振器、横向减振器等零部件,气管留在车体上。车体则用假台车装载,通过移车台送到架修台位上,在架修台位上对车体四角进行支撑。

2 转向架的分解

转向架分解前,先要用转向架清洗机完成清洗除锈工作。

分别从构架上拆下牵引电动机、联轴节、制动单元、层叠弹簧、横向止挡、垂向止挡、中央牵引装置、横向减振器、抗侧滚扭杆、齿轮箱悬挂装置、轴箱拉杆、一系弹簧、轮对。

转向架分解的步骤如下:

(1)松开连接电动机侧半联轴节与齿轮箱侧半联轴节之间的螺栓。

(2)拆下牵引电动机与构架间的所有连接螺钉及接地线缆,将牵引电动机吊离构架,送电动机维修区域维修。

注意:电动机拆卸时,转向架须在转向架升降台上升降几次。

(3)将转向架升至维修人员能站在转向架下不影响操作的高度。

(4)拆下横向减振器。

(5)通过液压升降车将牵引拉杆连同心盘座与构架分离。

注意:牵引拉杆与心盘座并不分离,此时作为一个整体。

(6)拆下轴箱拉杆。

(7)拆下齿轮箱吊杆及齿轮箱安全销。

(8)拆下传感器及接地装置的电缆。

(9)支撑好轴箱旁的人字簧,以防构架吊起时旋转。

(10)用行车将构架吊离轮对,移至构架存放架上放置。

(11)拆下轴箱上的人字簧,轮对送轮对维修区维修。

(12)拆下构架上的层叠簧。

(13)拆下垂向减振器。

(14)拆下单元制动机与构架管路间的连接弯管,将构架上的4台单元制动机拆下,送单元制动机维修区维修。

(15)拆下构架上的抗侧滚扭杆总成,分解其零部件。
(16)拆下构架上的横向止挡座及横向止挡橡胶块。

三 转向架的组装

转向架的组装在构架的基础上进行,对预组装的部件按技术要求进行调整、组装。组装工作在转向架升降台上进行。

1 构架部件组装

(1)抗侧滚扭杆
将除上球铰和调节螺筒之外的抗侧滚扭杆部件按与拆卸相反的顺序安装在构架上。
(2)单元制动机
将单元制动机安装在构架上,注意斜对角的制动机类型一致。
(3)横向止挡
将横向止挡与横向止挡座组装在一起,并安装在构架上。

2 轮对组装

(1)在组装好的轴箱体上安装选配好的或新的人字弹簧,注意拖车轮对与动车轮对上的人字弹簧型号不同,要求同一转向架上的人字弹簧型号完全一致。
(2)将轮对吊放或推到转向架升降台上,构架吊放在轮对上。升起转向架,安装轴箱拉杆。

3 中央牵引装置组装

(1)在构架上安装架车保护螺栓。
(2)将组装好的下心盘座及牵引拉杆安装在构架上。

4 驱动系统组装

(1)对动车转向架安装牵引电动机。
(2)安装、调整联轴节。
(3)安装齿轮箱保险杆。
(4)安装、调整齿轮箱吊杆。

5 二系悬挂系统组装

在构架上预安装应急弹簧。

6 落车组装

落车后有下列几项组装内容。

(1) 中央牵引装置

将定位套、复合弹簧、下压板等按顺序进行组装,并将中心销螺母紧固到规定扭力,最后加开口销。

(2) 空气弹簧

若空气弹簧胶囊、盖板固定在车体上,则落车时需将空气弹簧胶囊与应急弹簧连接,注意密封(一般为自密封);若胶囊、盖板与应急弹簧为一体,则将盖板与车体连接,注意通气孔接通。

(3) 抗侧滚扭杆

将上球铰、调节螺筒、下球铰连接在一起。

(4) 垂向减振器

将垂向减振器上、下两端分别安装在车体和构架上的支座上。

(5) 高度阀

将高度阀下端与构架上支座连接,上端与高度阀控制杆连接。

(6) 线缆

连接电源线、接地装置、传感器导线等线缆。

(7) 轴箱限位

安装轴箱限位垫片或限位块。

(8) 组装完成

组装完成后以及在静态调试时还需进行有关的尺寸测量与调整。

①对层叠簧垫片、固定垫片及一系簧补偿垫片进行调整。

②转向架落车后的抗侧滚扭杆连杆调整:

a. 空气簧未充气时,对扭杆连杆进行调整。

b. 空气簧充气后,对扭杆连杆进行调整。

注意:下球铰中心线与扭杆中心垂向高差为10mm±1mm(扭杆应处于自由状态);球铰的六角槽形螺母扭力为320N·m。

③地板面高度调整及悬挂装置调整:

a. 在零线轨道上调整地板高度(充气状态下)。

b. 调整齿轮箱与电动机位置尺寸(无电状态下)。

注意:空簧盖板上表面至轨顶面的高度为869mm±8mm;无气与充气状态,车体地板面高度差为18mm±4mm。

四 转向架台架试验

转向架组装完成后、落车前,转向架需按试验要求进行台架试验,试验在转向架试验台上进行。台架试验的主要测量项目有:车轮轮载、车轴平行度及构架至轨面的距离。

① **车轮轮载**

(1) 台架试验的工况

零荷载、AW_0 工况、AW_1 工况、AW_2 工况、AW_3 工况、零荷载(卸载后)。

(2) 测量结果

在上述工况下分别测量每个车轮的轮载,进而分别计算出轴重、轮载偏差、轴重差。

(3) 评定标准

在任何工况下,轮载偏差、轴重差均不超出技术要求范围。

(4) 技术要求

①若超出技术要求范围,将转向架调转 180°,重复上述内容。

②若仍然超出范围,则需对一系弹簧按技术要求进行调整。

② **车轴平行度**

(1) 台架试验的工况

零荷载、AW_0 工况、AW_1 工况、AW_2 工况、AW_3 工况、零荷载(卸载后)。

(2) 测量结果

在上述工况下分别测量每个车轮的轮载,进而分别计算出轴距和每个车轮的位移变化量。

(3) 评定标准

在任何工况下,轴距、车轮的位移变化量均不超出技术要求范围。

(4) 技术要求

①若超出技术要求范围,将转向架调转 180°,重复上述内容。

②若仍然超出范围,则需对一系弹簧按技术要求进行调整。

③ **构架至轨面的距离**

(1) 台架试验的工况

AW_0 工况。

(2) 测量结果

在 AW_0 工况下测量每侧构架至轨面的距离,计算两侧高度差。

(3) 评定标准

构架至轨面的距离、两侧高度差不超出技术要求范围。

(4) 技术要求

①若超出技术要求范围,将转向架调转 180°,重复上述内容。

②若仍然超出范围,则需对一系弹簧按技术要求进行调整。

④ **齿轮箱吊杆高度调整**

在加载 AW_0 荷载的条件下,对动车转向架的齿轮箱吊杆高度进行调整。对可调式吊杆,通过调整螺筒至合适长度;对固定式吊杆,通过加垫片调整到合适长度。

 **想一想**

转向架组装及试验的要点分别是什么?

4.2 构架及附件的检修

一 构架的检修

构架由压制成型的钢板焊接成 H 形全封闭箱形结构,以上海地铁第一类转向架为例,构架的两根横梁中部设中心销座,外侧设牵引电动机安装座,下方设牵引拉杆安装座,构架侧梁两端的轴箱导框设人字形橡胶弹簧安装座,导框下方安装轴箱拉杆,侧梁中部设空气弹簧安装座,下方设抗侧滚扭杆安装座。构架上还设单元制动机、高度调整阀调整拉杆、液压减振器的安装座,如图 4-6 所示。

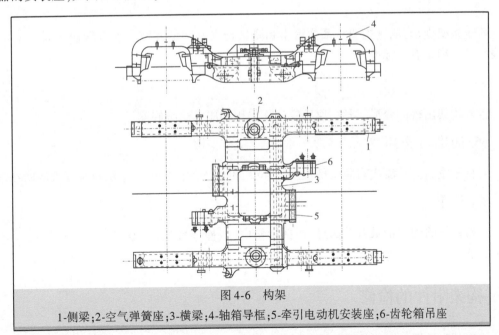

图 4-6 构架
1-侧梁;2-空气弹簧座;3-横梁;4-轴箱导框;5-牵引电动机安装座;6-齿轮箱吊座

① 构架的清洗

用抹布和清洁剂彻底清洗构架表面污垢,并晾干或烘干,便于构架的进一步检修。

② 构架的检查

构架常见的故障有变形、裂纹、腐蚀等。

(1)目测检查

转向架分解后首先对构架进行目测检查,检查各悬挂点、焊接点和焊缝有无裂纹、变形,焊缝是否良好。重点检查牵引电动机悬挂座、牵引拉杆座、一系弹簧座等受力部位,要求无裂纹、无腐蚀、无变形、无冲击损伤。

(2)内视镜聚光灯检查

采用内视镜聚光灯检查横梁是否被腐蚀和有无裂纹。

(3)堵塞器(孔塞)检查

①目视检查所有转向架构架的开口是否堵塞。

②如果塞子损坏,在重新封堵之前,应该排出所有残留水。

③在安装时,如果怀疑任何塞子有问题,应该更新塞子。

注:由于设计和制造的原因,转向架构架存在一些孔洞。为尽量减少水和灰尘的进入和腐蚀,应在孔洞处安装各种尺寸的堵塞器。

③ 构架探伤

对构架进行无损探伤,检查构架重点受力部位和关键焊缝。

④ 尺寸检查

检查构架变形,测量构架一系弹簧座和测试台支座间的间隙。检查测量转向架构架对角线尺寸应满足有关标准。

⑤ 维修

针对构架出现的变形、裂纹、腐蚀等损伤采用相应方法维修。

⑥ 油漆与涂油

对构架重新涂油漆或对脱漆部位进行补漆,不能涂油漆的部位应涂符合要求的防锈油。

⑦ 记录

对检修好的构架记录有关信息,包括检修内容、检查数据,一般有登记入档和做数据库两种方法。

二、构架附件的检修

构架的附件视转向架的不同而有所区别,如轴箱拉杆、轴箱转臂、起吊装置、调整垫片、紧固件等。

维修原则:主要受力部件维修内容与构架相同;垫片要进行清洗、矫正,油漆后继续使用;紧固件全部更新。

4.3 轴箱装置、轮对的检修

一、轴箱的检修

轴箱由轴箱体、圆柱或圆锥滚动轴承、轴箱盖、迷宫环、密封圈、各类传感器、紧固件等组成。作用是连接轮对与构架,传递和承受车体和钢轨传来的垂向和侧向荷载。以上海地铁第一类转向架轴箱为例,采用铝合金材料制成,轴箱内安装 SKF 双排单列圆柱滚动轴承,轴承两侧装有迷宫密封圈,与轴箱体的迷宫槽配合可阻止润滑油脂外溢,如图 4-7 所示。

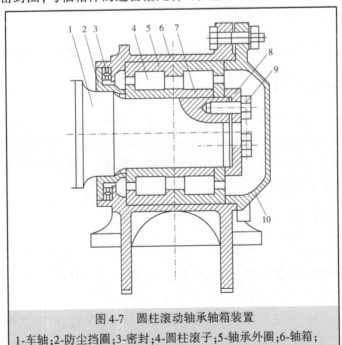

图 4-7 圆柱滚动轴承轴箱装置
1-车轴;2-防尘挡圈;3-密封;4-圆柱滚子;5-轴承外圈;6-轴箱;
7-轴承内圈;8-内圈压板;9-螺栓;10-轴箱盖

滚动轴承轴箱装置尽管故障较少,但由于材质、安装、搬运、振动、受力等原因,也会出现各种故障,这些故障都会对行车安全造成危害。城市轨道交通车辆滚动轴承的检修可以由检修基地自行完成,也可委托其他专业厂家完成。滚动轴承轴箱装置检修的工艺流程如图4-8所示。

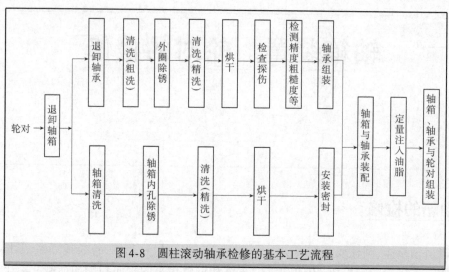

图4-8 圆柱滚动轴承检修的基本工艺流程

(一)轴箱装置的分解和清洗

1 外部冲洗

滚动轴承和轴箱装置在分解前,应清除轴箱外部油垢或经转向架清洗机清洗。

2 轴箱和轴承的拆卸

分解及拆卸轴箱、轴承时,应注意避免擦伤、碰伤轴颈及轴承滚动表面。分解轴承内圈采用电磁感应加热的方式,加热时间应严格控制,防止温度过高造成内圈过热变色,严重变色、变形的内圈不得使用。拆卸时严禁捶打或冷拉。拆卸后,须对拆下的轴承进行检测,或者委托专业厂家完成轴承检修。

3 轴承和轴箱的清洗

滚动轴承和轴箱分解后,轴承零件须清洗,清洗后各表面及沟角处不得有目视可见的油污、水分、灰尘、纤维物和其他污物。外圈外径面锈蚀时须清除锈垢,允许局部留有除锈后的痕迹。轴承零件清洗后,整体轴承的清洁度须符合有关规定。

轴箱及附件须清洗,清洗后各工作表面手感不得有颗粒物存在,非工作表面不得有易脱落物质,清洁度须达到规定标准。

清洗轴承、轴箱及附件时,应选用对轴承零件无腐蚀、具有防锈作用的清洗介质,如煤油、柴油、汽油等。清洗干净后用干净抹布拭净,再送检查室分解检查。

(二)轴承的检修

滚动轴承架大修时,必须全部分解检查、探伤、抛光和维修。所有轴承不得有裂纹、破损、擦伤、麻点、剥离、锈蚀、电蚀、保持架严重磨损、变形等缺陷。

轴承检修工艺如下。

① 轴承分解

将滚子、保持架全部移出外圈滚道。分解的轴承零件要编号成套摆放。

② 轴承检查

轴承分解后用细布擦净,检查各个零件,发现裂纹等不允许的缺陷,应更换。轴承内、外圈及滚子须电磁探伤。

③ 轴承检修

轴承内、外圈表面和滚子表面轻微的压痕、锈点,可用砂布蘸油打磨,清除残留痕迹、打磨光滑后可继续使用。深度较浅的划痕、擦伤消除后,若不影响零件轮廓尺寸,允许继续使用。

轴承内圈表面有裂纹、剥离、擦伤、麻点、严重锈蚀及过热变色后硬度不符合要求的,须更换新内圈。

保持架不允许存在毛刺、裂纹、严重锈蚀、变形等缺陷。

轴承零件的尺寸精度须按规定项目进行检测。

④ 轴承组装

经检查确认符合要求的轴承零件,应原套组装使用。组装后的轴承应检查其转动灵活性,用检测仪器测量轴承外径、内径、径向游隙和轴向游隙等数值。

(三)轴箱及附件的检修

轴箱及附件检修时,须进行除垢、除锈处理,进行外观检查,并按规定项目进行检测。

① 轴箱体检修

轴箱体有破损、裂纹时应更换,轴箱体内径表面擦伤、划痕不超过规定深度,磨除后允许继续使用。

金属迷宫密封沟槽上不得有凹陷、变形,有锈蚀、尖角及毛刺时须磨除,密封沟槽局部轻微变形,应将突出部位磨除处理,经检测合格后使用,尺寸超限时更换新品。

2 其他零件检修

(1) 轴箱前盖

前盖不得有凹陷、变形,有锈蚀、尖角或毛刺时须消除。裂纹、腐蚀超过限度时更换。所有橡胶件更新。

(2) 防尘挡圈

防尘挡圈沟槽上不得有裂纹、凹陷、变形,有锈蚀、尖角、毛刺须消除。

(3) 迷宫环、密封圈及层叠环

对密封件的维修除结构件外,大修时均要求更新。

(4) 各类传感器

轴箱内装有速度传感器、防滑传感器等。对传感器应按技术要求进行拆装检查。

(四) 轮对轴箱装置的组装

在大齿轮热套(动车轮对)、轮对压装完成后,按与拆卸相反的顺序组装轴箱,防尘挡圈、轴承内圈在安装前需要用感应加热器加热。

二 轮对的检修

轮对由1根车轴和2个车轮组成。架、大修时均须对轮对进行全面细致的检查。

(一) 车轮的故障与检修

1 车轮的损伤

车轮的损伤主要有踏面磨耗、踏面擦伤及剥离、轮缘磨耗、车轮裂纹等,这些损伤都直接威胁行车的安全。因此,日常检查及定期检修必须认真、及时。

(1) 车轮踏面圆周磨耗

车轮踏面圆周磨耗是指车轮踏面在运用过程中车轮直径减小,并改变踏面标准轮廓。

踏面磨耗是一种不可避免的自然损耗。踏面磨耗的速度随车轮对材质、运用及线路情况而不同。在一般情况下,新镟修车轮使用的开始阶段走行5 000km左右,会形成0.5~1mm的磨耗,以后每走行5 000km磨耗0.1mm左右。

车轮在钢轨上运动的主要形式是滚动,但在通过曲线等情况下,轮轨间存在着相对滑动。因此,轮轨间发生的是滚滑混合的复杂摩擦。在制动时,闸瓦与踏面也会发生滑动摩擦,引起磨耗。

踏面磨耗有以下危害:

① 破坏了踏面的标准外形(如图4-9所示为踏面原形),使踏面与钢轨经常接触部分的磨耗变大,使轮对蛇形运动的波长减小,频率增高,影响车辆运行的平稳性。

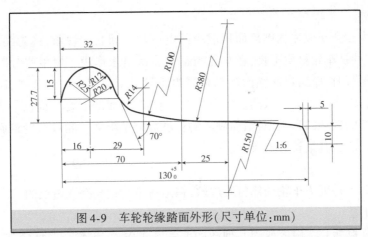

图4-9 车轮轮缘踏面外形(尺寸单位:mm)

②踏面磨耗造成轮缘下垂,轮缘下垂严重时,会压坏钢轨连接螺栓,引起脱轨。

③踏面磨耗严重时,也使踏面外侧下垂,当通过道岔时,踏面外侧会陷入基本轨与尖轨之间,把基本轨推开,造成脱轨,如图4-10所示。

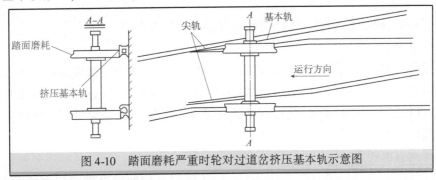

图4-10 踏面磨耗严重时轮对过道岔挤压基本轨示意图

④增大运行阻力。

⑤车轮踏面磨耗后,车轮与钢轨的接触面积增大,车轮踏面与钢轨接触的各点与车轴中心的距离是不相同的,如图4-11中a、b两点,车轮滚动一圈,a和b点的滚动距离也不相同,而钢轨各处纵向长度是相同的,这样车轮与钢轨必然会发生局部滑动摩擦,使踏面磨耗加剧,踏面与钢轨接触各点与车轴中心距离偏差越大,则运行摩擦也越大。

(2)踏面擦伤、剥离和局部凹下

①踏面擦伤。

由于车辆在运行中制动力过大,抱闸过紧,车轮在钢轨上滑行,而把圆锥形踏面磨耗成一块或数块平面的现象,称为踏面擦伤。造成踏面擦伤的原因有车轮材质过软,制动力过大,制动缓解不良,同一轮对两车轮直径相差过大等。踏面擦伤引起车辆运行时过大的振动,会使车辆零件加速损坏、轴箱发热,还会损坏钢轨。踏面擦伤深度越大,引起的振动越大,而且当擦伤处与钢轨接触时,车轮转动的阻力增大,更易引起车轮在钢轨上滑行,扩大擦伤。因此,运行中利用振动诊断技术对踏面擦伤随时监控及检修中对擦伤的检查维修是非常重要的。

图4-11 踏面磨耗时运行阻力增大的原因

② 踏面剥离。

车轮踏面表面金属成片状剥落而形成小凹坑或片状翘起的现象，称为踏面剥离。踏面剥离的原因，一种是车轮材质不良，在车轮与钢轨多次挤压作用下发生疲劳破坏；另一种是车轮在钢轨上滑行时，摩擦热使踏面局部金属组织发生变化而发生的金属脱落。踏面剥离会使车辆在运行中产生过大的振动。剥离深度一般较大，而凹下处与钢轨不会接触，为了限制踏面剥离对车辆振动的影响，对踏面剥离的长度规定了限度。测量车轮踏面剥离长度时，沿车轮圆周方向测量其最长处的尺寸。

③ 踏面局部凹下。

踏面局部凹下是因为车轮局部材质过软，在运行中与钢轨挤压造成的。

(3) 轮辋过薄

当车轮踏面磨耗超过限度或因其他故障要镟修车轮，车轮轮辋厚度随之变薄。轮辋过薄时，其强度减弱，容易发生裂纹，车轮直径也变小，影响转向架各部分配合关系。轮辋过薄超过限度，应更换车轮。

(4) 轮缘磨耗

轮缘磨耗后，轮缘外形轮廓发生变化，可能会影响行车安全。

① 轮缘过薄。

轮缘过薄使车轮过道岔时，轮缘顶部会压伤尖轨或爬上尖轨而造成脱轨。另外，轮缘过薄会使轮轨间横向游隙增加，在通过曲线时，减小了车轮在内轨上的搭载量，容易脱轨；在通过曲线时，增加了车辆的横动量，使运行平稳性变差。轮缘过薄，还降低了轮缘的强度，容易造成轮缘裂纹。

② 轮缘垂直磨耗。

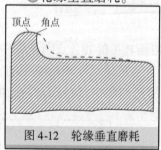

图 4-12 轮缘垂直磨耗

如图 4-12 所示，轮缘外侧面被磨耗成与水平面成垂直状态，称为垂直磨耗。轮缘垂直磨耗的危害是车轮通过道岔时，轮缘外侧磨耗面容易与基本轨密贴，轮缘顶部更易压伤或爬上尖轨，造成脱轨。

(5) 车轮裂纹

车轮裂纹多发生在使用时间过久、轮辋较薄的车轮上。裂纹的部位多在辐板与轮辋交界处、轮辋外侧、踏面及轮缘根部。车轮出现裂纹必须更换车轮。

(6) 轮毂松弛

车轮轮毂孔和车轴轮座组装前，机械加工精度不够及粗糙度不符合要求，组装压力不符合标准等，在使用中，由于车轮与车轴的相互作用力，车轮和车轴会发生松弛。

❷ 车轮的检修

(1) 车轮踏面磨耗的检修

车轮标准直径为 840mm，轮径限度为 770mm。轮径差必须满足：同一轴≤1mm，同一转向架≤3mm,同一辆车≤6mm。如图4-13所示,利用轮径尺进行检测,达到限度必须更换车轮。利用轮辋侧面的沟槽也可判断车轮是否达到磨耗极限。

(2)踏面擦伤的检修(图4-14)

踏面擦伤达到以下限度时,需要镟修加工或更换轮对,可以利用钢皮尺沿踏面圆周方向测量。

①一处以上大于75mm。

②两处以上为50~75mm。

③四处以上为25~50mm。

④深度大于0.8mm。

图4-13 轮径尺测量车轮直径

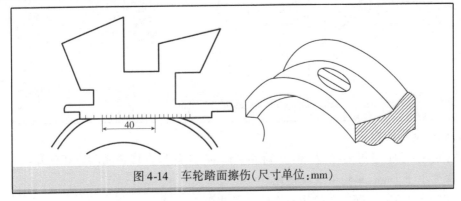

图4-14 车轮踏面擦伤(尺寸单位:mm)

(3)踏面剥离的检修(图4-15)

检查车轮踏面剥离,若达到以下限度,必须镟修或更换轮对,可以利用钢皮尺沿踏面圆周方向测量。

①剥离长度:1处≤30mm;2处(每处)≤20mm。

②剥离深度:≤1mm。

③踏面磨耗深度(包括沟槽):≤4mm。

(4)踏面刻痕和凹槽的检修(图4-16)

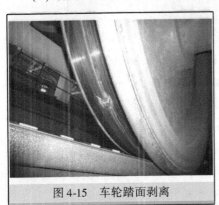

图4-15 车轮踏面剥离

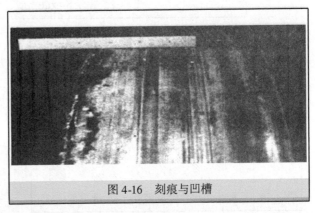

图4-16 刻痕与凹槽

①检查轮缘踏面圆周边缘的尖锐卷边和凹槽,如果深度超过2mm,车轮必须镟修或更换轮对。仔细检查制动闸瓦的状况,检查闸瓦与踏面之间的金属包含物或踏面金属残骸。

②检查踏面圆周的凹槽或波动(外形像波状凹进),如果深度超过5mm,必须镟修或更换轮对。仔细检查闸瓦状况。

(5)踏面金属鼓起的检修

检查踏面金属鼓起,如图4-17所示。如果金属鼓起厚度超过1mm或长度超过60mm,则须对车轮进行镟修处理或更换轮对。

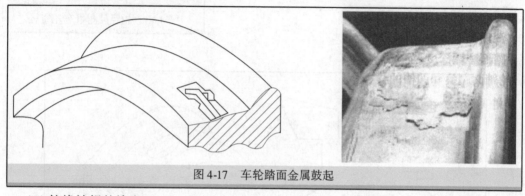

图4-17 车轮踏面金属鼓起

(6)轮缘缺损的检查

①轮缘的刃口(如图4-18从A010到Aq0区域)。如果发现金属凹口和撕开:

a. 深度小于1mm,车轮可继续使用。

b. 深度大于1mm,须对车轮进行镟修处理或更换轮对。

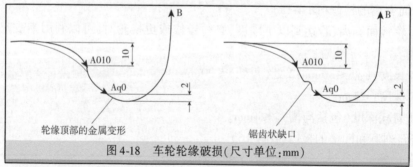

图4-18 车轮轮缘破损(尺寸单位:mm)

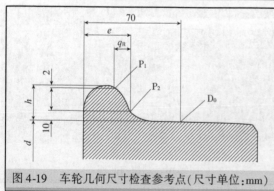

图4-19 车轮几何尺寸检查参考点(尺寸单位:mm)

②轮缘的非刃面(如图4-18从Aq0到B区域)。如果发现金属凹口和撕开:

a. 深度小于2.5mm,把尖锐部分展平到其周围,车轮可继续使用。

b. 深度大于2.5mm,须对车轮进行镟修处理或更换轮对。

(7)车轮几何型面检查(图4-19)

对车轮几何型面检查时,应采用专用的检查工具进行测量。如轮径尺、轮对内侧距离测量尺、轮缘尺等。

①车轮直径 d 的检查:在距离车轮内侧面 70mm 处,利用轮径尺测量。

② q_R 值:利用轮缘尺测量。

轮缘根部的最小厚度为 26mm,轮缘角为 70°。由于轮缘角度测量很困难,因此制造商提供了一个以轮缘角和轮缘根部的宽度等因素为依据而制造的专供测量轮缘形状的专用量具,并且该尺的特定的 q_R 值应在 6.5～13.5mm 范围内,否则更换或镟修轮对。

③轮缘高度 h 的检查:当踏面磨耗或因踏面损伤进行镟修后轮缘高度会增大,严重时甚至会引起脱轨事故,因此,检查时需使用轮缘尺检查轮缘高度。轮缘最大高度为 34mm。

④轮缘厚度 e 的检查:使用轮缘尺检查轮缘厚度。轮缘最小厚度为 26mm。

⑤轮缘尺寸的精确测量检查(图 4-20、图 4-21):使用轮缘尺可在车轮的合适位置精确测量轮缘 q_R 值、高度和厚度。

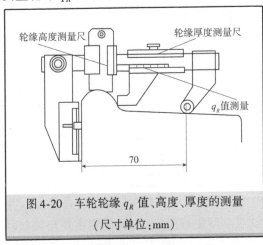

图 4-20　车轮轮缘 q_R 值、高度、厚度的测量
(尺寸单位:mm)

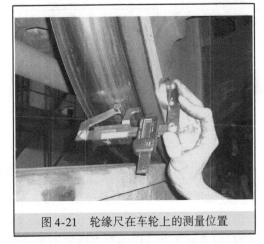

图 4-21　轮缘尺在车轮上的测量位置

⑥车轮内侧距离检查(图 4-22)。

图 4-22　车轮内侧距离检查(尺寸单位:mm)

检查车轮与轮座的结合部是否有松动,如有松动,应进行分解,并重新选配、压装。

检查车轮轮辋的过热现象,如果车轮有过热或制动后出现异常过热现象时就必须测量车轮内侧距。在轮对空载条件下,测量值为 1 353～1 355mm,(注意:不同车型,轮对内侧距离有所差别),就要与轮对内侧距初始值比较,在空载条件下,车轮位移量不得超过 0.5mm。

在车轮退卸操作时,建议检查轮对内侧距。

(8)轮毂部分的检修

①检查轮毂上有无放射状裂纹存在,放射状裂纹会削弱车轮在车轴上的夹紧力,造成腐蚀、车轮扭曲。如果对裂纹的存在有怀疑,可进行电磁探伤检查。

②检查注油孔内堵塞,密封完好。如果丢失堵塞,应清洁注油孔并安装新的堵塞并密封。

(二)车轴的故障与检修

1 车轴的损伤

车轴损伤包括车轴裂纹、车轴磨伤、车轴弯曲等。这些故障能引起车辆脱轨、颠覆或燃油事故,因此必须认真检查处理,才能保证行车安全。

(1)车轴裂纹

车轴裂纹分为横裂纹和纵裂纹。裂纹与车轴中心线夹角大于45°时称为横裂纹,小于45°时称为纵裂纹。车轴横裂纹使车轴的有效截面积减少,容易扩展引起断轴事故,危害极大。车轴各部都可能产生横裂纹。以拖车转向架车轴为例,就出现横裂纹的几率来说,图4-23所示的部位比较容易出现。

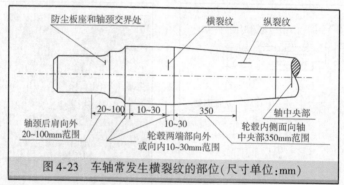

图4-23 车轴常发生横裂纹的部位(尺寸单位:mm)

车轴断裂的原因主要是疲劳断裂。车轴使用年久都可能产生疲劳裂纹。一般车轴发生疲劳裂纹的时间是在使用后十几年。而有些车轴过早产生疲劳裂纹,其原因常是车轴材质不好,或者制造和使用中在车轴表面造成伤痕。一般车轴从裂纹至折断要经过一个较长的时间,如果及时检查处理是可以防止车轴折断的。车轴裂纹发展的过程中,金属组织结构先发生变化,然后发展成裂纹,所以,裂纹末段的金属虽未产生裂纹,但已经受到影响。

车轴裂纹时,应将裂纹镟去,再镟去一定深度的影响层,如果剩余直径符合限度即可继续使用。

以车轴断口形状为例可分为四个区域。第一疲劳区是裂纹开始的部分,断口光滑如镜呈浓褐色(原因是裂纹在交变荷载下两侧不断研磨加空气氧化)。第二、第三疲劳区是裂纹发展区域,颜色呈淡褐色至灰色。最后折损区是车轴截面积减小的区域,此时车轴突然折断,断口为灰白色。

(2)车轴磨伤

①轴颈,防尘板座上的纵、横向划痕,凹痕,擦伤,锈蚀,磨伤等。

②轴身的磨伤、磕碰伤。由于转向架上零部件安装不当与车轴接触造成磨伤与磕碰伤。磨伤及磕碰伤处容易引起应力集中,造成车轴裂纹。

(3)车轴弯曲

车辆脱轨,车轴受到剧烈冲击会引起车轴弯曲。车轴弯曲时,车辆运行振动增大,会造成轴箱发热、轮缘偏磨,甚至引起脱轨事故。

2 车轴的检修

(1) 车轴外观检查(图 4-24)。

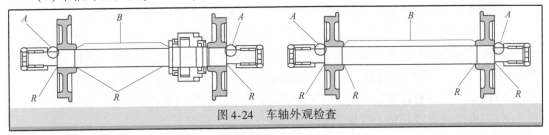

图 4-24　车轴外观检查

①检查车轴可见区域 A、B 的腐蚀、凹痕和刻痕。
②检查车轴的各过渡圆弧 R 处。

(2) 车轴故障检查维修。

①在车轴轴身上小于 1mm 深度的凹痕可以用粗砂纸(120 目或更高)打磨去除,按纵向方向(沿着车轴中心线)打磨。打磨后用磁粉对相关区域进行探伤检测,不允许有裂纹产生。
②如果发现在车轴轴身上的磕碰印痕超过 1mm 深则更换轮对。
③在过渡圆弧 R 处不允许出现磕碰或裂纹。如果在这个区域发现磕碰或裂纹则更换轮对。
④车轴内部的缺陷(如内部的裂纹、气孔、夹渣等),须用超声波探伤仪进行探伤检查,如有缺陷则需更换轮对。
⑤车轴轮座若有拉毛或损伤,应进行打磨。
⑥其他轴身如有必要则进行表面修复。
⑦对车轴进行补漆、防锈处理,并标识。
⑧记录有关数据信息。

(三) 轮对组装

1 车轴检查

(1) 目测车轴轮座表面,不得有任何影响车轮安装或通过手工操作留下的损伤,如金属磕碰、裂缝、冲击痕迹或脏物等。
(2) 检查轮座表面粗糙度,应符合要求。
(3) 表面肤浅的缺损可以用磨石消除。
(4) 当车轴表面有更大的破损发生时,为确保车轴仍可使用,可以通过轮座进行机加工来去除表面任何损坏。机加工后,轮座就可以达到以上规定的尺寸要求(因车轴轮座表面有 5mm 的机加工余量,因此轮座名义直径为 198mm)。

轮座最小直径为 193mm。如果在误差范围内还不能获得正确的车轴表面条件,车轴只有报废。

(5) 在精密的车床上转动车轴,检查车轴轴颈及车轴中心圆周跳动,如果圆周跳动大于

0.5mm,车轴就应报废。

② 车轮组装

(1) 轮座直径提供了一个介于 0.298mm 和 0.345mm 之间的过盈量。

(2) 检查两个车轮的直径,同一车轴上的车轮轮径之差不得超过 0.5mm。

(3) 清理毛刺,如有必要用压力空气吹除任何颗粒杂质。

(4) 清洁和检查车轴轮座和车轮轮孔状况。测量和记录车轮轮孔直径 d;测量和记录车轴轮座直径 D;计算轮轴过盈量($D-d$),过盈量必须在 0.298mm 和 0.345mm 之间。

(5) 确保轮孔和轮座清洁,涂抹一薄层动物油脂在轮轴配合面。

(6) 用聚酯衬套或相似手段保护轴颈。

(7) 把车轮推入压装设备上的车轮保护装置上,车轮的残余静不平衡标记的方向应一致。

(8) 在轮对压装机上安装支撑套筒。

(9) 根据车轮压装程序把车轮压装在车轴上。

(10) 检查车轮压装过程,压力荷载平稳上升,其压力应保持在 600~1 110kN 范围内。

注意:在压装结束后,最小压力应为 600kN,最大压力不超过 1 110kN。

(11) 根据图 4-25 所示的外形轮廓图和表 4-1 要求,进行轮对尺寸检查。

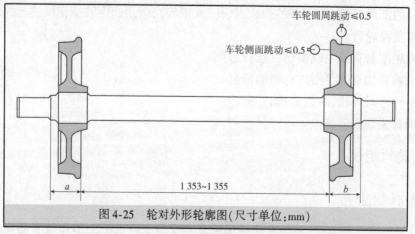

图 4-25 轮对外形轮廓图(尺寸单位:mm)

轮对尺寸检查标准　　　　　　　　　　　　　　　　　　　表 4-1

轮对内侧距(测量四点)	1 353~1 355mm	a、b 差值	≤1mm
车轮侧面跳动	≤0.5mm	电阻测试(在两个车轮踏面间进行电阻测试)	<0.01Ω
车轮圆周跳动	≤0.5mm		

 想一想

轮对的主要故障有哪些?试归纳如何检查、维修轮对。

4.4 弹性悬挂装置的检修

车辆的弹性悬挂装置包括一系悬挂和二系悬挂,即轴箱悬挂装置和中央悬挂装置。按其作用不同又可分为三类:第一类为主要起缓冲作用的弹簧装置,如中央弹簧、轴箱弹簧、橡胶垫等;第二类为主要起衰减振动作用的减振装置,如垂向、横向减振器等;第三类为主要起弹性约束作用的定位装置,如轴箱定位装置、横向缓冲止挡等。

一、一系悬挂的检修

不同类型的转向架一系悬挂的形式有所不同。如上所述,上海地铁第一类转向架采用人字形橡胶弹簧,轴箱定位方式为层叠式橡胶弹簧定位(图4-26);第二类转向架采用内、外圈螺旋钢弹簧,附加垂向减振器,轴箱定位方式为转臂式定位;第三类转向架采用锥形橡胶弹簧,轴箱定位方式为锥形橡胶套定位。

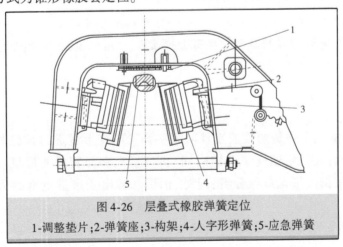

图4-26 层叠式橡胶弹簧定位
1-调整垫片;2-弹簧座;3-构架;4-人字形弹簧;5-应急弹簧

(一)人字弹簧的检修

1 人字弹簧的寿命

人字弹簧由四层钢板、四层橡胶、一层铝合金组成。弹簧寿命一般为8~10年,根据国内外使用的经验,人字弹簧如果使用前存放时间不超过1年,其寿命一般能满足一个大修期(10年)的要求。所以在5年架修时,需要对人字弹簧重新进行选配,使用10年后全部作报废处理。

❷ 人字弹簧的损伤

人字弹簧容易出现的损伤主要有脱胶、变形及裂纹,通过目测及尺寸测量进行检查。

❸ 人字弹簧的编号及检查

日常检查时,要求橡胶与金属件之间无严重剥离。5年架修时,应将分解下来的人字弹簧进行编号并检查,若无脱胶、变形、裂纹,或有裂纹但符合如下条件,人字弹簧可继续使用。

(1)一条深度小于16mm的裂纹。
(2)多条深度小于8mm的裂纹。
(3)一条深度小于8mm的整个周向裂纹。

❹ 人字弹簧的刚度试验

由于动车与拖车本身自重不同,所以人字弹簧的刚度也不同。架修时应根据人字弹簧的性能进行抽检试验,试验前需要将人字弹簧放置在恒定温度下一定时间,测量人字弹簧垂向刚度时一般成对进行。超出刚度范围的人字弹簧作报废处理。人字簧的刚度必须符合:1 150N/mm ±6% N/mm(动车)、1 050N/mm −8% N/mm(拖车)。

注意:测试前,先以7kN荷载对人字簧进行预压,然后以30kN荷载进行试验(对于以上动作,试验设备会自动进行)。

❺ 人字弹簧的选配

架修时应根据人字弹簧的性能逐件对人字弹簧的变形量进行试验测量。试验前也需将人字弹簧放置在恒定温度下一定时间,再测量人字弹簧的变形量。变形量的测量需逐件进行,并根据变形量进行分组、配对、标识。超出变形量范围的人字弹簧作报废处理。

注意:人字弹簧的测试须在人字弹簧试验台上由专人操作。

(二)其他类型转向架的一系悬挂检修

❶ 第三类转向架的锥形橡胶弹簧检修

第三类转向架的锥形橡胶弹簧检修与人字弹簧的检修基本一致,架修时,需对弹簧进行变形量测量及重新选配。

❷ 第二类转向架的螺旋圆弹簧(图 4-27)

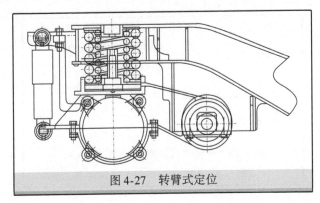

图 4-27　转臂式定位

螺旋圆弹簧容易出现的损伤为裂纹、折损、衰弱、磨蚀及磨耗，需要对弹簧进行检查、探伤、变形量及压力试验。

(1) 裂纹和折损

钢弹簧的裂纹和折损容易发生在弹簧两端 1.5~2 圈内，裂纹一般从簧条内侧开始。这是因为弹簧受扭矩和剪切的最大合成应力产生在簧条截面内侧边缘。

产生裂纹和折损的原因，主要是运用中经受大的冲击、超载或偏载过大，超出弹簧的负荷能力所致。其次是由于在弹簧制造或维修时，未能达到工艺要求所引起。

在检修弹簧时，应注意观察圆弹簧的螺距是否一致，相邻两圈簧条是否接触等来判断弹簧是否有裂纹或折损，并进行探伤检查。发现弹簧有裂纹和折损，则必须更换。

(2) 弹簧衰弱

弹簧经过长期运用，特别是经过多次维修之后，容易产生自由高度降低的现象，称为弹簧衰弱。弹簧衰弱的主要原因是由于长期使用中，承受负荷过大或弹簧腐蚀、磨耗后截面积减小而成为最薄弱的一环，另外，弹簧经多次维修并进行加热后，造成弹簧表面氧化脱碳而降低了弹簧的强度极限。

对自由高度低的圆弹簧需要重新进行热处理来恢复自由高度。在检查时，需要进行自由高度及变形量检查。

(3) 腐蚀及磨耗

圆弹簧的腐蚀主要表现在簧条直径减小。产生腐蚀的原因主要是氧化腐蚀；其次是弹簧多次维修加热，造成表面氧化皮脱落产生的。

圆弹簧的磨耗主要发生在弹簧上、下两端支撑面处。主要是由于弹簧在荷载作用下发生转动摩擦所造成的。

二　二系悬挂的检修

目前，城市轨道交通车辆的二系悬挂基本都采用空气弹簧。空气弹簧主要由橡胶囊体和钢片、橡胶复合而成的应急簧组成(图 4-28)。不同类型的转向架，其空气弹簧结构略有不同,主要是应急弹簧的形式不同。空气弹簧还有高度阀、差压阀等附件,保持车辆地板面高度及保证两侧空气弹簧的压差在安全范围内。

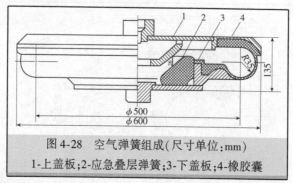

图4-28 空气弹簧组成(尺寸单位:mm)
1-上盖板;2-应急叠层弹簧;3-下盖板;4-橡胶囊

(一)空气弹簧的寿命

进口空气弹簧的寿命能达到10年大修的要求。在5年架修时,需对空气弹簧进行检修;使用10年后橡胶件作报废处理,部分结构件可继续使用。

(二)空气弹簧的检修

1 空气弹簧的损伤

空气弹簧主要由橡胶囊体、橡胶堆、底座等组成,橡胶囊体由内、外层橡胶层、帘线层和成型钢丝圈组成。检修时应注意胶囊体及橡胶堆的裂纹、胶囊体的磨损及底座的锈蚀。

2 空气弹簧的检查及维修

(1)空气弹簧外观的检查

检查空气弹簧紧固件,要求连接紧固、无松动。

清洗并检查空气弹簧胶囊体内、外表面,要求无严重损伤、裂纹和刀痕,无金属丝暴露在外的现象,叠层弹簧表面不得有深度大于2mm的疲劳裂纹,或大于5mm深的橡胶与金属松弛的现象。

注意:不能使用锐角的工具检查气囊,不能采用溶剂进行清洗。

(2)空气弹簧更换的条件

①胶囊的裂纹:深度超过1mm不得使用。

②胶囊的磨损:深度超过1mm(帘布外露)不得使用。

③橡胶堆的裂纹:深度超过1mm不得使用。

④底座的锈蚀:锈蚀超过2mm不得使用。

⑤鼓包:局部表面的鼓包,用针扎破鼓包部位,作500kPa持续20min的保压试验,如果没有空气泄漏,则可以继续使用。

⑥橡胶堆的更换条件:橡胶堆的橡胶和金属件的粘连部裂纹超过6mm;橡胶的裂纹超过30%、深度超过6mm。

❸ 应急弹簧与磨耗板的检修

检修时,对应急弹簧进行外观检查、尺寸检查及性能试验。要求外观无脱胶、裂纹深度不超标、无老化破损;尺寸不超过范围;垂向、水平刚度不超出技术要求,则应急弹簧可继续使用。如果在两层之间出现任何黏着松动、橡胶和金属之间分离、疲劳或变形,应更换应急用弹簧。磨耗板要求无偏磨,尺寸符合要求,否则需更换。

❹ 空气弹簧结构件检修

检修时,需对空气弹簧结构件清洗、检查、探伤、补漆。

❺ 空气弹簧系统附件的检修

(1) 检查高度阀,要求完好、无松动、无损伤。
(2) 检查高度阀联动装置,要求完好、无损伤。高度阀调节杆应垂直,不准倾斜。
(3) 检查垂向及横向止挡、止挡间隙、螺栓、衬垫,应完好、无损伤。

❻ 密封性及刚度检查

(1) 检查空气弹簧橡胶囊与应急弹簧之间的密封,空气弹簧密封无泄漏。
(2) 测试组装后空气弹簧的水平、垂向刚度需符合要求。

三 抗侧滚扭杆的检修

抗侧滚扭杆的作用是抑制车体相对于转向架的侧滚,提高车辆的稳定性和舒适性。抗侧滚扭杆的结构基本相同,由扭杆、支撑座、扭臂、连杆组成,如图4-29所示。

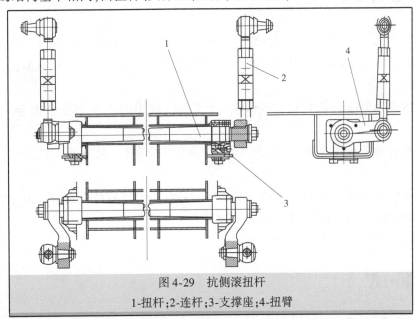

图4-29 抗侧滚扭杆
1-扭杆;2-连杆;3-支撑座;4-扭臂

1 扭杆的检修

抗侧滚扭杆分解后,对扭杆进行清洗,然后进行扭转变形(弹性变形)测量,扭杆变形超标则报废。扭杆是重要的受力部件,最后需要进行电磁探伤检查。

2 支撑座的检修

支撑座包括座体、关节轴承、轴承盖、密封圈、紧固件等。对座体进行外观检查、内孔测量、补漆等检修。关节轴承10年大修更换。对轴承盖进行外观检查、补漆处理。密封圈应在5年架修时更新。

3 扭臂的检修

扭臂也是重要的受力部件,除清洗、油漆外,还需进行探伤检查。

4 连杆的检修

连杆主要由球铰和调节套筒组成。对球铰每5年彻底进行密封和性能检查,对与调节套筒连接的螺纹部分进行检查。对调节套筒进行螺纹检查。

5 组装与记录

对部件进行检修、预组装,并记录。

四 减振器的检修

减振器与弹簧一起构成弹簧减振装置。弹簧主要起缓冲作用,缓和来自轨道的冲击和振动,而减振器的作用是减小、阻止振动。城市轨道交通车辆上采用油压减振器,包括横向与垂向减振器。

(1)减振器为免检修部件,而有些部件又有寿命限制,因此5年架修和10年大修的检修要求不同。

(2)架修时须进行外观检查、示功图测试,橡胶件应完好、无漏油,示功图正常可继续使用。

(3)大修时需全部进行分解、检查、检修,密封件和受力橡胶件应全部更换,并根据技术要求进行性能测试,使减振器恢复到新出厂水平。

(4)对检修好的减振器应记录有关信息。

 **想一想**

一系和二系弹簧的常见损伤主要有哪些?弹性悬挂系统中哪些零部件需要进行探伤

检查?

4.5 中央牵引装置的检修

中央牵引装置是城市轨道交通车辆上连接车体与转向架、传递纵向驱动力与制动力、保证车辆顺利通过曲线的装置。

第一类转向架的中央牵引装置由中心销、中心销座、复合弹簧、下心盘座、牵引拉杆、橡胶套、横向止挡等组成，如图 4-30 所示。

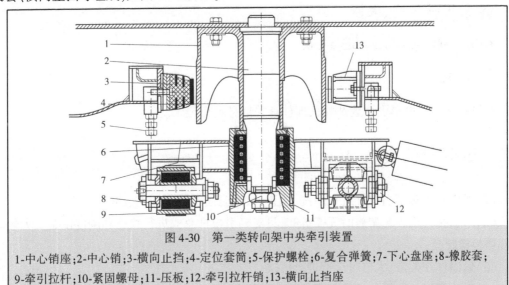

图 4-30 第一类转向架中央牵引装置
1-中心销座；2-中心销；3-横向止挡；4-定位套筒；5-保护螺栓；6-复合弹簧；7-下心盘座；8-橡胶套；9-牵引拉杆；10-紧固螺母；11-压板；12-牵引拉杆销；13-横向止挡座

一 中心销系统的检修

中心销系统中的中心销、销座及下心盘座易出现裂纹、磨损、变形等损伤。

① 中心销的检修

架修与大修时均要对中心销进行清洁、检查并探伤。中心销无变形、裂纹，螺纹无损伤。

② 中心销座的检修

架修与大修时均要对中心销座进行清洁、检查和探伤。中心销座应无裂纹，与横向止挡的接触部位应无严重撞伤及变形。

❸ 复合弹簧的检修

架修时对复合弹簧进行清洁、外观检查、尺寸检查和刚度测量。表面橡胶无损伤、无铁件外露,尺寸和刚度均符合规定的技术要求,可继续使用。大修时全部进行更换。

❹ 下心盘座的检修

架修与大修时均要对下心盘座进行清洗、检查并探伤。对撞击部位的凹坑进行修补并补漆。

❺ 其他结构件的检修

对其他结构件进行清洗、检查,对重要受力部件进行探伤。若无异常,结构件可继续使用。

❻ 紧固件架修、大修

紧固件架修、大修时全部进行更换。

❼ 记录

对检修好的中央牵引装置及相关部件有关信息进行记录。

二 牵引拉杆的检修

(1)架修时需对牵引拉杆进行清洗、检查,大修时还要进行探伤、油漆。

(2)牵引拉杆橡胶套架修时无需拆卸,只对牵引拉杆总成进行检查和刚度试验。大修时全部更换橡胶套。

(3)紧固件在架修、大修时全部进行更换。

(4)对检修好的牵引拉杆及其部件的有关信息进行记录。

三 预组装中央牵引装置

先组装牵引拉杆,并将牵引拉杆与下心盘组装在一起。

四 横向缓冲装置的检修

横向缓冲装置主要是指横向橡胶止挡和横向止挡座,其检修按照橡胶件的要求进行,并进行性能测试。横向止挡座经检查无损伤,一般可继续使用。

 **想一想**

中央牵引装置中哪些零部件容易出现裂纹？如何检查？

4.6 动力驱动系统的检修

动力驱动系统是动车转向架所特有的，为列车提供牵引力与电制动力。动力驱动系统主要由牵引电动机、联轴节、齿轮箱、齿轮箱悬挂装置及动力轮对等组成。图4-31为上海地铁车辆第二类转向架的动力驱动系统。驱动系统中电动机的检修见相关章节，动力轮对中的车轴、车轮的检修上文已作了介绍，这里仅对相关部分进行说明。

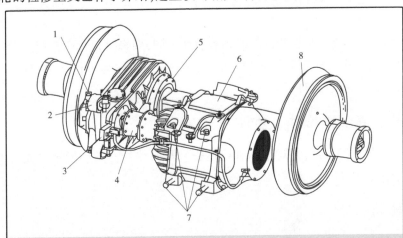

图4-31 第二类转向架的动力驱动系统

1-螺栓；2-齿轮箱吊杆；3-齿轮箱保险块；4-联轴节；5-齿轮箱；6-牵引电动机；7-紧固螺栓；8-轮对

一、联轴节检修

联轴节的作用是传递扭矩，产生牵引力和制动力，同时还具有调整电动机与齿轮轴同轴度的作用。常用的联轴节是机械联轴节，而上海地铁第一类转向架原先的直流驱动系统采用的是橡胶联轴节。因此，在检修时根据需要采用不同的检修工艺和标准。

① 橡胶联轴节的检修

由于橡胶联轴节在列车运行时承受巨大的交变扭矩（尤其在电动机过流时），联轴节易发生疲劳损坏，因此在架修和大修时均要更换橡胶联轴节。同时在低级别修程的检修中应重点检查。

② 机械联轴节

对于机械联轴节，在架修时应进行清洗、检查，更换油脂等；在大修时还应进一步分解联轴节，对零部件进行彻底检查。

③ 检查完毕

检查完毕，两种联轴节均要进行预组装，并登记相关信息。

二、齿轮箱检修

齿轮箱是安装在电动机与轮对之间的减速装置，用于传递牵引力和制动力。齿轮箱及悬挂装置主要包括齿轮箱体、大齿轮、小齿轮、轴承、密封件、紧固件等，有的还有中齿轮。

架修和大修时，两者对齿轮箱的检修内容有所不同，架修时只对齿轮箱进行检查、清洁，更换齿轮箱润滑油，最后进行组装调整即可；大修时需对齿轮箱进行分解，对各部件进行逐项检修，下面是大修时的检修内容。

① 齿轮箱在动力轮对上分解

分解前应先排放润滑油，并对箱体进行检查、清洁、编号，大、小齿轮要成对编号、放置，组装时不得混淆。

② 齿轮箱检修

清洗齿轮箱体，检查油塞、回油孔、透气装置、密封件等，并对密封件进行更换。

检查齿轮箱紧急止挡及螺栓，要求紧急止挡无损伤、无裂纹，螺栓无松动。另外需要注意的是，新装齿轮箱在磨合 2 万 km 时应进行第一次换油。

③ 大齿轮检修

（1）清洁大齿轮上的油污，目测并用模板检查齿轮各齿的磨损情况，不符合技术要求的进行修复，对大齿轮进行探伤。

（2）加热、退火齿轮，加热时间及温度需严格控制。

（3）检查大齿轮内孔尺寸及拉伤情况，对拉毛及擦伤部位进行修复。

(4) 对大齿轮内孔部位进行探伤。
(5) 将完好的大齿轮热套在车轴上。
(6) 对大齿轮进行防锈处理(涂油)。

4 小齿轮检修

(1) 小齿轮一般与小齿轮轴是一个整体,因此也称为小齿轮轴。
(2) 清洗、分解小齿轮轴、轴承、密封件等部位。
(3) 检查小齿轮轴,更换密封件和紧固件。

5 轴承检修

对齿轮箱轴承的检修及更换原则可参考轴箱轴承的检修。

6 组装齿轮箱

(1) 检查、清洁经过检修的大齿轮箱各部件。
(2) 将小齿轮、轴承、密封件等部件组装在齿轮箱体上。
(3) 在齿轮箱分合面上涂密封胶,将齿轮箱体组装在动力轮对上。
(4) 调整各部件,按要求加油。
(5) 对加油孔、透气孔、检查孔等进行密封。
(6) 对组装好的齿轮箱进行磨合试验,检查振动、异声情况。

7 记录

记录齿轮箱检修信息。

三 齿轮箱吊杆检修

1 齿轮箱吊杆的类型

齿轮箱吊杆有多种类型,如可调式吊杆、固定式吊杆、"C"形支座等。虽然结构有多种,但基本上都是由橡胶件(橡胶节点或橡胶堆)和结构件(吊杆或支座)组成。

2 齿轮箱吊杆的作用

齿轮箱吊杆的作用是承受齿轮箱作用于构架的交变荷载,起缓冲作用,同时避免齿轮箱脱落,造成事故。

3 齿轮箱吊杆的检修

(1) 对可调式吊杆,架修、大修时全部更换。

（2）对固定式吊杆，架修时需清洁、检查橡胶件，测试分解吊杆的刚度，符合技术要求的可继续使用；大修时需分解吊杆，对结构件进行探伤，并更换橡胶件。

（3）对"C"形支座的检修可参考固定式吊杆的检修原则。

 想一想

动力驱动系统的常见损伤有哪些？

 复习与思考

1. 试比较上海地铁的三类转向架在一系悬挂、中央牵引装置方面有何不同之处。
2. 转向架落车后需要对哪些尺寸进行测量调整？
3. 转向架台架试验的测试项目主要有哪些？
4. 构架的常见故障有哪些？如何检查？
5. 车轮踏面的损伤形式有哪些？其中踏面擦伤的原因是什么？限度是怎样规定的？
6. 车轮轮缘的损伤形式有哪些？如何检查轮缘厚度？
7. 车轴裂纹产生的主要原因是什么？如何检查？
8. 弹性悬挂系统中哪些零部件需要进行探伤检查？
9. 人字形弹簧的常见损伤有哪些？架修时需要做何检查？
10. 二系悬挂的应急簧如何检修？
11. 动力驱动系统的损伤有哪些？对大齿轮应如何检修？

单元 5

城市轨道交通车辆电动机检修

 教学目标

1. 了解交流电动机的常见故障。
2. 掌握交流电动机的原理结构。
3. 熟悉交流电动机的检修流程。
4. 了解交流电动机的试验项目。

 建议学时

8 学时

列车上使用的电动机按用途可分为牵引电动机及辅助电动机两种。牵引电动机为列车运动提供动力,辅助电动机主要在各通风冷却系统及供气系统中使用。

牵引电动机有许多类型,如直流牵引电动机、交流异步牵引电动机和交流同步牵引电动机等。城市轨道交通车辆应用最广泛的牵引电动机是直流牵引电动机和交流异步牵引电动机。但由于直流电动机必须通过换向器才能工作,除结构较复杂外,它的检修工作量较大,因此直流牵引电动机的发展受到了很大限制。而具有结构简单、牢固、单位功率的体积小、质量轻及制造成本低且检修少等一系列优点的三相异步牵引电动机,在轨道交通车辆上的发展拓展了广阔的运用前景。

一 交流牵引电动机的特点

(1)交流牵引电动机没有转向器,结构简单、可靠性高、维护很少甚至不需要维护。

(2)转子简单而坚固,定子绕组沿圆周均匀分布,又没有转向器工作圆周速度的限制,可选用高转速和高传动比,从而显著减小电动机质量,获得较大的单位质量功率,减小了电动机的体积。

(3)有良好的牵引性能。合理地设计三相交流牵引电动机的调频、调压特性,可以实现大范围的平滑调度,充分满足机车牵引运行的需求。同时又具有防空转的性能,使黏着利用提高。另外,三相交流牵引电动机对瞬时过电压和过电流很不敏感,在起动时能在更长的时间内发出较大的起动力矩。

二 交流电动机的结构

交流异步电动机的结构主要由定子、转子、气隙等组成,如图5-1所示。

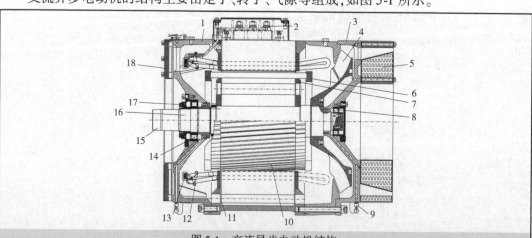

图5-1 交流异步电动机结构

1-端盖DE;2-电动机连接;3-端盖ND;4-风扇;5-消声器;6-短路环;7-压环;8-圆柱形滚动轴承ND;9-润滑油嘴;10-转子;11-定子叠片;12-定子绕组;13-绕组端部连接;14-圆柱形滚动轴承DE;15-斜轴端1:50;16-轴;17-密封圈;18-空气过滤器

交流电动机的定子又是由定子铁芯、定子绕组和机座三部分组成的。定子铁芯的作用是作为电动机的中磁路的一部分和放置定子绕组,一般用导磁性良好的硅钢片叠成。

交流电动机的转子由转子铁芯、转子绕组和转轴组成。转子铁芯的作用也是作为电动机的中磁路的一部分,一般也由硅钢片叠成。铁芯安装在转轴上,转子铁芯上开有槽,以供放置或浇注转子绕组之用。

和其他电动机一样,定子和转子之间有一很小的间隙,称为气隙。异步电动机的特点在于它的气隙很小,气隙大小对异步电动机性能的影响很大。一方面,为了降低电动机的空载电流和提高电动机的功率因数,气隙应尽可能地小;而另一方面,为了装配方便和运行可靠,以及消弱磁场脉振所引起的附加损耗等,气隙稍大是有利的。定子的两端还有端盖。

辅助牵引电动机也是车辆上的重要设备。从气路系统中的空气压缩机电动机,到主要电器设备中的通风电动机以及空调系统中的各类电动机,归纳起来,均起到驱动、冷却和通风的作用,是车辆正常运行不可缺少的设备。

5.1 牵引电动机的故障

异步电动机故障通常可分为电气故障和机械故障两个方面,比较常见的故障如下。

一 跑单相运行

① 原因

主要是线路和电动机引线连接有浮接现象,引起接触电阻大,使连接处逐步氧化而造成断相。

② 表象特征

跑单相运行而烧毁的电动机,其绕组特征是很明显的,拆开电动机端盖,会看到电动机绕组端部的 1/3 或 2/3 的极相烧黑或变为深棕色,而其中的一相或两相绕组完好或微变色,则说明是跑单相运行造成的。

③ 处理方法

采用重绕电动机绕组的方法。

二、匝间短路

① 原因

主要是嵌线质量不高或机械磨损,造成本相绕组中导线绝缘损伤,引起匝间短路。

② 表象特征

在线圈的端部就能够清楚地看到线圈的匝数或整个线圈,甚至一个极相组烧焦,烧焦部分为裸铜线。其他均完好。

③ 处理方法

可局部维修的,换一个线圈或一组线圈即可;不易局部维修的,重绕全部绕组。

三、相间短路

① 原因

主要是端部相间绝缘、双层线圈间绝缘没有垫妥,在电动机受热或受潮时,绝缘性能下降,击穿形成相间短路。也有线圈组间连接套管处理不妥,绝缘材料选用不当等原因。

② 表象特征

在短路处发生了爆断,并熔断了很多导线,附近会有很多熔化的铜屑,其他处均完好无损。

③ 处理方法

重组电动机绕组,并注意相间绝缘要垫妥,选用合适的绝缘材料。

四、接地

① 原因

主要是嵌线质量不高,造成槽口绝缘破损;高温或受潮引起绝缘性能降低;雷击也能引起接地现象。

② 表象特征

用兆欧表测试的电动机绕组与地之间绝缘电阻小于 $1M\Omega$ 以下。

③ 处理方法

从嵌线质量、绝缘材料选用上提高要求。

五 过载

① 原因

主要是电动机端部电压太低；接线不符合要求，Y 形、△形连接不分；机械方面，不注意电动机的使用条件和要求；电动机本身定、转子间气隙过大，鼠笼式转子铝条断裂，重绕时线圈数据与原设计相差太大等都是造成过载的原因。

② 表象特征

三相绕组全部焦黑。

③ 处理方法

重绕电动机绕组后，再找原因，并进行针对性处理。

5.2 牵引电动机的检修

一 吹扫

电动机在分解前应用高压空气对电动机外表面进行吹扫，吹扫应在带有吸尘装置的专用吹扫间内进行。

二 分解

牵引电动机在进行解体前，须将电动机放置在水平的台面上或地面上。解体时，按顺序:速度传感器→排风罩→转子→传动端轴承→非传动端轴承进行拆解。解体中须对各部件编号,必须做到原装原配。

① 速度传感器拆卸

依次取下速度传感器、速度传感器外盖、速度传感器座,对取下的转速传感器及其连接器须防护处理。

② 排风罩拆卸

排风罩整体从电动机本体上拆卸后,再从排风罩拆卸小密封垫、大密封垫。

③ 转子拆卸

拆卸下非传动端轴承座与非传动端盖间的安装螺栓 M10×45;在转子吊起时,拆卸下传动端端盖的安装螺栓 M12×35;在非传动端的轴承座的两处螺孔中安装两个导向螺杆;将转子从定子中取出。

④ 传动端轴承拆卸

利用工装将外油封从转轴上拔出;将端盖连同传动盖轴承从转轴上拔出;拔出轴承内圈和内油封;拆卸下端盖上的轴承外盖,取下密封垫,将传动端轴承从端盖中拔出。

⑤ 非传动端轴承拆卸

拆卸下止动垫片,取下测速齿盘;将轴承座与轴承一同从转子上拔出;拆卸下轴承外盖,将轴承从轴承座中取出。

三 清洗

对电动机内部进行吹扫、清洗、测试和检修。

四 检查和检修

(1)用干燥的压缩空气吹扫转子表面以及铁芯的通风孔等处的灰尘。

(2)转子清洁干净以后,转子表面包括端环、护环的红色表面漆若脱落,须进行表面漆修补。

(3)须对转子进行动平衡试验,动不平衡量 MB-5120-A 型为 1.3g,YJ92A 和 HS34531-06RB 型为 1g。

(4)用干燥的压缩空气吹扫定子表面以及铁芯的通风孔等处的灰尘。

(5)定子内部清洁干净以后,定子内表面包括线圈端部的红色表面漆脱落,需进行表面漆修补。

(6) 定子如采用清洗方式清理，需要烘潮处理。

(7) 两侧铝端盖不能使用碱性清洗剂清洗。

(8) 更换轴承润滑脂。

(9) 充填润滑脂后，电动机需进行磨合运行，确保润滑脂充分进入润滑系统的各部位。

(10) 清洁速度传感器及测速齿盘。

(11) 进风网板和排风罩拆卸后，用干燥的压缩空气吹扫灰尘。

(12) 需更换排风罩密封垫。

五、测量

(1) 测量三相绕组的阻值是否一致，检测绕组状态是否正常。

(2) 测试绕组对地绝缘电阻，检测绕组是否对地击穿。

六、组装

牵引电动机在解体后重新组装时，按顺序：非传动端轴承→传动端轴承→转子→速度传感器→排风罩进行。重新组装时须确认各个部件的受损、损耗程度，并确认各个部件的尘埃已经去除，并按照各部件编号，必须做到原装原配。装配过程应注意合理控制各紧固力矩。

1 非传动端轴承装配

(1) 按照规定，在轴承座、轴承、轴承外盖填充油脂进行润滑。将轴承压进轴承座内。

(2) 装上密封垫圈，装好轴承外盖，注意需要更换新的密封垫圈。

(3) 将组装了轴承的轴承座装入车轴。

(4) 将测速齿盘装入轴端，装好止动垫片，注意需要更换新的止动垫片。

2 传动端轴承装配

(1) 将内油封和轴承内圈套在转轴上。

(2) 按照规定，在端盖、轴承、轴承外盖填充油脂进行润滑。将轴承压进端盖。

(3) 装上密封垫，装好轴承外盖，注意需要更换新的密封垫。

(4) 将组装了轴承的端盖装入转轴。

(5) 将外油封套在转子轴上。

3 转子装配

(1) 将转子平稳装入定子内。

(2)拧紧螺栓。

(3)转子装配完毕后,用手转动转子,确认转子转动灵活,无停滞、无异常声响。

4 速度传感器组装

(1)在非转动端覆盖端面装上速度传感器座。

(2)装上速度传感器和传感器外盖。

5 排风罩安装

(1)装上密封垫,注意需要更换新的密封垫。

(2)最后在电动机传动端装上排风罩。

5.3 牵引电动机的试验

牵引电动机在零部件的检查、调整、组装过程中,为了保证工艺的准确性,增加了许多检查、测量、试验工艺,通过对一些必要参数的严格控制,确保了电动机的检修质量。城市轨道交通车辆的牵引电动机拆卸并重新组装后,必须经过试验检查,以确认电动机是否正常。电动机组装到车辆上后,要按照该类型电动机的技术要求,做一次严格的试验来评定该电动机的检修装配质量及其技术性能。交流牵引电动机的空转试验台和交流牵引电动机试验台分别见图5-2和图5-3,试验项目见表5-1。

图5-2 交流牵引电动机的空转试验台

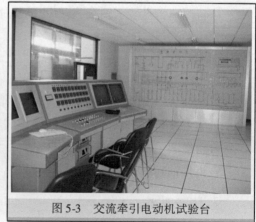

图5-3 交流牵引电动机试验台

试验检查项目　　　　　　　　　　　　　　　　表 5-1

序号	入厂试验项目	出厂试验项目
1	冷态直流电阻测量	冷态直流电阻测量
2	绕组对地绝缘测量	堵转试验
3	轴承对地绝缘测量	磨合试验
4	堵转试验	转速传感器输出波形测量
5	磨合试验	空载试验
6	转速传感器输出波形测量	轴承升温试验（MB-5120-A）
7	空载试验	绕组对地绝缘测量
8		匝间绝缘试验
9		绝缘耐压试验
10		介质损耗试验
11		转子固有频率
12	外观结构检查	外观结构检查

（1）冷态直流电阻测量。测量定子绕组的直流电阻，确认每相绕组的直流电阻值折算到 115℃时，MB-5120-A 型在 0.132～0.160Ω 范围内，YJ92A 和 HS34531-06RB 型在 0.131 4～0.160 6Ω 范围内。

（2）绕组对地绝缘测量。用 1 000V 兆欧表测量定子绕组与定子框架间的绝缘电阻，热态下大于 1MΩ，冷态下大于 3MΩ。

（3）轴承对地绝缘测量。用 500V 兆欧表测量定子框架与转子轴承间的绝缘电阻，冷态下大于 5MΩ。

（4）堵转试验。在定子绕组加以能产生额定电流 106A 的工频电压，确认定子绕组电压，MB-5120-A 型在 145.5～177.9V 范围内，YJ92A 和 HS34531-06RB 型在 141.6～173.0V 范围内。

（5）磨合试验。电动机在通风（风量：20m³/min）状况下加以工频电压，确认电动机转速接近同步转速 1 500r/min，确认从电动机轴伸端方向看电动机以逆时针方向旋转，运行 15min。在达不到同步转速时，调整电压，使其达到同步速度。

（6）转速传感器输出波形测量。该试验在磨合试验过程中进行。速度传感器输入电压 DC12V，确认速度传感器的 A 相、B 相的相位差在 90°±40°的范围内，电压 U_h 大于 8V。

（7）空载试验。电动机在通风（风量：20m³/min）状态下加以代用定额的工频电压 880V，测量电动机电流，MB-5120-A 型在 40.2～49.2A 范围内，YJ92A 和 HS34531-06RB 型在 42.0～51.4A 范围内。

（8）MB-5120-A 型电动机须做轴承升温试验。电动机在通风（风量：20m³/min）状况下电动机由变频电源供电，以转速 1 500r/min 运行 15min，提高转速至 4 140r/min 并运行 15min，提高转速至最高使用转速 6 120r/min，运行 30min。试验过程中，监视、记录两端轴承的温度，确认轴承的升温限制在 55℃，温度不超过 95℃。

（9）匝间绝缘试验。定子匝间绝缘试验采用脉冲耐压的方法。定子每相绕组应能承受幅值 4 300V 的脉冲电压，历时 3s 而不发生匝间击穿。

(10)绝缘耐压试验。定子绕组与定子框架间加以工频交流电压4 000V,历时1min,确认无异常。

(11)介质损耗试验。按照出厂试验的介质损耗试验要求,测量并记录定子绕组在各电压下的介质损耗,确认1 000V下的 tanδ 小于5%, tanδ 大于10%重新浸漆, tanδ 位于5% ~ 10%时定子进行烘焙去潮。

(12)测量转子的固有振动频率,确认固有振动频率大于1 320Hz。

(13)外观结构检查。各部件的安装应与图纸要求相符;电线、轴、机加工面等不得有损伤、生锈等,铭牌的记载事项不得有错误;电动机表面漆状态良好;结构、尺寸、材料、完工状态无异常。

(14)电动机重新组装后,对油漆脱落的地方进行油漆修补。

知识链接

牵引电动机主要技术参数如下:

额定电压	1 050V
额定电流	133A
额定功率	190kW
额定转速	1 800r/min
额定频率	61Hz
额定转差率	1.3%
额定工作点效率	91.5%
功率因素 $\cos\phi$	0.85

复习与思考

1. 分析异步电动机匝间短路的主要原因及处理方法。
2. 分析异步电动机接地故障的主要原因及处理方法。
3. 异步电动机常规检修的内容有哪些?

单元 6

城市轨道交通车辆电器检修

 教学要求

1. 了解城市轨道交通车辆牵引系统的组成。
2. 掌握城市轨道交通车辆电器的工作原理。
3. 熟悉城市轨道交通车辆电器检修的工艺。

 建议学时

14 学时

城市轨道交通车辆牵引系统通常由受电弓、牵引变压器、牵引变流器及牵引电动机组成。受电弓通过电网接入1 500V的高压交流电,输送给牵引变压器,降压成750V的交流电。降压后的交流电再输入牵引变交流器,通过一系列的处理,变成电压和频率均可控制的三相交流电,输送给牵引电动机,通过电动机的转动而牵引整个列车。牵引电器性能的优劣直接影响城市轨道交通车辆的运行情况。在运行的城市轨道交通车辆中,由于其内部的空间极其有限,因而城市轨道交通车辆电器的工作条件相当恶劣;但又必须保证城市轨道交通车辆电器具有最大的可靠性。因为任何一个电器的损坏或者误动作都可能导致城市轨道交通车辆运行中断,甚至可能发生严重的伤亡事故。所以城市轨道交通车辆电器的检修具有重大意义。

6.1 受流设备的检修

受流设备是列车将外部电源引入车辆电源系统的重要设备。从接触导线(接触网)或导电轨(第三轨)将电流引入动车的装置称为受流装置或受流器。受流装置按其受流方式可分为杆形受流器、弓形受流器、侧面受流器、轨道式受流器和受电弓受流器。根据线路供电方式的不同,列车受流设备分为集电靴及受电弓两种形式。集电靴装置应用于第三轨方式供电线路,而受电弓装置主要应用于接触网方式供电的线路。受电弓从结构上可分为单臂型和双臂型两种形式,在驱动上可分为气动型及电动型。

车间电源是列车辅助的受流设备,主要应用于列车在检修库内整车调试或部分设备需有电检查时使用。外部电源通过电缆插头与列车车间电源插座相连,供电给列车电源系统。考虑到安全原因,车间电源与列车主受流设备之间是相互联锁的,不能同时向列车供电。车间电源只向列车辅助系统供电,一般通过隔离二极管或接触器与列车主要电路隔离。

此外车顶还应该安装避雷器,以防止在雷雨季节列车在露天线路上行驶时遭到雷击,对受电系统及列车安全造成威胁。

这里主要介绍单臂气动受电弓、车间电源与避雷器的检修。

一 受电弓检修

受电弓是从接触网向整个列车电气系统供电以及消耗再生制动系统释放的制动能量的必要部件。受电弓在刚性接触网和柔性接触网的线路上均能适用,能够保证在各种轨道和速度下与接触网具有良好的接触状态和接触稳定性,在整个车辆速度范围内,受电弓有良好的动力学特性。同时设置有机械止挡,可以限制受电弓在无接触网区段上的垂直运动。在工作高度范围内下降运动都可以迅速开始,即降弓时有明显的迅速下降和平稳下降两个阶段。

如图6-1所示,受电弓一般安装在A车上,也有安装在B车上的情况。受电弓安装位置一般都是根据列车整车的设计来确定的。

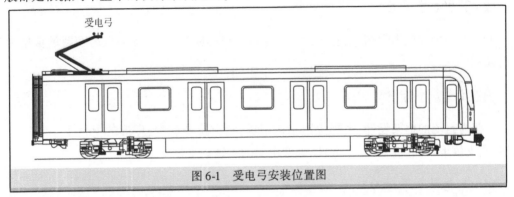

图6-1 受电弓安装位置图

(一)受电弓典型结构和主要部件

图6-2所示为受电弓的主要部件组成,以下对几个关键部件进行说明。

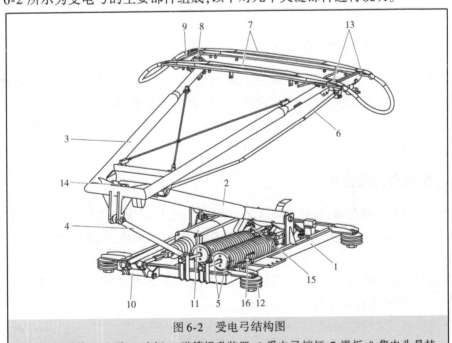

图6-2 受电弓结构图

1-底架;2-下臂;3-上臂;4-连杆;5-弹簧提升装置;6-受电弓挡杆;7-滑板;8-集电头悬挂;9-集电头;10-降弓装置;11-升降弓装置气缸;12-支撑绝缘子;13-电流连接装置,集电头;14-电流连接装置,关节;15-电流连接器,底架;16-维修截断塞门

① **底架(序号1)**

底架安装在车顶，它由方形的中空管、角钢及板的焊接构件组成，它作为下臂的支撑装置，包括轴承、下导杆的轴承滑轮、拉伸弹簧的悬挂及气压升弓传动装置，主要的电器连接位于底架后部的镀铜部件。

② **下臂(序号2)**

下臂由一个焊接钢管构成，它包括中心连接支撑的所有部分，支撑点由密封的重型旋转头组成。

③ **上臂(序号3)**

上臂为封闭的框架设计，由焊接铝结构组成，它由拉伸型管、环形的上臂十字管和上臂连接，它支撑下臂的旋转头和下导杆，框架由斜的不锈钢支柱支撑。

④ **集电头(序号9)**

集电头又称弓头，是框架上的受电弓零件。它是直接与上部接触网相接触的零件。弓头的重量与受电弓框架相比较小，接触滑板安装在簧片上，弓头用枢轴安装在上臂的上部。弓头通过上部导向杆导向。

⑤ **升降弓装置气缸(序号11)**

受电弓的气压升弓传动装置由"弹簧式蓄能器缸"、"活塞"、"带有控制杆的活塞杆"及"带阀的风管"组成，气压升弓传动装置的作用是需要时将受电弓从最低位置提升到上部接触网，它通过允许压缩空气进入弹簧式蓄能器缸来完成。压缩空气使活塞在弹簧式蓄能器中移动，受电弓的主要拉伸弹簧松开，使受电弓升高。

(二)受电弓拆装程序

由于受电弓安装在车顶，并且安装区域是开放式的，所以受电弓的工作环境相当恶劣。因此，日常检修作业中，受电弓是需要重点检查的部件之一。同时，每隔五年，应对受电弓进行一次大修。

将受电弓从车顶拆卸下之前，应该使用固定挂钩将上部支撑固定在底部框架上。落车后，需要一专用平台来检修受电弓。

在分解受电弓之前应松开张力弹簧，然后依次拆除电桥连线、集电头、上部撑杆、下部撑杆以及驱动气缸。组装按相反的顺序进行。受电弓示意图见图6-3。

① **拆卸步骤**

(1)松开受电弓构架与车顶四根1 500V电缆连接螺钉M16×40(原扭矩120N·m)。

(2) 松开避雷器上连接导线螺母 M10（原最大扭矩 20N·m）。

(3) 松开降弓风缸进风软管与车顶管路连接处管接头。

(4) 用安全带固定好受电弓，并用天车稍微向上提起。

(5) 松开构架与四个绝缘子处连接螺钉 M16×60（原扭矩 120N·m）。

(6) 水平吊起受电弓放至小车，将其送至受电弓间。

(7) 松开避雷器三个连接螺钉 M10×35 以及避雷器接地线螺钉 M10×20，将避雷器送电子间做耐压试验。

(8) 松开绝缘子与车顶四个连接螺钉 M20×45（原扭矩 180N·m），将绝缘子送电子间做绝缘试验。

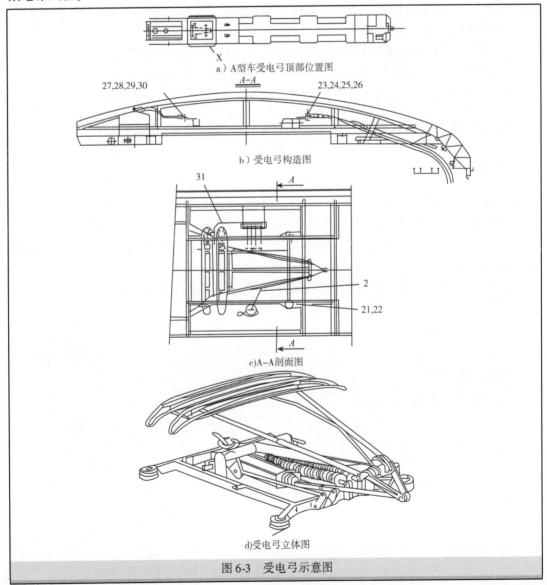

图 6-3　受电弓示意图

2 安装步骤

(1) 将四个已做绝缘测试的绝缘子用螺钉 M20×45、垫圈和弹性垫片安装在车顶,扭矩 180N·m。

(2) 将已完成耐压试验的避雷器用螺钉 M10×35、螺母 M10、垫圈和弹性垫片安装在车顶,并用螺钉 M10×20、垫圈和弹性垫片紧固避雷器接地线。

(3) 水平吊起受电弓至车顶,并与四个绝缘子对齐。

(4) 用连接螺钉 M16×60 和弹簧垫片 16 紧固构架在绝缘子上,扭矩 120N·m。

(5) 注意:必须保证构架水平安装,无变形,并且要保证受电弓下臂绝对水平,以便受电弓能垂直升降。如果需要,可以在四个绝缘子处加垫片。

(6) 松开安全带,并移开天车。

(7) 用螺钉 M16X40、螺母 M16、垫圈和弹性垫片连接构架与车顶电缆线,扭矩 120N·m;

(8) 用螺母 M10、垫圈和弹性垫片连接避雷器和连接导线,最大扭矩 20N·m。

(9) 将降弓风缸进风软管与车顶管路连接好,确保进风软管没有被扭曲。

(三) 受电弓检修工艺

1 分解程序

(1) 松开所有接地铜软线。

(2) 松开主拉力弹簧锁紧螺母,逆时针拧主拉力弹簧调整螺钉,使弹簧处于完全放松状态。

(3) 松开降弓风缸活塞杆处双头螺套两端螺母,顺时针转动双头螺套,直至降弓风缸和降弓连杆分离。

(4) 松开连接杆两端与基座和上臂连接螺钉,取下连接杆(图6-4)。

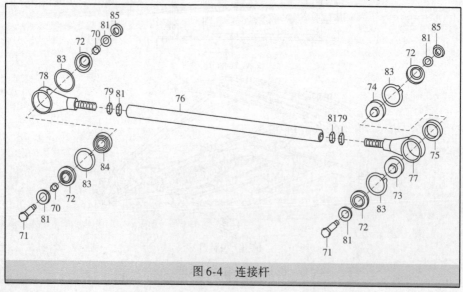

图6-4 连接杆

(5)松开上臂与下臂之间连接螺钉,移走上臂(图6-5)及引导杆、弓头等。

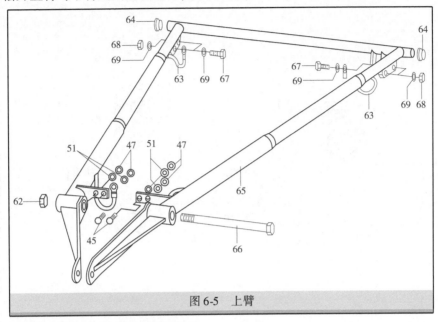

图6-5 上臂

(6)松开降弓连杆与基座连接处螺钉。

(7)松开下臂与基座连接螺钉,移走下臂(图6-6)。

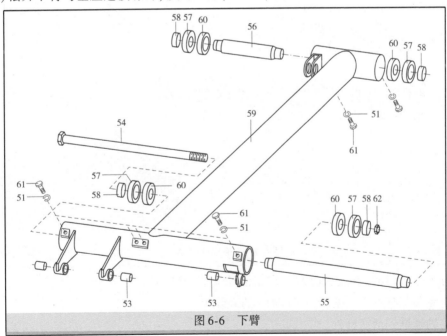

图6-6 下臂

(8)松开降弓风缸与基座四颗连接螺钉,拆下降弓风缸。

(9)从上臂拆下引导杆。

(10)从上臂拆下弓头及羊角。

(11)分解降弓风缸(图6-7)。

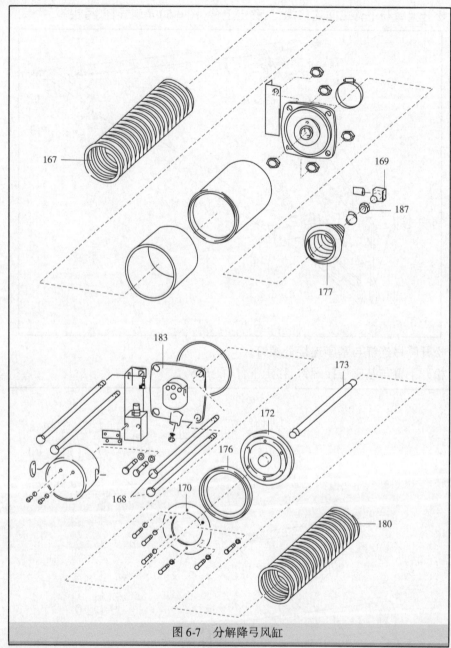

图6-7 分解降弓风缸

① 分解螺母(187)和皮套(177),取出活动关节头(169)。
② 将专用工具拧在活塞杆(173)M16 的螺纹上。
③ 将轴套推到活塞杆外。
④ 旋紧保持螺母,对压缩弹簧(167 和 180)施加荷载。
⑤ 拧下4个带弹簧垫圈的 M12 螺母,抽出螺栓(168)。
⑥ 拧松并取出专用工具上的螺母,使压缩弹簧卸载。

切记:确保不能使专用工具杆从活塞杆上拧断。

⑦取下降弓风缸端盖(183)。

⑧取出活塞杆(173)、活塞(172)、皮圈(176)、压力环(170)和两个压缩弹簧(167和180)。

(12)分解快速降弓阀(图6-8)。

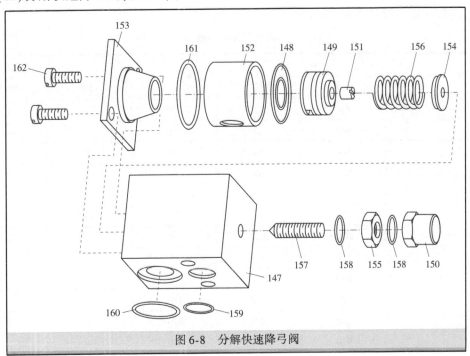

图6-8 分解快速降弓阀

2 清洁程序

(1)用清水和中性清洗剂清洗所有零部件,去除积垢和残脂。

(2)对于损坏的橡胶密封件,不必清洗,全部更换。

(3)下臂上的四个深槽球轴承用轴承清洗剂清洗并烘干。

3 检查程序

(1)目测检查上臂、下臂、连接杆、引导杆、基座、弓头、羊角、主拉力弹簧、橡胶元件等是否有变形、裂纹、破损。

(2)检查四个深槽球轴承是否有锈蚀,轻微生锈可以用细砂纸轻轻打磨,若锈蚀严重则更换该轴承。

(3)检查降弓风缸表面是否有裂纹、碰伤,缸内壁有无擦伤,活塞杆有无变形,弹簧有无扭曲变形。

4 组装程序

(1)组装快速降弓阀,橡胶密封圈用 Fuchs Renolit HLT2 润滑。

（2）按分解降弓风缸相反步骤组装，内部橡胶密封圈用 Fuchs Renolit HLT2 润滑，活塞杆用 Shell Albida EP2 润滑。

（3）按受电弓分解相反步骤组装，四个深槽球轴承用 Shell Alvania RL3 润滑。

（4）更换四根新碳滑板。

组装部件扭力值见表6-1。

组装部件扭矩值　　　　　　　　　表6-1

位置	螺钉		扭矩(N·m)	扳手	
	尺寸	材料		尺寸	数量
绝缘子	M16	A2	120	24	1
	M20	A2	180	30	2
基座	M6	A2	6	10	2
	M10	A2	30	17	2
	M16	A2	120	24	1
下臂	M10	A2	15	13	2
	M20	St37	180	30	2
上臂	M8	A2	15	13	2
	M10	A2	30	17	2
	M20	St37	180	30	2
连接杆	M16	A2	120	24	2
	M20	St37	120	30	2
普通支承装置	M10	A2	30	17	2
主拉力弹簧装置	M12	A2	50	19	1
弹簧装置	M16	A2	120	24	1
	M16		不定的	24棘轮	1
导向止动杆	M8	A2	15	13	2
	M12	St37	25	19+20	1+1
弓头	M5	A2	5	8	2
碳滑板螺钉	M8	A2	8	13	1
	M8	A2	15	13	1
	M10	5.8	25	17	2
降弓连接杆	M16	St37	120	24	2
降弓风缸	M5	A2	5	8	1
	M8	5.8	15	13	2
	M12	St37	25	19	2
	M16	A2	120	24	2
快速降弓阀	M5	A2	5	4六角套筒	1
调整	M8	A2	不定的	4六角套筒	1

5 调试程序

在受电弓试验台上进行如下初步调整。

(1) 接入压缩空气,检查降弓风缸气密性,进气压力 7.5~9bar 时无泄漏。

(2) 检查受电弓运动情况,工作灵活无卡滞,弓头应基本保持水平状态上升,否则应调整。

(3) 调节升、降弓时间。

①升弓时间:6~10s。

②降弓时间:约5s。

配合接触网调整:调节升、降弓时间。

①升弓时间:6~10s。

②降弓时间:约5s。

用测力计测量受电弓静止接触压力,应为 120N±10N,若在公差范围外,可调整主弹簧。

二 碳滑靴式受流器检修

集电靴的功能与受电弓类似,集电靴安装在转向架上(图6-9),也是通过相关的气路来完成接触部分的升降动作。碳滑靴式受流器应用于第三轨方式供电的线路。

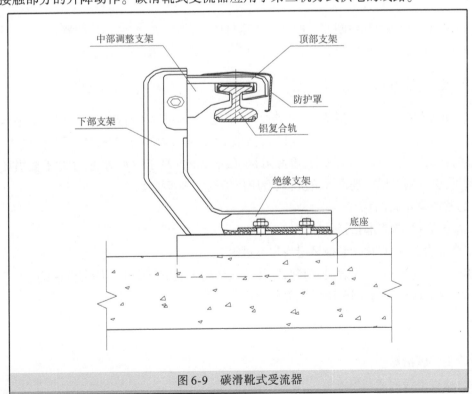

图 6-9 碳滑靴式受流器

天津地铁就是采用了此种供电方式,供电电压为750V直流,速度为80km/h。受流器由一个主体和一个机构组成,该机构能使碳滑靴保持与第三轨相接触,主要由两个弹簧和两个弹性轴承控制,并使正常工作位置的接触压力为120N±24N。每个受流器安装有两个750V、400V的熔断器,有两条95mm²的电缆线连接在碳滑靴和熔断器之间。

受流器可以回位和锁定。

虽然同一列车上使用受流器的定义和功能都相同,但受流器之间不能互换使用,一个确定的受流器位置是由不同的参数设置的。

天津地铁有8个动车受流器和4个拖车受流器。正常工作时,12个受流器供电。

(一)碳滑靴式受流器故障检测

在使用过程中,一旦发现受流器异常,一定要严格按照有关检测程序进行检测。受流器引起的故障主要有以下三类:分别由主电路中无电流检测程序、碳滑靴和供电轨之间有火花和电弧产生时检测程序、碳滑靴连接线烧损检测程序检测。

(二)碳滑靴式受流器检修维护

在对受流器进行检修时,必须首先对电路进行断电处理。

1 受流器日检

(1)观测熔断器。在熔断器上的红色指示灯应亮,如不亮,应更换熔断器。

(2)检查碳滑靴所处的位置是否正确。1个碳滑靴、4个螺母和4个垫圈应齐全。

2 受流器月检

(1)受流器清洗。受流器清洗可以拆卸下来进行,也可以不拆卸就在转向架上进行。

清洗产品时,应使用pH值为7~10的溶液清洗;溶液内不能有磨损物质和导电物质;清洗产品时必须断电,可用人工清洗,也可用600kPa以下的高压喷水清洗,注意不要损坏熔断器的盒子;也可用专用清洗设备清洗;最后用压缩空气进行干燥。

(2)检查碳滑靴的状态。

①滑靴磨损:检查磨损指示标记。

②滑靴状态:检查化学磨损量应均匀不过限。

③可接受的缺陷:有无裂缝、断裂、气孔以及任何可能危害保护熔断器的缺陷。

④需要更换滑靴的缺陷:碳滑靴部分损坏或丢失。

3 受流器5万km检查与更换

(1)更换碳滑靴。

(2)检查绝缘底座与绝缘盖。

①检查整体状态:有无裂纹、断裂、气孔及任何可能危害保护熔断器的缺陷。

②更换有缺陷的部件。

❹ 受流器半年检或 10 万 km 检查

(1)检查受流器的整体状态。
①检查整体状态:有无裂纹、断裂、气孔及任何可能危害熔断器保护的缺陷。
②更换有缺陷的部件。
③检查碳滑靴的位置是否正确。
(2)电缆线检查。
①检查电缆线的整个长度,确保整个绝缘保护层没有破损、裂纹及其他缺陷和损坏。
②检查绝缘套有无松动。
(3)检查限位螺钉 1 和 2 的位置是否正确以及是否磨损。
限位螺丝钉有以下缺陷需更换:毁坏、丢失、橡皮头老化或部分损坏。

❺ 受流器两年或 25 万 km 检查

(1)检查绝缘性。作此项检查以前,整体部件必须进行清洗和干燥,此项检查受流器在转向架上进行。
①在断电位置回退受流器。
②断开受流器外部的电缆线(连接熔断器盒到碳滑靴的电缆必须保持在原来位置)。
③连接兆欧表一端到滑靴上,另一端连接到转向架上。
④兆欧表设置到最小 500V 的位置上。在兆欧表上显示的电阻读数应该大于或等于 100MΩ,否则应检查绝缘盖的转台是否良好。
(2)检查锁紧力矩。使用扭力扳手,按有关技术要求所规定的力矩检查锁紧力矩。
(3)检查接触压力。受流器在正常位置的接触压力,可以在车辆上进行检查。为了检查更精确,也可以在维修车间进行。
①将碳滑靴放在正常工作位置上(140mm),将测力表放在碳滑靴轴线上,轻轻放松滑靴,测量接触压力。
②使用新碳滑靴时,按照 140mm 的规定高度进行测量。
③使用旧碳滑靴时,取决于磨损量,测力表放置的最大高度不得超过 140mm + 20.6mm。
④测量值必须在 120N ± 24N 范围内,否则应检查弹簧以及弹性轴承。
(4)检查滑靴位置范围。对应正常工作位置 140mm 的高度应是导轨的高度或支撑轨的高度,自由位置应该在正常工作位置以下 30mm 处;回退位置在正常工作位置以上 55mm 处。否则应检查限位螺丝钉的状态或按有关规定调节限位螺钉。

❻ 受流器每 5 年或 50 万 km 要进行的更换

(1)更换限位螺钉。

(2)更换电缆线。
(3)更换弹性轴承。
(4)更换弹簧。
(5)更换绝缘盖的密封垫。

三 车间电源检修

车间电源系统由电源插座盖、电源插座、熔断器、接触器及隔离二极管组成。车间电源系统一般安装在密闭的箱体内,所以检修周期间隔可以长一些。

1 车间电源插座及插座盖检修

对于插座及插座盖,主要检查接插件是否有损坏、过热或腐蚀现象,特别要注意端部连接处。

2 隔离二极管检修

将隔离二极管拆卸后,检查二极管电气特性,同时清洁二极管的散热片。在安装散热片时,接触面上应涂上一层薄薄的凡士林。

四 避雷器检修

避雷器检修通常由火花间隙和非线性电阻两部分组成。在正常电压下火花间隙是不会击穿的,只有出现过电压时火花间隙才会击穿,过电压幅值越高火花间隙击穿得越快。

避雷器为整体封装结构,检修时不作解体检查。

在作业中主要对避雷器的以下几个方面进行检查。

1 外观检查

(1)检查避雷器有无损坏的地方,特别是坑洼、破裂等现象。
(2)检查避雷器上有无污染物质,如有且聚集明显,请用纯棉布擦拭干净,在用100%工业酒精擦洗,检查与擦拭时请务必小心避雷器的接地一端,接地端子容易损坏且与瓷绝缘子底部的压力释放隔膜相连,安装、拆卸与擦拭时必须小心谨慎,不要松动瓷绝缘子底部的四个螺母。

2 测量绝缘电阻

测量绝缘电阻时使用500V/200MΩ挡,标准的绝缘电阻应在100MΩ以上。如果测量表显示无穷大,则可在记录表上填写:200MΩ,说明该避雷器绝缘值符合技术要求。

③ 测试避雷器过电压功能

测试避雷器过电压功能是否正常。

④ 检查验收

检查确定所有的安装螺母和插头无松动、无裂纹,并打上明显的防松动标记。

⑤ 记录

以上项目检修完毕,符合规定要求后,签名并确认作业编号,将已处理及未处理的故障填入相应的记录表并签名。

6.2 牵引及控制系统检修

列车牵引及控制系统控制列车电动机工作,为列车提供所需驱动力及制动力。一套牵引及控制系统主要由高速断路器、主电路、变流设备(牵引逆变器)及其控制单元、制动电阻等部件组成。

一、高速断路器检修

(一)高速断路器简介

在列车牵引系统的电路出现严重干扰的情况下(如过电流、逆变器故障或线路短路),高速断路器(HSCB)能够将各牵引设备从受电弓线路上安全断开。每台 VVVF 逆变器都通过高速断路器(HSCB)连接到接触网上。有些牵引系统在高速断路器(HSCB)和受电弓之间还设置了闸刀开关(KS),必要时(例如检修)可以把高速断路器(HSCB)和受电弓的高压线断开,并用闸刀开关(KS)设置为接地。

① 高速断路器典型结构和主要部件

如图 6-10 所示,高速断路器(HSCB)由五个设计为单独安装的、功能不同的部件组成,即:主电路(序号1),脱扣装置(序号2),闭合装置(序号3),辅助触点(序号4),灭弧罩(序号5)。

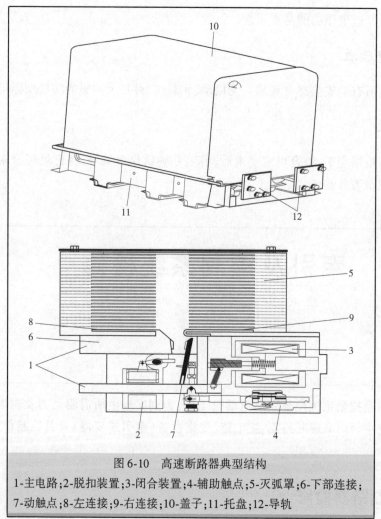

图6-10 高速断路器典型结构
1-主电路;2-脱扣装置;3-闭合装置;4-辅助触点;5-灭弧罩;6-下部连接;
7-动触点;8-左连接;9-右连接;10-盖子;11-托盘;12-导轨

(1) 主电路

如图6-11所示,主电路(图6-10中序号1)组装在一个由刚性的玻璃纤维强化聚酯制成的构架(序号4)上,它由带有动触点(序号2)的下部连接(序号3)和作为定触点的上部连接(序号1)组成。主电路的闭合是由闭合装置(图6-10中序号3)控制的。动触点(序号2)通过叉杆压靠在上部连接(序号1)。上部连接和动触点的接触表面由银合金制成。

(2) 脱扣装置

脱扣装置(图6-10中序号2)为环状,被绕放在下部连接。如图6-12所示。脱扣装置由一组封装在脱扣盒(序号4)中的板子(序号3)组成,用脱扣装置盖板(序号5)进行封闭。如此形成的磁路由移动磁铁(序号2)完成闭合,移动磁铁(序号2)激活由左弹簧(序号6)和右弹簧(序号7)夹持的杠杆(序号1)完成,左右两个弹簧的可调节力可以将脱扣装置调整到要求的反应阈值。

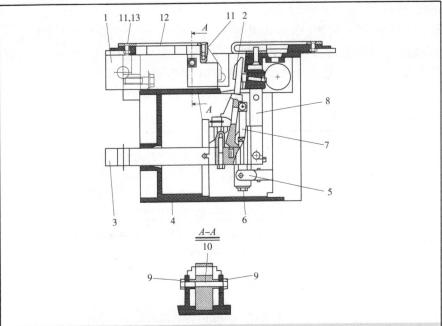

图 6-11 主电路结构
1-上部连接;2-动触点;3-下部连接;4-构架;5-叉杆;6-销座;7-导向组件;8-连接;9-防护扭矩螺母(8N·m);10-双头螺栓;11-沉头螺钉(3.5N·m);12-左连接;13-螺母

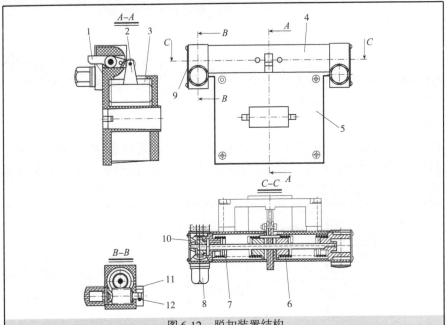

图 6-12 脱扣装置结构
1-杠杆;2-移动磁铁;3-板组;4-脱扣盒;5-脱扣装置盖;6-左弹簧;7-右弹簧;8-旋钮;9-前刻度板;10-脱扣指示器;11-紧固件;12-锁紧螺钉

(3) 闭合装置

如图 6-13 所示,闭合装置(图 6-10 中序号 3)由一个包含闭合线圈(序号 4)的磁路组成。该磁路包括一个固定部分和一个移动部分。固定部分包括气缸(序号 10)、前盖板(序号 3)和后盖板(序号 6)。移动部分包括 MVQ 环(序号 11)、触点压力弹簧(序号 8)和安装有叉杆(序号 1)的闭合杆(序号 2)。闭合线圈(序号 4)和磁路组件被安装在闭合装置盒(序号 7)内,由闭合装置的盖板(序号 9)封闭。

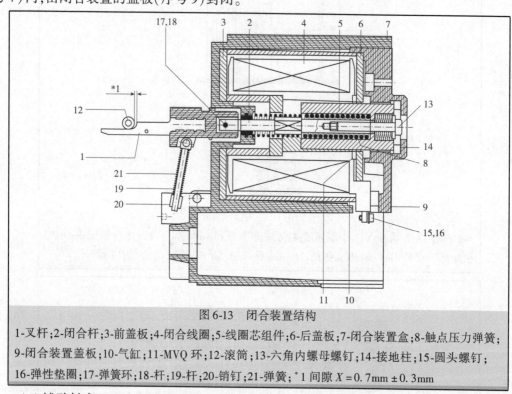

图 6-13　闭合装置结构

1-叉杆;2-闭合杆;3-前盖板;4-闭合线圈;5-线圈芯组件;6-后盖板;7-闭合装置盒;8-触点压力弹簧;9-闭合装置盖板;10-气缸;11-MVQ 环;12-滚筒;13-六角内螺母螺钉;14-接地柱;15-圆头螺钉;16-弹性垫圈;17-弹簧环;18-杆;19-杆;20-销钉;21-弹簧;*1 间隙 $X = 0.7 \text{mm} \pm 0.3 \text{mm}$

(4) 辅助触点

如图 6-14 所示,辅助触点(图 6-10 中序号 4)由安装在附件盒(序号 3)上的六个双触点开关(序号 1)构成。开关(序号 1)是由杠杆(序号 2)激活,由动触点通过导向组件进行控制,它由销座叉杆和销钉组成。

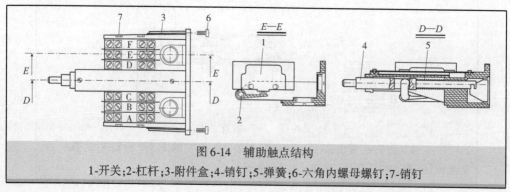

图 6-14　辅助触点结构

1-开关;2-杠杆;3-附件盒;4-销钉;5-弹簧;6-六角内螺母螺钉;7-销钉

(5)灭弧罩

如图6-15所示,灭弧罩(图6-10中序号5)由一组抗电弧绝缘板[去离子器(序号4)]和金属板[上变流装置(序号1)和变流装置(序号6)]组成。上面的一组板是由顶板(序号2)封闭的,并用螺纹杆(序号3)安装到灭弧罩板(序号5)上。

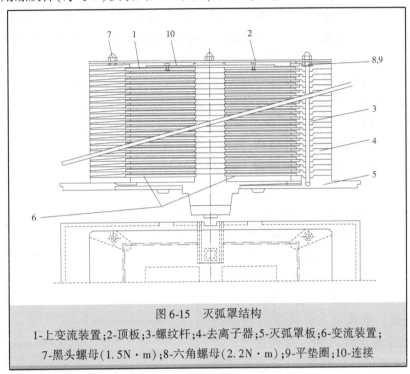

图6-15 灭弧罩结构
1-上变流装置;2-顶板;3-螺纹杆;4-去离子器;5-灭弧罩板;6-变流装置;
7-黑头螺母(1.5N·m);8-六角螺母(2.2N·m);9-平垫圈;10-连接

2 高速断路器原理

HSCB是一个单极型直流(DC)断路器,双向电磁控制,采用自然冷却。发生过电流(短路、过载或故障)后,HSCB能够迅速作出反应,它适合保护直流设备。

高速断路器(HSCB)设计用于在探测到过电流以后迅速作出反应,并且在电弧持续期间通过一个直接的恒定过电压立即灭弧。

高速断路器(HSCB)具有以下特点:

(1)与地之间的绝缘等级高。

(2)断路能力高。

(3)对气候条件不敏感。

(4)尺寸较小。

HSCB控制信号经过列车线传输到高速断路器。有的列车是先传输到车辆控制单元VCU,只有获得VCU的认可才能够接通HSCB。由于使用寿命的原因,驾驶员在某个时间段中不能随意开关或频繁开关HSCB,列车对HSCB闭合次数的限制功能有的列车是通过相应的时间继电器来实现,有些列车是通过列车VCU软件来实现限制性的控制。

HSCB 的闭合动作(图6-16):动触点的关闭是由叉杆提供的,叉杆与关闭设备集成在一起。在列车发出 HSCB 闭合指令后,列车会向闭合线圈输送一个电流脉冲。由此产生的磁场可吸引与叉杆一体的移动线圈芯。在其移动过程中,线圈芯压缩一个触点压力弹簧而产生触点压力。该装置由吸持电流保持闭合。为此,HSCB 有一个闭合电路,确保在电流脉冲发出 HSCB 闭合后,一个电阻被接入电路,以便确保把 HSCB 闭合线圈电流限制在闭合电流的5%,实现 HSCB 闭合时有一个大的电流,同时在闭合后用一个较小的电流来保持吸合状态。

HSCB 脱扣由故障电流控制,一旦发生过电流(短路、过载或故障),由主电路形成的线圈产生一个磁场,使得磁铁向上移动,通过杠杆下压叉杆从而释放动触点。过电流反应阈值从 1 200A 到 2 000A 可调。调整是通过旋钮来完成的,调整以后的数值可从与脱扣指示器位置相对应的刻度板上读出。如果主电路断开,当断路器加压时,在上连接和动触点之间产生的电弧被主电路生成的自动灭弧系统迅速推入灭弧罩。当动触点被移开时,就可以拉出一道电弧,桥接右连接与左连接。电弧进入灭弧罩以后被分离,并且留在变流装置之间一直到熄灭。产生的气体在去离子器之间逸出,从灭弧罩的四周消散。

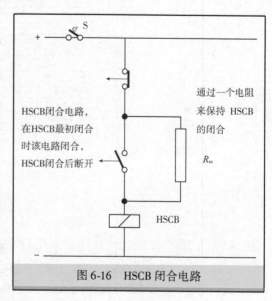

图6-16 HSCB 闭合电路

3 高速断路器典型技术参数

以下以某地铁列车的高速断路器为例来说明该部件应有的技术参数。

(1)一般的技术参数

额定工作电流	560A
电流设置范围	1.2~2.4kA
开断电流	3.7kA
线圈电压	DC110V
电弧峰值电压	DC4kV
开断时间	40ms

(2)机械反应时间(图6-17)

机械反应时间是从电流达到脱扣值的时刻到主触点断开的时间。该时间会随着电流上升速度(di/dt)函数而变化。

例如:机械反应时间(T_m)3ms,电流上升速度为 2×10^6A/s。

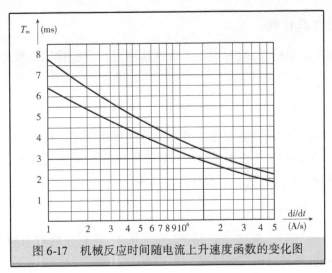

图 6-17 机械反应时间随电流上升速度函数的变化图

(3) 断路特征

断路特征如图 6-18 所示。

开断能力　　$I_{cc}=30\text{kA};\tau=15\text{ms}$

U_{do}　　　　$1\,000\text{V}$

I_{ds}　　　　$2\,000\text{A}$

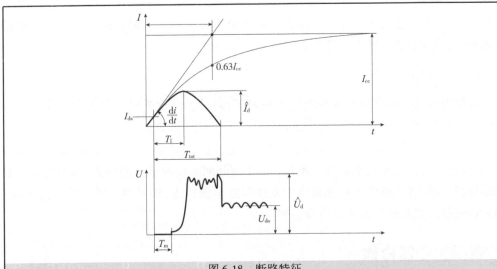

图 6-18 断路特征

I_{cc}-稳态短路电流；U_{do}-恢复电压；T_{tot}-总开断时间；I_{ds}-过电流释放的电流设置；$\hat{U}_d$-最高电弧电压；τ-短路时间常数；di/dt-电流升高的初始速率；T_m-机械反应时间；$\hat{I}_d$-开断电流；T_l-极限时间

4 高速断路器关键点

高速断路器是牵引系统的重要保护设备，在日常的维护中要检查 HSCB 主触头的接触状态。检查没有烧灼的痕迹，必须确保 HSCB 清洁。在出现因过流造成 HSCB 断开的情况后，需要对 HSCB 进行详细检查，确保 HSCB 没有出现烧损。

(二) 高速断路器检修

高速断路器需要定期检查,检查周期可根据接通或断开操作工作量来定。高速断路器的检修内容如下。

① 合闸装置检查

测量螺管线圈的阻值,若阻值与标称值不相符应更换线圈。检查线圈与铁芯之间是否有喷擦痕迹,检查铁芯是否动作自如。对机械联锁机构进行润滑,正常情况下润滑能延长高速开关寿命,润滑脂应是专用油脂,不准有其他油脂。

② 动、静触点检查

检查动、静触点的"熔化"程度,如"熔化"程度厉害,应更换触点。触点应成对更换,更换完毕后还应检查动、静接触面接触情况。

③ 接线端检查

清洁、打磨主要线端及电缆的接触面,使两接触面的接触保持密贴,防止接触电阻增大而损坏电缆及主接线端。

④ 灭弧罩检查

将灭弧罩分解,检查灭弧栅片的情况。对于烧灼厉害的灭弧栅片应更换。在灭弧栅片组装过程中,应注意栅片的安装角度。

⑤ 辅助开关检查

检查辅助开关时应测量开关触点的接触阻值,同时还需检查机械部件的工作情况。此外,在高速开关使用到一定期限时,应更换机构内所有底色弹簧部件。

高速开关检修完成后,应对过载跳闸装置整定值进行调整。通过外接电源模拟过载电流,检查高速开关是否能在整定值处断开。对于短路跳闸装置定值的检查,由于普通电源设备无法模拟短路电流,所以一般在检修中不作短路电流检查,如果确实需要检查这个项目,可通过高速断路器制造厂商的专用设备来检查。

二、牵引逆变器检修

(一) 牵引逆变器概述

VVVF 逆变器将 1 500V 恒定电压转换为用于牵引电动机的三相电流输出(针对不同的速度和力矩,频率和振幅可变)。对于进行车控布置的牵引逆变器(即:每节动车配置一个牵引逆变器 1C4M,逆变器输出同时连接 4 个牵引电动机),4 个牵引电动机分别布置在 4 个动轴上。而 1C2M 配置的列车同一个动车的两个 VVVF 逆变器中的每一个都可为转向架上的两个牵引电动机供电。为牵引电动机供电的三根电源线直接连接到 VVVF 逆变器,无中线。

VVVF 牵引逆变器采用 PWM 脉宽调制模式,早期城市轨道交通车辆 VVVF 的功率元件是 GTO,近年来,随着 IGBT 技术的不断发展,目前 VVVF 的功率元件已经普遍采用 IGBT 元件。牵引逆变器的设计一般为模块化。

① 牵引逆变器结构和主要部件

如图 6-19 所示,牵引逆变器主要组成:输入电路;逆变单元;牵引控制单元;传感器。除以上主要部件外,牵引逆变器还包括各种辅助的电源供应、散热部件等。

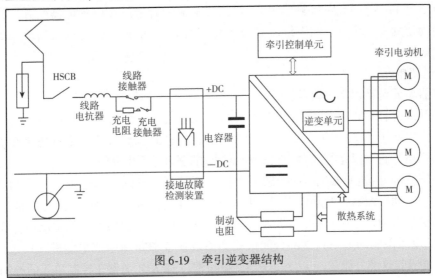

图 6-19 牵引逆变器结构

(1) 输入电路

输入电路包括线路电抗器、线路接触器、线路电容器。线路滤波器包括线路电抗器和线路电容器,它的设计考虑了牵引逆变器以下因素:

①最大输入电流。

②最大可允许冲击电流。

③线路电压瞬间变化。

④EMC 要求。

牵引系统中的线路电感器与电容器组成 LC 滤波电路,作用是减少线路电压的瞬变和谐波,稳定逆变单元的输入直流电压。保证逆变单元得到一个优质的直流电压。同时线路电感器也起扼流作用,目的是防止电感器后端在引起接地短路或逆变单元故障产生的瞬间浪涌电流时,起到扼制突变和平顺电流的作用。因此线路电感器通常也会称为平波电感器。每个逆变单元都有一个线路电感器。安装位置由牵引系统设计进行总体考虑,一般的,安装在箱体外的电感器可以不用强迫风冷,利用列车行进时的自然对流可以满足散热要求;安装在箱体内的电抗器需要采用冷却风机进行强迫风冷。线路电感器是铁芯感应线圈。

表 6-2 列出了使用在某地铁列车上箱体内的电感器参数,以便说明电抗器所具有的参数。

某电感器参数 表6-2

感应系数	900A时最小5mH	最大持续电流	525A/ms(最长20min)
类型	半屏蔽	最大电流	900A
电阻	28mΩ	冷却方式	强制空气冷却
持续电流	510A/ms		

输入电路的一个重要部分是充电回路,正常情况下,列车牵引逆变器在投入使用时先闭合充电接触器,此时电流通过充电电阻给电容器充电,当电容器电压升高到一定程度(比如与电网电压差110V)时线路接触器闭合,线路接触器闭合之后充电接触器断开。线路接触器持续地为逆变单元供电。在系统故障或系统停机时,牵引逆变器通过控制单元的控制断开线路接触器。

(2)逆变单元

逆变器单元包括以下主要部件。

逆变器部分:PWM 逆变器由三相组成,每一相带两个开关,它们都使用 IGBT(或 GTO)模块。在输出端子上,它提供可变频率、可变振幅的三相电源,持续改变所连接牵引电动机的转速和扭矩。它可以运行在牵引模式和电制动模式下(再生电能)。

制动斩波部分:逆变器配有两个或一个制动斩波器。外部制动电阻器与这两个制动斩波器相连。制动斩波器与制动电阻器一起构成制动电路。制动电路的功能:施加电制动时,牵引电动机是作为发电机运行,它将列车动能转换为电能。如果线路能够吸收这部分能量(即未达到电压限制的上限),这部分能量就会通过逆变器重新生成电能进入供电网络。如果线路不能吸收这部分能量(已达到电压限制的上限),制动斩波器在控制单元的控制下接通。此时,制动能量在制动电阻器中被转换为热能,以阻止电压升高到上限以上,实现电阻制动。制动电阻开通是一个断续的过程。图6-20为带有两个制动斩波器的紧凑型逆变器框图。

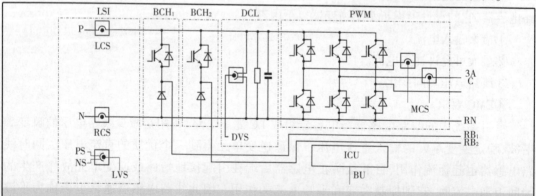

图6-20 带有两个制动斩波器的紧凑型逆变器框图

LCS-线路电流感应器;PS-连接区域供电;BCH$_1$-制动斩波器1;LSI-线路电源输入;PWM-PWM 逆变器;BCH$_2$-制动斩波器2;LVS-线路供电电压传感器;RCS-回流传感器;BU-总线;MCS-电动机电流感应器;RB$_1$-制动电阻器接头1(+);DCL-DC 连接;N-DC 连接接头(+);RB$_2$-制动电阻器接头2(+);DVS-DC 连接电压传感器;NS-连接区域供电;RN-制动电阻器接头(-);ICU-逆变器控制单元(ICU);P-DC 连接接头(-)

图 6-21 演示了图 6-20 所示逆变器的结构。

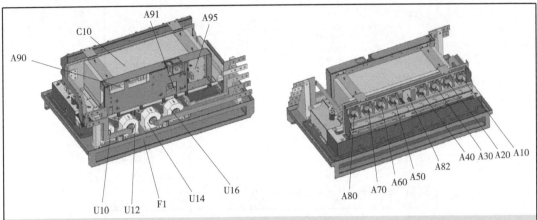

图 6-21 逆变器的结构

A10～A80-IGBT 门控；A82 IGBT 门控电源；A90 逆变器控制单元(ICU)；A91 ICU 电源(PS－ICU)；A95 电压传感器(QPSW)；C10 直流连接电容；F1 进风口温度传感器；U10、U12 线路电源和回流传感器；U14、U16 电动机电流感应器，U 和 V

图 6-22 演示了散热器上的电源组件设计（功率元件的安装位置）。

一般逆变器被分为通风和不通风两个区域。逆变器控制单元、电线和电动机电流传感器、电压传感器、带有门控电路的电源半导体和带有持续放电装置的直流连接电容都被安装在不通风区，通风区仅包括带有电源半导体散热器的风道。

逆变器单元经过母排连接到高压回路，从而获取高压电源，通过逆变器单元的逆变后向四个(1C4M 配置方式)三相异步牵引电

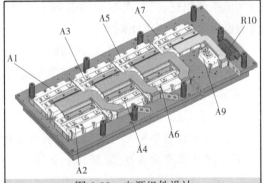

图 6-22 电源组件设计

A1～A7-IGBT 电源半导体；A9 自振荡二极管；R10-持续放电电阻

动机提供幅值和频率可变的电源。逆变器单元有两个主要子系统：三相逆变器、过压/制动斩波器相。牵引逆变器控制单元用来控制和监测牵引系统的所有部件。

电源流入逆变器的方向由逆变器工作模式而定。牵引过程中，电流从 DC＋经过 IGBT 逆变后流入到电动机；电制动过程中，电流方向相反。

逆变器单元的工作原理类似于其他的电源逆变器，详细的原理可参考电力电子等基础理论资料。逆变器单元由牵引逆变器控制单元来控制，功率元件开通关断的信号由控制单元发出，通过门极驱动单元来驱动。考虑到电磁干扰、高压隔离等因素，对功率元件的控制信号先转换为光信号，使用光纤送入门极控制单元，在门极控制单元上进行光电转换，并将信号放大，驱动功率元件工作。如图 6-23 所示为功率元件连接的详细电路。

每相功率元件的接法完全相同，不同的是控制单元开通、关断各功率元件的时间不同。每相相差 120°，逆变器输出完全对称的三相电源。

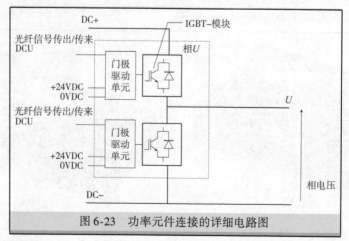

图6-23 功率元件连接的详细电路图

（3）牵引控制单元

牵引控制单元实现对牵引逆变器的控制和检测，每套牵引系统配备一个牵引控制单元。

牵引控制单元为微机控制系统。随着技术的发展和牵引控制理论的不断发展，早期在牵引控制单元完成的部分功能已经在列车控制单元中实现。牵引控制单元不但通过列车线与其他系统相连，同时在有多功能列车总线（MVB）的列车上，牵引系统与车辆控制系统的通信也由牵引控制单元来完成。

牵引控制单元实现下列主要功能：

• 牵引电动机控制。牵引控制单元将给定值和控制指令转换成牵引逆变器用的控制信号，对牵引逆变器和牵引电动机进行控制，包括调节、保护、逆变器脉冲模式的产生等。

• 对牵引逆变器和牵引电动机进行保护控制。

注意：牵引控制单元对牵引逆变器所有的动作进行监测和保护，在检测到不可恢复的故障后，根据故障严重程度，激活保护动作。牵引系统能在故障消失后自动重新启动。牵引控制单元能实现对逆变器其他部分的保护，例如接触网到牵引逆变器输入过电流检测、牵引逆变器输出过电流检测、欠压检测保护、过电压检测、牵引逆变器过热保护、逆变器相电流和线电压检测等。

• 电制动（ED-BRAKE）控制。对电制动（ED-BRAKE）进行调整、保护和逆变器脉冲模式的产生，实现在再生制动和电阻制动之间的平滑过渡，同时实现对制动电阻的过热保护，有的系统有风压检测功能。

• 防空转/防滑保护控制功能。

• 列车加、减速冲击限制保护。

• 故障诊断功能等。

牵引控制单元监测和控制牵引系统的大部分功能，在列车中是分布式控制系统的一部分。牵引控制单元通过列车线及通信线路（例如MVB）与列车连接。

牵引控制单元既是软件，又是硬件，具有自诊断、故障诊断、存储功能和自监视功能。

①牵引控制单元的主要控制功能。

列车牵引控制单元是将列车控制级给定值（列车牵引参考值）和控制指令转换成VVVF

逆变器用的控制信号,对 VVVF 逆变器和牵引电动机进行控制,包括调节、保护、逆变器脉冲模式的产生等。对 VVVF 逆变器和牵引电动机进行保护控制。并且完成电制动(ED-BRAKE)调整、保护和逆变器脉冲模式的产生,实现在再生制动和电阻制动之间的平滑过渡,防空转、防滑保护控制,列车加、减速冲击限制保护。

②牵引控制单元的保护限制功能

a. 欠压检测保护。

欠压检测保护有些系统分为两级,第一级:按整定值进行检测(如网压为 1 250VDC)。如果网压继续往下降,按比例减少逆变器的输出;如果逆变器减少输出后,网压保持在1 000 VDC 以上,可以继续工作。当网压增高时,VVVF 逆变器按比例增大输出。

第二级:按整定值进行检测(如网压为 1 000VDC)。此时封锁逆变器;断开线路接触器,但保持 HSCB 闭合;同时提供状态指示;在等待一短时间延迟后,自动重新合上线路接触器,重新进行检测。

b. 过电压保护。

一般系统中过电压保护的控制方式如下。

列车在牵引时:过电压保护按整定值进行检测(如网压为 1 800VDC);此时会封锁逆变器的触发脉冲即关闭功率元件的功率输出;如果网压保持在 2 500VDC 以下时,保持线路接触器和 HSCB 闭合,等网压回到正常的工作范围时,逆变器恢复正常工作。如果网压持续上升,触发对 VVVF 逆变器的保护。此时在控制单元,通过发出指令来断开线路接触器和 HSCB,同时给出有状态指示,在等待一短时间延迟后,自动重新合上线路接触器。

列车在制动时:过电压保护按整定值触发(如网压为 1 800VDC),控制单元激活制动斩波器,投入电阻制动,如果网压降落,则退出电阻制动,回到再生制动;如果网压继续上升,对 VVVF 逆变器进行保护,此时断开线路接触器和 HSCB,同时有状态指示,在等待一短时间延迟后,自动重新合上线路接触器。

c. VVVF 逆变器过热保护。

一般情况下,VVVF 逆变器提供两级温度传感器检测保护。如果逆变单元达到第一级温度保护门槛,则进行如下保护:减少逆变器输出,同时提供状态指示(仅为指示,表示逆变器温度超出正常工作范围);一旦温度降下,等待一短时间延迟后,如果有需要,则按比例增加逆变器输出。如果达到第二级温度保护门槛,则:按梯度减少逆变器的输出直到功率为零,同时断开线路接触器,但保持 HSCB 闭合,提供状态指示,等待逆变器温度降到第一级温度保护门槛以下后,自动重新闭合线路接触器,逆变器可重新投入工作。

d. 差动电流保护。

对一个用电设备来讲,设备输入电流必须和输出电流相同(电路的基本理论)。为了检测电路短路、漏电等问题的存在,牵引系统中设置了差动电流保护。它主要是对输入牵引逆变器的电流和输出电流进行对比,监视主电路输入与输出电流及检测其差值来实现对系统的保护功能。有些牵引系统用一个差动电流传感器完成检测,有些系统是用两个单独的电流传感器进行检测,然后在控制单元中计算差值。差动电流保护有些分为两级,当差动电流比较小时(比如1A),提供故障提示信息;当差动电流达到大的整定值时,封锁IGBT的触发脉冲,系统断开线路接触器和HSCB,提供故障显示。

e. 逆变器相电流和线电压监视。

牵引控制单元监视逆变器相电流和线电压,以检测输入电压故障和任何相不平衡故障;确保三相电流之和应为零,保护系统正常运行。

f. 对牵引电动机的过电流保护。

牵引电动机的过电流保护有的是按整定值触发(或上升率触发);当检测到过流时,系统检查并修正IGBT的触发脉冲,如果故障一直存在,系统封锁IGBT触发脉冲,并且断开线路接触器以使逆变器与电网隔离,但保持HSCB闭合,同时提供故障显示,待故障消失后(输入电流恢复正常)自动对系统进行复位,并重新闭合线路接触器。如果逆变器重新启动失败时,系统一般会断开HSCB和线路接触器,重新启动的次数各系统有不同的设定次数。

g. 对列车的超速保护。

为了防止列车超速,列车牵引系统有超速保护功能。如牵引控制单元检测到列车速度超过速度整定值,则按一定梯度将逆变器输出功率降为零;当速度降到一定的值时,如果需要,牵引逆变器可重新开始牵引(如牵引指令仍然存在);如果制动指令发出,则激活牵引逆变器;如果列车速度上升超过第二个速度等级时,则:断开线路接触器和HSCB,同时给出故障显示,并施加紧急制动。

h. 对制动电阻的保护。

为保护制动电阻,逆变器控制单元会检测制动电阻的电流,通过监视功率元件的反馈信号,在制动电阻电流过大时减少制动斩波器的导通占空比,以减少制动电阻的电流;如果故障一直存在,则:按梯度减少逆变器的输出直到为零,封锁任何的电制动,但可以进行牵引,同时提供故障显示。如果在减少逆变器输出后,故障消失,则制动斩波器可以继续投入工作。

i. VVVF逆变器控制逻辑内部检测。

VVVF逆变器控制单元会通过相关的保护功能来实现对牵引系统的保护,同时它能够实现对控制单元自身的检测和保护:控制电路的开机自检,IGBT主电路的小功率测试,检查电流和电压传感器的信号,检查速度传感器的信号,检查控制电源是否在正常工作范围,检查HSCB的状态,检查线路接触器和预充电接触器的状态,检查IGBT门级驱动板的状态等。

j. 对牵引电动机的温度保护。

有些牵引电动机有温度保护功能,主要是通过每个电动机里面的温度传感器来实现测量电动机温度,当温度过高时通过控制单元来进行保护。

(4)传感器

传感器包括差动电流传感器、电流传感器和电压传感器、速度传感器等。电压、电流传感器的信号线均采用屏蔽线,对输入电源的极性有保护措施。

除以上介绍的牵引系统的主要部分外,牵引逆变器在工作的过程中,部件本身的损耗会产生很大的热量,特别是功率元件。因此,牵引逆变器的冷却是一个非常重要的问题。一般,冷却系统采用强迫风冷方式。冷却风机使用380VAC三相交流电动机。冷却系统能够保证牵引逆变器和牵引控制单元的工作稳定。

❷ 牵引逆变器工作原理

牵引逆变器是通过改变 VVVF 逆变器各开关元件(如 IGBT、GTO 等)的开通时间来改变负载的电压,通过改变 VVVF 逆变器各开关元件开通的周期来改变输出的频率。异步电动机的转矩公式为

$$T = K_1 \cdot \varphi \cdot I_r = K_2 \cdot (V/f_i)^2 \cdot f_s$$

式中:T——转矩;

φ——磁通;

I_r——转子电流;

V——电动机电压;

f_i——电源频率;

f_s——转差频率;

K_1、K_2——比例系数。

由上式可以看出:转矩 T 与电动机电压和电源频率之比(V/f_i)的平方成正比,与转差频率 f_s 成正比。同时还说明,当转差频率 f_s 为负值时,转矩 T 为负值,产生了制动力。因此,在采用 VVVF 逆变器的电动车中,只要控制压频比(V/f_i)和转差频率(f_s)即可自由地控制牵引力和再生制动力。即只需控制三个因素:逆变器输出电压 V,逆变频率 f_i,转差频率 f_s。城市轨道交通车辆在运行过程中牵引系统会进入不同的工况。

(1)牵引工况时,异步电动机作为电动机将逆变器提供的电能转化为动能,转差频率 f_s 大于零。车辆由静止状态开始起动、加速的控制大致可经历三个模式:恒转矩控制、恒功率控制、自然特性区。

恒转矩控制:恒转矩控制在控制转差频率的同时,慢慢提高逆变频率 f_i,使其值与速度相符合。当速度逐渐地增加,异步电动机转子的实际旋转频率 f_m 随之增加。若要保持转差频率 f_s 恒定,则要增加逆变频率 f_i。保持压频比(V/f_i)恒定,则异步电动机的磁通 φ 恒定。保持转差频率 f_s 恒定,则异步电动机转子电流 I_r 恒定,结果力矩恒定。保持压频比(V/f_i)恒定,则异步电动机电压 V 随逆变频率 f_i 成正比上升,电压控制为 PWM 控制。当逆变器输出电压达到上限时,转为恒功率控制。

恒功率控制区:逆变器电压 V 达到上限后,其保持恒定,控制转差频率 f_s 随速度增大而增大,以控制电动机电流 I_r 恒定。由于电压电流都不变,所以是恒功率控制。转差频率 f_s 增大,则逆变频率 f_i 随之增大,则力矩 T 下降,恒功率运行到转差频率 f_s 上升到最大值时,转到自然特性区。如果逆变器容量有较大裕量,也可以在电动机电压达到最大值后,在一段时间内提高转差频率使它随着速度(频率)较快增大,从而增大电流,以延长恒力矩运行时间,直到电流达到逆变器或电动机最大允许值,然后再进入恒功率运行。

自然特性区:逆变器电压 V 保持恒定最大值,转差频率 f_s 保持恒定最大值。随着速度的上升继续增加逆变频率 f_i。电动机电流 $I_r \propto 1/f_i$ 下降,力矩 T 下降,$T \propto 1/f_i^2$。

（2）制动工况时，车辆以再生制动为主，产生的电能直接反馈入电网，由相邻运行的车辆吸收。当电网没有能力或不能全部吸收再生制动的能量时，再生制动转为电阻制动，消耗在制动电阻上。再生制动与电阻制动的转换由控制单元根据线路滤波电容器两端的电压控制制动斩波器自动完成，当滤波电容器两端的电压超过 1 800V 时，电阻制动完全取代再生制动。在列车处于制动工况时，异步电动机作为发电动机将车辆动能转化为电能，转差频率 (f_s) 小于零。车辆由运动状态逐渐减速直至停止的控制大致也可经历三个模式：恒转差率控制、恒转矩 1（恒电压）、恒转矩 2（恒磁通）。

①恒压，恒转差率。列车在高速时采取制动的情况下，此时逆变器电压 V 保持恒定最大值，转差频率 f_s 保持恒定最大值。随着车辆速度的下降减小逆变器频率 f_i。电动机电流 I_r 与逆变频率成反比增加，制动力与逆变频率的平方成反比增加。电动机电流 I_r 增大到与恒转矩相符合的值，进入恒转矩控制，但当电动机电流 I_r 增大到逆变器的最大允许值时，则要从电动机电流 I_r 增大到该最大值时刻起保持电动机电流恒定，在一个小区段内用控制转差频率的方法进行恒流控制。在这种情况下，制动力将随逆变频率成反比增加。

②恒转矩，恒电压。逆变器电压 V 保持恒定最大值，控制转差频率 f_s 与逆变频率 f_i 的平方成反比的同时，随着速度的下降减小逆变频率 f_i，则转差频率 f_s 值变小直至最小值。电动机电流 I_r 与逆变器频率成正比减小，制动力保持恒定。

③恒转矩 2，恒磁通。转差频率 f_s 保持恒定最小值，此时电动机电流 I_r 亦为恒定。随着车辆速度的下降减小逆变频率 f_i。采用 PWM 控制电动机电压 V 使其减小，即保持 (V/f_i) 恒定，则磁通恒定，制动力恒定。在六个模式中，电动机电压 V、转差频率 f_s、电动机电流 I_r、牵引/制动力与速度 v 的对应关系曲线如图 6-24 所示。

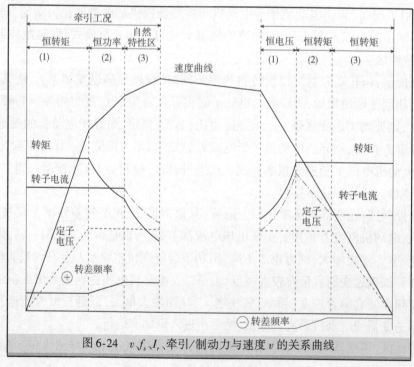

图 6-24　v、f_s、I_r、牵引/制动力与速度 v 的关系曲线

③ 牵引逆变器主要技术参数

以下以广州地铁3号线为例,对牵引系统的可能有的技术参数进行说明。
输入电压:
额定值　　　1 500VDC
容许范围　　1 000V 到 1 950VDC
PWM 逆变器:
输出电压　　3-ph. 0V 到 1 100VAC
输出频率　　0~150Hz

(二) 牵引逆变器的检修

变流系统通常安装在一个独立的设备箱内,通常安装有半导体元件、控制板、散热片、电缆等电气部件,这些部件基本实现了模块化安装,如三相逆变器电路由三个完全相同的模块组成。对于变流设备的检修应重点对以下几方面进行检查。

① 清洁通风区域及散热片检查

大功率半导体元件在工作时会发热,为了保护元件,通常这些元件安装在散热片上,而散热片是通过通风冷却。如果散热片上灰尘堆积过多,或者通风风道内有异物,都会影响元件散热性能。因此应经常对通风区域及散热片进行清洁,去除散热片上的灰尘和碎屑。在散热片间必须没有阻挡空气流进入的阻塞物。

② 清洁控制板检查

控制板通常为印制线路板,在检修中应小心清洁。在清洁过程中,检修人员应采取防静电措施,保证线路板上元件不因受静电影响而损坏。同时,如控制板上有接线端,应对接线端进行清洁,必要时进行打磨,以保证与电缆、控制线接触良好。

③ VVVF 逆变器箱体盖和紧固件检查

逆变器的所有盖板应无损坏、变形,锁闭功能良好,如有必要,需进行检修或予以更换;检查所有盖板的密封橡胶的弹性,如果存在 3mm 的裂缝或更大的永久变形,则需要更换;检查所有盖板的门锁,看能否正常工作和自由转动,如果有必要,则予以更换;检查多针插头无腐蚀或污垢,如有必要,则对其进行清洁或更换。

④ VVVF 逆变器外表及安装检查

检查逆变器箱的外表,应无腐蚀、变形或其他损坏现象;检查安装螺母,应无松动,安装支架无损伤和裂缝;检查柜体的焊接,应无裂纹,箱体接地线良好。

⑤ VVVF 逆变器接线端子和电缆检修

接线端子绝缘良好,无老化、开裂、损坏或脱落等现象,无异味,接线端子紧固良好,所有进出线状态应良好;检查散热片应无污垢、变形,必要时用硬刷和吸尘器进行清理。

⑥ VVVF 逆变器箱体内部检查

外观无缺陷,配线电线无变质、损坏;端子无变形、褪色、开裂和损坏;端子螺栓无松动;安装螺栓无松动;清洁 VVVF 箱体内部,确保箱体内没有灰尘,特别是箱体内不得安装部件,没有灰尘覆盖;检查绝缘安装面、绝缘端子和绝缘柱等,应无变色、开裂、损坏、起皮或脱层等现象。

⑦ 元件检查

电阻元件:检查电阻表面,应无变色、开裂、损坏、起皮或脱层等现象,检查电阻接线端子紧固良好。

电容元件:检查充油的电容是否有漏油现象,电容接线端子的紧固应良好。

⑧ VVVF 逆变器的控制单元检修

控制单元外观无缺陷,印制电路板完好且安装状态良好,接线端子整齐无损坏现象,电线电缆无褪色、开裂、损坏、起皮等现象,电线电缆扎带排列良好,控制单元连接插头其连接状态良好,必要时更换。

⑨ 动力单元与电源单元

检查动力单元与电源单元的接线,应良好,没有变形或污垢,电缆电线没有损伤、褪色、开裂、损坏、起皮等现象,电缆电线扣件排列整齐;PCB 印制电路板外观完好。

⑩ VVVF 逆变器线路接触器(LB、CHB 单元)检修

(1)将 LB 接触器的闭锁杠杆往上抬,从接触器上取下灭弧罩。

(2)仔细观察灭弧室是否损坏,如有损坏及时报告。

(3)灭弧室如无损坏,仅有拉弧痕迹时,须用硬刷或干布擦拭灭弧罩至洁净。

(4)使用 6 号六角扳手,小心仔细拆下 LB 触点,特别应注意避免弄伤触点表面与箱内其他机构。

(5)仔细观察接触点上是否有过渡烧灼的现象,如果超过触点允许的最大烧灼范围,则及时报告。

(6)触点的烧灼范围如未超过允许范围,仅有烧灼痕迹或毛刺,则通过锉刀或手动方式去除毛刺,在拉弧触点面上用砂纸(180 号以上)轻轻打磨,特别注意不要损伤触点表面,不要露出铜制材料,打磨时请特别注意必须保持 LB 原有的灭弧角。

(7)在重新安装触点前,请仔细观察 LB 接触器基座上是否有异物,如有,请务必清除,然后再使用 6 号角扳手重新安装触点。

(8)在安装触点时,务必确认动、静触点位置对正,使用扭力扳手以 $18N \cdot m$ 的力矩扭紧,如无扭力扳手,请熟练员工估计力矩。

(9)触点安装完毕后,请确认在不超过0.5mm条件下闭合主触点和辅助触点。

(10)所有作业完成后,请确认所有装置已经回复至原位。

⑪ 继电器单元以及电压、电流传感器检修

继电器单元接线良好,电缆电线扣件排列整齐;继电器表面没有损伤、褪色、开裂、损坏、起皮等现象,外观完好,安装螺母无松动;电压、电流传感器安装良好,外观完好,进出线正常,接线端子无松动,排列有序。

⑫ 检查验收

检查确定所有的安装螺母、插头无松动、无裂纹,并打上明显的放松标记。

⑬ 填写相应记录

以上项目检修完毕,符合规定要求后,签名并确认作业编号,将处理及未处理故障填入相应的记录表并签名。

注意:更换所有已经使用1年的防爆胶泥或橡皮泥。

三 接触器检修

城市轨道交通车辆使用的电磁接触器是一种用来频繁地接通和切断主要电路的自动切换电器,它的特点是能进行远距离自动控制,操作频繁,通断电流较大。电磁接触器的主要结构一般由电磁机构、传动装置、主触头、灭弧装置、辅助开关装置等组成。触头是电器的执行机构,直接关系到电器工作的可靠性。触头有四种工作状态:闭合状态、触头闭合状态、断开状态和触头开断过程。在触头开断电流时,一般在两触头间会产生电弧,所以地铁列车上的接触器都有灭弧栅。

接触器的检修包括:主触头检修、电磁机构检修、传动机构检修、辅助开关检修和检查测试。

① 主触头检修

触头是电器的执行机构,直接关系到电器工作的可靠性。触头在闭合和断开的过程中,通常会发生机械磨损、触头熔焊和电气磨损三种。电气磨损是主要的,发生在触头闭合和触头开断电流的过程中。触头熔焊主要发生在触头闭合电流过程和触头处于闭合状态时,触头熔焊后就不能执行开断电路的任务,甚至引起严重故障。列车上的接触主要有3K03、3K06、K1、K3等。

主触头接触面的工作情况应经常检查。对于有轻度烧灼或有结瘤的接触面,可进行打磨。对于有较大面积的烧损熔焊时,应更换主触头。主触头的更换应成对进行。在进行更

换主触头的作业时,首先应对主触头进行配对。安装时,可使用专用夹具来保证主触头的安装精度,以保证静、动触头接触面的接触良好。

② 电磁机构检修

检查铁芯与线圈的表面是否有擦痕;测量线圈阻值是否正常;清洁、打磨线圈接线端子,使其接触良好;检查复位弹簧的工作状态,在大修时应更换复位弹簧。

③ 传动机构检修

接触器内的传动机构由于绝缘的需要,通常由塑料等绝缘材料制成。在一段时间后,这些材料的性能可能会发生改变,有时因为受力升温原因也会出现裂纹、破损等现象,对于损坏的部件应予以更换。同时,还需要检查轴孔的工作状态。由于轴和外壳使用的材料不同,通常外壳上的轴孔较易磨损。

④ 辅助开关检修

测量辅助开关触点的接触电阻是否符合要求;检查凸轮机构的工作状态,对于磨损严重的凸轮应更换,清洁、打磨接线端子。在大修时,应更换所有辅助开关。

⑤ 检查测试

接触器检修完毕后,应用交流电源检查接触器耐压值,并测量主触点与外壳之间的绝缘电阻。然后检查接触器的吸合及分段时间。由于列车控制系统是通过辅助开关来检查主触器工作情况,所以在测量接触器的吸合及分断时间时,应以辅助开关的闭合和分断时间为准。

四 牵引控制单元检修

(1)采用空间磁场矢量控制的转矩控制模式,牵引控制单元 DCU 为牵引逆变器 VVVF 提供脉宽调制信号 PWM,为牵引电动机提供矢量控制。DCU 主要负责牵引或制动控制、脉冲模式产生、逆变器保护、速度测量、牵引或制动指令参考值处理、转矩控制、电压电流控制等。

牵引控制单元 DCU 和逆变器保护单元 UNAS 设计成一个上下两层的机箱,共装有 25 块电子板。每个电子板为标准 19 吋 3U 印制电路板,使用多层板技术,电子板上元件采用表面封装(SMD)或插装(DIL)。

DCU 的 A314 和 A315 板、UNAS 的 A329 和 A330 板的前面板上,通过 46 针的插接件与外部电路连接。

DCU 的软件主要分为车辆控制软件、牵引或制动控制软件和故障诊断软件。

牵引或制动控制软件主要包括以下几个模块:线路电容器充分放电控制模块、牵引或制动指令参考处理模块、转矩矢量控制模块、电阻制动控制模块等。故障诊断软件对 DCU/UNAS、VVVF 及各种外围设备的故障进行诊断,将故障数记录在处理数据存储单元 PDA 中。

(2)牵引控制单元通常安装在密闭的箱体内,该箱体具有良好的防潮、抗电磁干扰、抗振、防尘等特性,因此,在日常维护中一般不需要对牵引控制单元进行检修。

如果在检修中发现牵引控制单元所在的箱体有水迹或积灰较多时,应将控制系统分解,检查并清洁印制电路板。在检查及清洁印制电路板时,需对检修人员采取防静电措施。

牵引控制单元调试一般是在装车后的静态调试中进行的,可通过相应的通信软件,利用用户程序进行测试。通过观察部件工作状态或测量输出波形来判断系统工作是否正常。

五 制动电阻检修

(一)制动电阻结构原理

在电制动过程中,VVVF 逆变器能将列车上减速时产生的能量回馈给供电网,条件是供电系统能够吸收这种能量。如果在电制动过程中由牵引电动机(M)产生的电能不能馈入供电系统(在这种模式下,牵引电动机被用作发电机),电流则被馈入制动电阻(BR)并被转化为热能。当再生能量吸收系统不能完全或部分吸收能量时,制动电阻(BR)用来消散制动能量。它与摩擦制动混合,提供一种平稳、持续的制动效果。

1 自然风冷制动电阻

有些制动电阻采用对流冷却,无须强制冷却,即自然风冷制动电阻。不同的厂家生产的产品可能不尽相同,此处以广州地铁 3 号线的制动电阻为例来介绍此种电阻的结构。冷却空气从底部进入制动电阻箱并从带孔侧墙排出。制动电阻(BR)包含两个相互独立的电阻单元,每个单元均与 VVVF 逆变器(TC_1,TC_2)和牵引电动机(M)相关联。

制动电阻结构如图 6-25 所示。

制动电阻由 8 个相同的电阻组合(序号 1)构成,每个电阻组合由 3 个电阻条(序号 13)组成。这些电阻条由抗热镍铬合金制成。它们通过专用连接板互相连接,并在电阻组合两端装有不锈钢条形端子(序号 2)。完整的波形电阻条被制成一片。它们通过冲压进行加固,并在陶瓷标准绝缘体(序号 3)以及与端部螺栓(序号 5)和中间螺栓(序号 6)齐平的绝缘体之间进行固定。

端部螺栓(序号 5)与中间螺栓(序号 6)在一端装有止推垫圈(序号 7)。另一端由几个弹簧(序号 19)提供必要的压力。端部螺栓(序号 5)与中间螺栓(序号 6)被安装在侧板(序号 8)上。这些侧板和机壳之间的绝缘通过绝缘体(序号 9)实现。电阻组合安装在不锈钢机壳的 4 层位置上。4 层中的电阻组合由扁平镀镍铜棒连接。此外,制动电阻还配有端子箱(序号 10),为连接电缆提供必要的接线端子。制动电阻单元在其底部装有由冲孔板制成的进风口可移动盖板,并在两侧装有出风口整流罩(序号 11)。

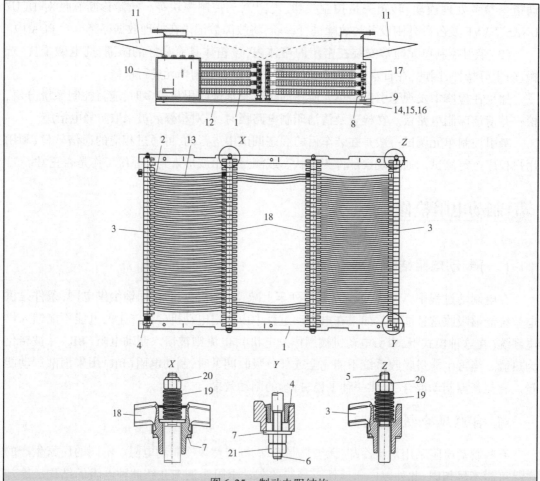

图6-25 制动电阻结构

1-电阻组合；2-条形端子；3-标准绝缘体；4-绝缘体；5-端部螺栓；6-中间螺栓；7-止推垫圈；8-侧板；9-绝缘体；10-端子箱；11-出风口整流罩；12-底板；13-电阻条；14-垫圈；15-弹簧垫圈；16-六角螺钉；17-盖板；18-标准双绝缘体；19-弹簧；20-六角螺母(40N·m)；21-六角螺母(40N·m)

以下以某地铁列车为例来说明制动电阻所具有的相关参数：

额定绝缘电压	2 300V
额定功率	4×492kW
冷却	自然通风
20℃时电阻	4×4.64Ω
运行温度下的电阻	4×4.61Ω

② 强迫风冷制动电阻

此处以广州地铁2号线列车制动电阻为例介绍强迫风冷制动电阻结构。强迫风冷制动电阻由入风罩和出风防护罩、一个电动机及叶轮以及主箱体内两个低阻值(20℃时为2×3.07Ω±2%)电阻组成。整机由安装吊架吊挂在车底架下。

制动电阻结构图如图 6-26 所示。

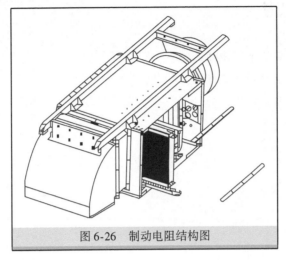

图 6-26　制动电阻结构图

(二) 制动电阻的检修

由于制动电阻采用强迫风冷方式进行冷却,所以在检修时,应做如下维修。

① 制动电阻及制动电阻箱清洁

定期清洁制动电阻及制动电阻箱,用压缩空气清洁电阻器,确保无污物附着。

② 制动电阻外观检查

(1) 制动电阻接线端子接线牢固,导线和接地线外观完好,绝缘无老化、脱落、损坏等现象;更换有裂纹或者破损的绝缘子;对于接线端子,检修时应采用清洁、打磨等方法进行处理,保证与电缆接线端有良好的接触面。

(2) 检查电阻器单元之间无异物、无重联,并且必须保证电阻器和陶瓷间隔是清洁的,检查绝缘体和陶瓷间隔无裂痕与损坏。

(3) 检查电阻器内部连接的紧密性并且无腐蚀现象,检查电阻单元是否有过热烧灼痕迹,损坏时需要更换。

(4) 检查带状电阻是否有变形。如果冷态下带状电阻就有变形,一旦通过制动电流,其变形会更加严重,极易造成电阻之间的短路。

(5) 测量制动电阻阻值。在端子间测量其阻值,应符合有关技术要求,否则更换。由于带状电阻的阻值很小,通常可通过电桥方式进行测量。

(6) 绝缘测试。用 1 000V 高阻表检查绝缘状况,阻值应大于等于 20MΩ。

(7) 检查验收。检查确定所有的安装螺母、插头无松动、无裂纹,并打上明显的放松标记。

(8) 填写相应记录。以上项目检修完毕,符合规定要求后,签名并确认作业编号,将处理及未处理故障填入相应的记录并签名。

注意:更换所有已经使用 1 年的防爆胶泥或橡皮泥。

复习与思考

1. 简述城市轨道交通车辆制动的特点。
2. 城市轨道交通车辆制动的方式有哪些?
3. 简述压缩机的检修过程。
4. BCU 的结构包括哪几部分?

单元 7

城市轨道交通车辆制动系统检修

 教学目标：

1. 了解城市轨道交通车辆制动的概念和特点。
2. 熟悉城市轨道交通车辆制动控制的方式。
3. 掌握制动系统的组成及各部工作原理。
4. 熟知车辆制动系统各组成部分的检查维修及系统测试。
5. 了解城市轨道交通车辆制动系统常见故障。

 建议学时：

12 学时

为了使运行中的电动列车能够迅速地减速或停车,确保车辆运行安全,必须对其实施制动。由于城市轨道交通车辆运行及其装备的要求较高,同时又具有站间距离短、启动快、制动距离短、停车精度高、每节动车装备有四台交流驱动电动机等特点,并且考虑到电制动本身的特点(低速时电制动发挥不出来)以及车辆运行安全的要求,所以城市轨道交通车辆制动系统采用了电制动和空气(摩擦)制动相结合的制动方式。但其中的电制动又是车辆在常用制动下的优先选择(仅带驱动系统的动车具有电制动性能),电制动还具有独立的滑行保护和荷载校正功能。

　　电制动又有再生制动和电阻制动两种形式。

　　每节动车与电制动有关的装备有:制动微处理器,一个三相调频调压逆变器(VVVF),一个牵引控制单元(DCU),一个制动电阻,四个自冷式三相交流电动机 M_1、M_2、M_3、M_4(每轴一个,相互并联)。

　　当发生常用制动时,电动机 M 变成发电机状态运行,将车辆的动能变成电能。经 VVVF 逆变器蒸馏成直流电反馈于接触网,供列车所在接触网供电区段上的其他车辆牵引用和攻击本车的其他系统(如辅助系统等),此即再生制动。再生制动能力取决于接触网的接受能力以及网压高低和负载利用能力。

　　如果制动列车所在的接触网供电区段内无其他列车吸收该制动能量,VVVF 三相调频调压逆变器则将能量反馈在线路电容上,使电容电压 XUD 迅速上升,当 XUD 达到最大设定值 1 800V 时,DCU 启动能耗斩波器模块 A_{14} 上的门机关断 GTO(V_1)晶闸管,GTO 打开制动电阻(R_B),制动电阻(R_B)与电容并联,将电动机上的制动能量转变成电阻的热能消耗掉,此即电阻制动(亦称能耗制动),电阻制动能单独满足常用制动的要求。

　　电阻制动是承担电动机电流中不能再生的那部分制动电流。再生制动电流加电阻制动电流等于制动控制要求的总电流,此电流受电动机电压的限制。再生制动与电阻制动之间的转换由 DCU 控制,能保证他们连续交替使用,转换平滑,变化率不能为人所感受到。当高速时,动车采用再生制动,将列车动能转换成电能;当再生制动无法再回收时(如当天网压上升到 1 800V 时),再生制动能够平滑地过渡到电阻制动。

　　电制动具有独立的滑行保护功能。由于四台电动机是并联连接的,因此当 DCU 检测出任意一根轴发生滑行时,DCU 能对四台电动机进行同步控制,同时降低或切除四台电动机的电制动力。

　　而空气(摩擦)制动是用来补充制动指令所要求的和电制动已达到最大的制动力之间的差额以及没有电制动时完全由气制动来承担的列车制动要求。电制动和空气制动之间的混合制动是平滑的,并满足正常运行的冲击极限。每节车设计有独自的气制动控制部件,每根轴设计有独立的防滑装置,由 ECU 实时监控每根轴的转速,一旦任一轮对发生滑行,能迅速向该轴的防滑电磁阀 G01 发出指令,沟通制动缸与大气的通路,使制动缸排气,从而解除该轮对的滑行现象。制动执行部件采用单元制动缸,有普通单元制动缸 PC7Y 型和带停放制动器的单元缸(也称弹簧制动器)PC7YF 型两种。

　　城市轨道交通车辆制动系统主要性能如下。

(1) 常用制动平均减速度(从 80km/h 到 0,包括响应时间) $a=1.0(1+15\%)\mathrm{m/s^2}$。

(2) 接触网吸收能力: $0\sim100\%$。

(3) 常用制动冲击限制: $0.75\mathrm{m/s^2}$。

(4) 电制动转折点(可调): $0\sim12\mathrm{km/h}$。

(5) 紧急制动减速度: $a\geqslant1.2\mathrm{m/s^2}$。

紧急制动距离(制动初速度为 80km/h):当承受 $AW_0\sim AW_2$ 荷载时,制动距离 $\leqslant204\mathrm{m}$;承受 AW_3 荷载时,制动距离 $\leqslant215\mathrm{m}$。

目前城市轨道交通一般采用模拟式指令式电—空制动系统,用一条列车控制线贯通整列车,形成连续回路。模拟制动系统的操作指令时,采用模拟点指令控制压力空气的控制方式。制动的电指令是采用脉冲宽度调制信号,能进行无级制动控制。

车辆制动系统的气路部分由供气设备、制动控制单位(BCU)、基础制动装置、微机控制单元(EBCU)和防滑系统等组成。供气设备还向车辆的空气悬挂设备、车门控制装置以及气动喇叭、刮水器、受电弓气动控制设备、车钩操作气动控制设备等进行供气。目前大部分地铁车辆,采用了德国克诺尔(Knorr)制动机公司生产的模拟式电—空制动机,其通过列车总线贯通整个列车,采用电控制空气、空气再控制空气的控制方式。其中,ECU 为制动微机控制单元、BCU 为制动控制单元、DCU 为牵引控制单元。制动的电指令是利用脉冲宽度调制。

7.1 供气设备的检修

一 空气压缩机的检修

(一) 基本结构

压缩空气由 VV120 型电动空气压缩机产生,该空气压缩机包括低压气缸、高压气缸、活塞、机轴、连杆、黏性联轴节、冷却器、空气过滤器、吸气阀、中间法兰、电动机等主要部件。其属于 380V 50Hz 三相交流电动机驱动的往复活塞式压缩机,具有低噪声、振动小、使用寿命长、环境实用性强、结构紧凑、所需维护量小等特点。在压缩机电动机额定转速为 1 450r/min、工作压力为 10bar 时,其排气量为 920L/min。压缩机单元通过螺旋钢丝以四点悬挂方式弹性安装在车体底架钢槽上,空气压缩机与空气干燥器之间采用橡胶软管连接,这样使传递给车体的振动降到最低点。

空气压缩机在额定转速下,在4.6m的距离处所发出的最大噪声是64dB,相当于封闭式旋转压缩机。

(二) 工作原理

压缩机采用飞溅式润滑方法,连接杆每次转动时都浸在集油箱中,油流会自动流回集油箱中,因此不需要额外的装置如油泵、过滤器或阀等。

空气压缩机属于两级压缩,低压级有两个气缸,高压级只有一个气缸,三个气缸成W形布置。空气通过干式空气过滤器滤清后,由低压缸吸入。此干式空气过滤器给压缩机最佳的保护,维护只需要更换滤芯。一个真空指示器用来显示滤芯内的灰尘集结情况,若真空指示器内部显示红色,表明需更换滤芯。空气压缩机的空气压缩过程见图7-1。

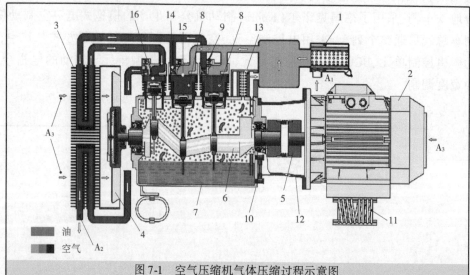

图7-1 空气压缩机气体压缩过程示意图

1-空气过滤器;2-电动机;3-冷却器;4-风轮+黏性联轴节;5-联轴节;6-机轴;7-机轴箱;8-低压气缸;9-安全阀;10-油表管;11-弹簧组;12-中间法兰;13-油环;14-供给阀;15-吸气阀;16-高压气缸;A_1-空气入口;A_2-空气出口;A_3-冷却空气

空气压缩机有一个集成的中间冷却器和后冷却器(图7-2),用风扇强迫通风冷却。空气在通过中间冷却器前已进行两个低压气缸的一次压缩,中间冷却后,此空气送到高压气缸进行二次压缩。通过后冷却器之后的压缩空气,以合适的温度排出进入空气干燥器,确保干燥效果达到最佳条件。

冷凝风扇装有黏性联轴器,可以根据环境温度和压缩机出口处温度连续、有规则地进行自动冷却调节。这种结构保证了压缩机在良好的工作温度下运行。同时黏性联轴器作为离合器,当物体卡住风扇时,离合器就会打滑,以避免损坏风扇。

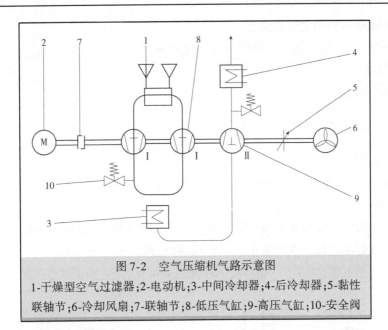

图 7-2 空气压缩机气路示意图

1-干燥型空气过滤器;2-电动机;3-中间冷却器;4-后冷却器;5-黏性联轴节;6-冷却风扇;7-联轴节;8-低压气缸;9-高压气缸;10-安全阀

(三) 空气压缩机的检修

1 空气压缩机的拆装

空气压缩机单元[图7-3a)]通过螺旋钢丝以4点悬挂方式弹性安装在车体底架钢槽上[图7-3b)],拆装相当方便。

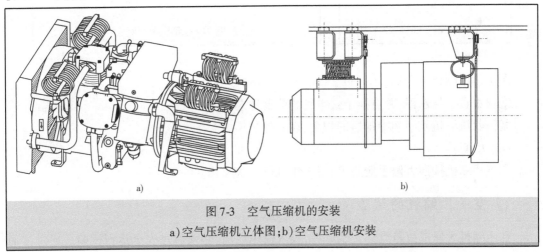

图 7-3 空气压缩机的安装
a)空气压缩机立体图;b)空气压缩机安装

(1) 拆卸方法

①从接线盒中断开380V三相电源线。

②拆下空气压缩机和空气干燥器之间的橡胶软管。

③松开两条安全保护钢丝绳。

④将自由升降平台小车水平置于空压机下方。

⑤松开车体底架钢槽安装螺栓。
⑥降低升降平台,让空压机随升降平台垂直落下。
(2)安装方法
与拆卸方法相反。

2 空气压缩机的检修

(1)特殊检修周期

在20~30个工作小时(试运转阶段)之后,第一次更换压缩机润滑油。

(2)双周检

①检查空压机油尺管中油标的位置(图7-4)。当压缩机在静止状态时,检查透明管中油标的位置。油标不能低于油尺管中的下标线(即底部)。

②检查真空指示器(图7-5),如果红色柱塞完全可见,则更换干式空气滤清器滤芯。

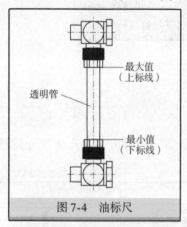
图7-4 油标尺

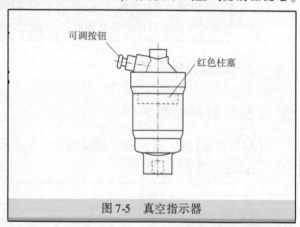
图7-5 真空指示器

(3)年检

①更换压缩机润滑油(不超过2 000个工作小时之后)。
②检查真空指示器,并更换干式空气滤清器滤芯。
③清除压缩机及中间冷却器的积尘、表面的尘垢。

(4)大修

空气压缩机按照大修手册要求,每6年进行一次大修。

3 空气压缩机的试验

在压缩机大修或故障维修安装好后,投入使用之前,必须通过安全运行试验。通过接通压缩机电源,检查其正确的运转功能,如启动、运转方向、运转品质等。同时用肥皂水检查空压机排气口连接管处的气密性。试验应包括以下内容:

(1)2h或3h连续运转的工作状态评估试验。

(2)综合评估试验,包括打风时间、打风量、各测试点的温度和压力、气阀泄漏、最大转矩、电动机转速、能耗及相对效率等项目内容的评估试验。

二 空气干燥器检修

(一) 基本结构

双筒式空气干燥器主要由两个带有吸附式干燥剂的干燥筒 19、干燥器座 25、双活塞阀 34、电磁阀 43 四个主要部分组分,如图 7-6 所示。两个干燥筒 19 除了装有干燥空气用的吸附剂外,在其下部设有油水分离器。干燥器座 25 上设置有再生节流孔 50、两个止回阀 24、一个旁通阀 71 和一个预控制阀 55。电磁阀 43 和电子循环控制器相配合,控制干燥器的干燥和再生循环。另外,每一个干燥筒还有一个压力指示器,指示干燥筒的工作状态;压力指示器红针显示压力为干燥工况;相反,红针复位则为再生工况。

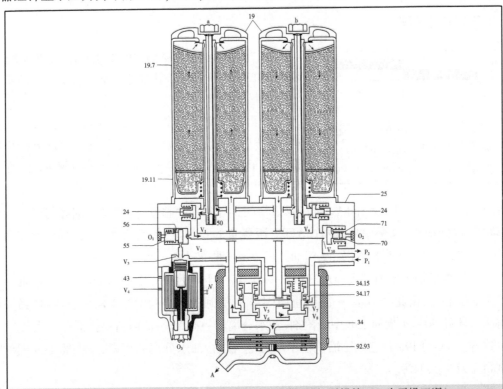

图 7-6 双筒式空气干燥器(干燥筒 19a 为吸附工况,干燥筒 19b 为干燥工况)
19-干燥筒;19.7-吸附剂;19.11-油水分离器;24-止回阀;25-干燥器座;34-双活塞阀;34.15-克诺尔 K 形环;34.17-克诺尔 K 形环;43-电磁阀;50-再生节流孔;55-预控制阀;56-克诺尔 K 形环;70-克诺尔 K 形环;71-旁通阀;92.93-隔热材;A-排泄口;$O_1 \sim O_3$-排气口;P_1-进气口;P_2-出气口;$V_1 \sim V_{10}$-阀座

(二) 工作原理

干燥筒中的吸附剂是结晶的金属硅酸铝,当带水分的压力空气流过吸附剂时,吸附剂中很有规律的微孔吸附流过空气中的水分。而且这种硅酸盐吸附剂的微孔大小可选择适应于吸附的水分子,而较大的油分子却不能同时吸附。吸附作用的特点是在压力下吸附,在大气压或负压下再生,即压力越高,温度越低,单位吸附量所能吸收的水分量就越多;反之,吸附量就少。这就是"压力吸附与无热再生"。

双筒干燥器工作为干燥与再生两个工况同时进行,压力空气在一个筒中流过并干燥时,另外一个筒中的吸附剂即再生。每一个筒有一个压力指示器显示工作工况。从空气压缩机输出的压力空气首先经过装有"拉希格"圈的油水分离器,除去空气中的液态油、水、尘埃等。然后,压力空气再流过干燥筒中的吸附剂,吸附剂吸附压力空气中的水分,可以使空气干燥到相对湿度35%以下。

一部分干燥过的压力空气(约13%~18%)分流出来,经过再生节流膨胀后,再流过另一个干燥筒中已吸水饱和的吸附剂,对吸附剂进行脱水再生,再生工作后的压力空气(含湿量已很高),把油水分离器中积聚下来的油、水、污秽等一同由排泄通路排出。

(三)作用过程

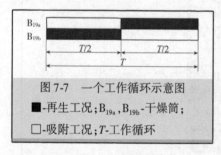

图 7-7 一个工作循环示意图
■-再生工况;B_{19a},B_{19b}-干燥筒;
□-吸附工况;T-工作循环

如图 7-6 所示,干燥筒 19a 处于吸附工作状态,干燥筒 19b 则处于再生工作状态。相当于处在图 7-7 所示工作循环的前 $T/2$。

电子循环控制器控制电磁阀 43,当电磁阀 43 得电时,开启阀 V_3;从干燥后的压力空气中部分分流出来的用于控制的压力空气,通过打开的阀 V_2 和阀 V_3 后,到达双活塞阀 34。预控制阀 55 用来防止双活塞阀 34 动作时处于中间位置;阀 V_2 是在双活塞阀 34 需要的"移动压力"达到时才打开。这个"移动压力"推动双活塞阀 34 的两个活塞克服各自的弹簧力,使右活塞移到顶部,而左活塞则移到底部。因此,导致阀 V_5 及阀 V_8 的开启。其流程如下:

空气压缩机输出压力空气→进气口 P_1→阀 V_5→干燥筒 19a 中油水分离器、吸附剂→干燥筒 19a 中心管,由此分两路;一路到止回阀 V_1→旁通阀 V_{10}→出气口 P_2→总风缸;另一路至再生节流孔 50→干燥筒 19b 中吸附剂、油水分离器→阀 V_8→消声器→排泄口→大气。

这样,干燥筒 19a 对空气压缩机输出压力空气进行油水分离和干燥,干燥筒 19b 则对吸附剂再生及排除油污。

当干燥筒 19a 中吸附剂到达饱和极限后,两个干燥筒转换工作状态,此时为图 7-7 所示的 $T/2$ 时间。即电磁阀 43 失电,阀 V_3 关闭而阀 V_4 开启。连通双活塞阀,控制压力空气排至大气,双活塞阀在各自的弹簧力作用下复位,结果阀 V_6 及阀 V_7 开启。流程如下:

空气压缩机输出压力空气→进气口 P_1→阀 V_7→干燥筒 19b 中油水分离器、吸附剂→干燥筒 19b 中心管,再分两路,一路到止回阀 V_9→旁通阀 V_{10}→出气口 P_2→总风缸;另一路至再生节流孔 50→干燥筒 19a 中心管→干燥筒 19a 中吸附剂、油水分离器→阀 V_6→消声器→排泄口 A→大气。

结果,干燥筒 19b 对空气压缩机输出压力空气进行油水分离和干燥,而干燥筒 19a 则对吸附剂再生及排除油污。

为了保证干燥器工作的准确性,干燥器内部要求达到一定的"移动压力"时,预控制阀55才开启,双活塞阀34才能够移动到位。旁通阀71保证"移动压力"迅速建立,当压力空气的压力超过这个"移动压力"之后,才能打开旁通阀71,通过P_2孔使压力空气流向总风缸。这种设置也可防止干燥筒19b出现干燥时间的延长(不能迅速转换工作状态),而使其中的吸附剂产生过饱和。

两个止回阀24的作用是防止当空气压缩机不工作时压力空气逆流。

(四)循环控制

电子循环控制器在空气压缩机启动的同时也开始工作,它根据规定的程序控制电磁阀43的开关时间;从而控制双干燥筒工作循环,每两分钟转换一次工作状态,一个全周期为4min。

当空气压缩机停止工作或空转时,循环控制器记忆下实际的循环状态。当空气压缩机重新启动后,循环控制器从原有的状态上执行控制;这样就可以保证吸附剂充分地再生,并保证吸附剂不会因工作循环的重新设置而产生过饱和。

如果循环控制器或电磁阀出现故障,空气压缩机输出的压力空气仍可以通过干燥器其中的一个干燥筒干燥,保证压力空气的供给。

(五)空气干燥器的拆装与检修

1 空气干燥器的拆装

(1)在拆卸空气干燥器之前,关断空气压缩机,排尽压力空气并切除电源。

(2)在空气干燥器上拆下电磁阀外罩,并分开连在车辆上的电缆。

(3)分断进、排气口,并排尽空气干燥器管路的空气和水。

(4)卸下紧固螺钉,将空气干燥器从安装支架上移出。

(5)必须按与拆卸相反的次序重新安装空气干燥器。

(6)安装好空气干燥器后,合上空气压缩机,并接通电源,达到最大工作压力之后,检查进、排气口管路接通处的漏泄情况。

2 空气干燥器的检修

(1)双周检

检查电磁阀和双活塞阀的工作状态。排出的液体透明,每两分钟排泄油污一次。

(2)年检

①用气压露点计测试空气干燥器。在外部温度下,所测得的露点必须低于35%相对湿度的极限值。图7-8所示是压力露点、环境温度和相对湿度的关系。

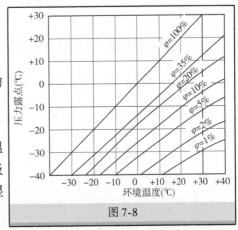

图7-8

②检查电磁阀和双活塞阀的工作状态。在消声器的排泄口发现白色沉淀,必须更换干燥剂。

(3)架修、大修

①按手册要求更换橡胶密封件、磨损件、紧固件。

②更换干燥剂。

3 空气干燥器的试验

(1)先对双活塞阀进行泄漏试验和功能试验。阀转换正常,无漏气现象。

(2)再对空气干燥器整件进行泄漏试验和功能试验。功能试验主要是检查干燥器内部预控制阀的转换压力,溢流阀的转换压力以及电磁阀按正常时间转换。

7.2 制动控制单元 BCU 的检修

制动控制单元是空气制动的核心部分,它接受制动系统微处理器(EBCU)的指令,然后再指示制动制定部件动作。其组成部分主要有:模拟转换阀、紧急阀、称重阀、均衡阀等。这些部件都安装在一块铝合金的气路板上,犹如电子分立元件安装在印制线路板上一样,实现了集成化。这样可避免用管道连接而造成容易泄漏和所占空间大等问题。而且在气路板上还装置了一些测试接口,要测量各个控制压力和制动缸压力,只要在这块气路板上就可测量,方便了检修保养工作。同样,使整个气路板的安装、调试和检修都很方便。

一、制动控制单元 BCU 检修

(一) 制动控制单元 BCU 介绍

1 制动控制单元 BCU 的基本结构

制动控制单元 BCU(图 7-9)是空气制动的核心,为模块式设计。它包括模拟转换阀 a、紧急电磁阀 e、称重阀 c、中继阀 d、荷载压力传感器 f(将荷载压力 T 转换成相应的电信号传输给 EBCU)、压力开关 h 等元件,所有零部件均安装在铝合金集气板上。同时,在气路板上装置了一些测试口(图 7-10 中 j、k、l、m、n)。因此,要测量各个控制压力和制动缸压力,只要在这块气路板上测试即可。采用这种设计的主要目的是便于集气板的拆卸及更换,这样,在不影响车辆实用性的情况下即可完成维护、检查以及大修。

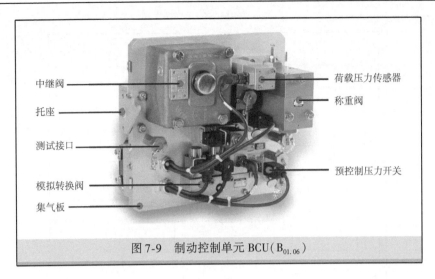

图7-9 制动控制单元BCU($B_{01.06}$)

② 制动控制单元BCU的工作原理

BCU的主要作用是将EBCU发出的制动指令电信号通过模拟转换阀a转换成与之成比例的预控制压力C_v,这个预控制压力是呈线性变化的。同时,也受到称重阀c和防冲动检测装置的检测和限制,再通过中继阀d,沟通制动主风缸B_{04}与制动缸的通路,并控制进入制动缸的压力,最后使制动缸C_1和C_3获得符合制动指令的气制动压力。

当压力空气从制动储风缸进入制动控制单元BCU后,分成三路,一路进入紧急电磁阀e,一路进入模拟转换阀a,另一路进入中继阀d,其流程如图7-10所示,制动控制单元BCU($B_{01.06}$)气路示意图见图7-11。

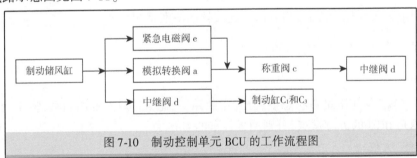

图7-10 制动控制单元BCU的工作流程图

(二)制动控制单元BCU的拆装和检修

① 制动控制单元BCU的拆装

(1)拆卸方法

①排尽与集气板相连的所有管路的空气。
②断开制动控制单元的电源,拨下电缆插座,取下防护罩。
③卸下紧固螺钉,从连接板上取下制动控制单元。
④卸下制动控制单元后,为防止灰尘进入孔路,在集气板的背面盖上密封表面。

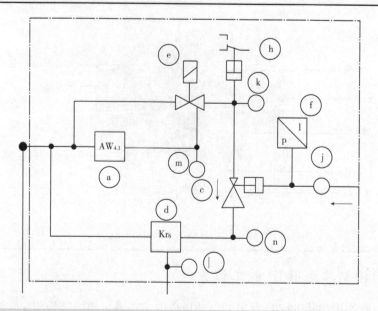

图7-11 制动控制单元BCU($B_{01.06}$)气路示意图

a-模拟转换阀 $AW_{4.1}$;c-称重阀 DBV_3-E;d-中继阀 Kr_6;e-紧急电磁阀;f-压力传感器 DG10; h-C_v 压力开关;j、k、l、m、n-测试接头

(2)安装方法

①按与拆卸相反的次序,装上制动控制单元。
②安装好制动控制单元后,重新充气并接通电源。
③达到最大工作压力之后,检查法兰连接处的漏泄情况。

❷ 制动控制单元 BCU 的检修

(1)年检

车辆在 AW_0 及气压足够状态下,分开主断路器,施加100%常用制动,将压力表连接在制动控制单元 BCU 的 L 测试点,分别测量各车的 C 压力。

(2)架修、大修

①用压缩空气清洁铝合金集气板。
②按手册要求更换所有内部阀件的橡胶密封件、磨损件。
③试验台测试各阀件功能。

❸ 制动控制单元 BCU 的试验

(1)对整件进行泄漏和功能试验。
(2)对称重阀 DBV_1-E 进行调整和重新设定检查试验。
(3)进行空气流量检查试验。
(4)进行荷载压力传感器试验。

二、BCU 部件的检修

(一) 模拟转换阀

1. 模拟转换阀结构原理

模拟转换阀(图 7-12)是由一个充气电磁阀(类似控导阀)、一个排气电磁阀及一个压力传感器组成。当充气电磁阀的励磁线圈收到电子制动控制单元 EBCU 的制动指令时,吸开阀芯,使制动储风缸压力空气通过充气电磁阀转变成预控制压力 C_{v1} 并送向紧急电磁阀 e。与此同时,具有 C_{v1} 的压力空气也送向压力传感器和排气电磁阀,而压力传感器将压力信号转换成相对应的电信号,马上反馈回 EBCU。EBCU 将此信号与制动指令信号相比较,当大于或小于制动指令时,则分别继续开大充气电磁阀或关小充气电磁阀并开启排气电磁阀,直到预控制压力 C_{v1} 增高或降低到制动指令的要求为止。

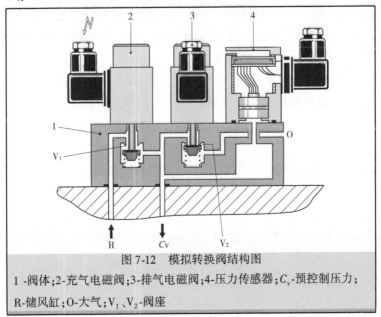

图 7-12 模拟转换阀结构图
1-阀体;2-充气电磁阀;3-排气电磁阀;4-压力传感器;C_v-预控制压力;
R-储风缸;O-大气;V_1、V_2-阀座

电信号向控制压力的转化相对于指令信号是闭环控制,控制回路由充气及排气电磁阀、压力传感器及控制两个电磁阀相对于指令信号及实际压力值间差异的调节器组成。EBCU 根据预控压力传感器信号选择性地控制充气或排气电磁阀信号,使指令与制动缸压力之间保持恒定的关系。

当处于制动状态时,充气电磁阀得电,排气电磁阀失电,压缩空气从制动储风缸 R 进入,输出预控制压力 C_{v1} 至紧急电磁阀。

当处于缓解状态时,充气电磁阀失电,排气电磁阀得电,R 通路被切断,预控制压力 C_v 通过排气阀直到大气 O。

❷ 模拟转换阀检修

模拟转换阀主要由电气转换阀、电磁排气阀和气电转换阀等组成。主要检修工艺如下。

(1) 分解

阀的拆分工作需要使用专用标准工具。

(2) 清洁

①用化学清洁剂在一个 70~80°C 的热清洁池中清洗所有金属部件(不包括橡胶金属复合件),然后用压缩空气吹干。

②励磁线圈和电枢应用一块浸过温肥皂水的抹布擦洗,随后立即用压缩空气吹干。吹干后立即给电枢轻轻地涂一层 Wacker Chemie 公司的硅脂 400,之后擦掉电枢上多余的硅脂。

(3) 检查

①应仔细检查已清洁部件的外观。如果出现裂纹、变形、腐蚀或螺纹变形等损伤,且受损部件看上去已经不能继续使用,则应予以更换。

②对于某些部件,除必须进行目检外,还需进行其他附加检查,主要部件如下。

磁力线圈:仔细检查励磁线圈的保护层是否断裂、触针是否被锈蚀或已变形。用一个触点清整锉去除锈蚀。更换受损的励磁线圈。

磁铁架:检查磁铁架内阀座的状况,如果阀座损坏,则应更换磁铁架。

电枢:检查电枢的阀座橡胶密封件,如凹进 0.3mm,则应更换电枢。

压缩弹簧:压缩弹簧应符合规定的自由高和压缩高要求,并且其弹力值必须符合有关技术要求。

③每次检修时应更换非金属环(如 O 形环)、垫圈和夹紧销。

(4) 组装

①组装工作需要使用专用标准工具进行。

②组装前应给 O 形环和电枢涂上少许 Wacker Chemie 公司的硅脂 400,电枢上多余的硅脂要擦掉。

③应按与拆分工作相反的顺序组装。各紧固扭矩应符合有关技术要求。

(5) 测试

①应按照相关的检验技术要求说明对模拟转换阀进行检测。

②进行检测时须遵守有关在电气设备上进行作业的安全规范。

③如果检验结果正常,则要在检查后贴上不易脱落的检验标志。

(二) 紧急电磁阀

❶ 紧急电磁阀的结构

从模拟转换阀出来的 C_{v1} 压力空气通过气路板进入紧急电磁阀(图 7-13)。它实际上是一个二位三通电磁阀,它的三个通道分别与模拟转换阀输出口、制动储风缸及称重阀进口相连接。在常用制动时,紧急电磁阀励磁得电,使模拟转换阀与称重阀相通,而切断与制动储风缸的通路;在紧急制动时,紧急电磁阀失电(通过列车紧急回路),使制动储风缸与称重阀直接相通,而切断模拟转换阀与称重阀的通路,这时预控制压力 C_{v1} 越过模拟转换阀而直接进入称重阀,按照荷载比例施加紧急制动。当预控制压力 C_{v1} 经过紧急电磁阀时,由于阀的通道阻力使预控制压力略有下降,这个从紧急电磁阀输出的预控制压力称为 C_{v2}。同样,C_{v2} 压力空气也是通过气路板进入称重阀。

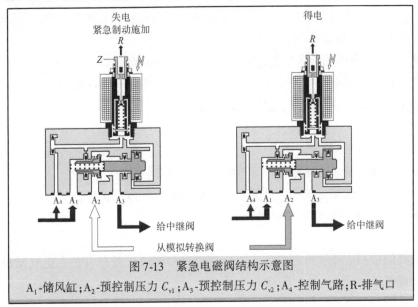

图 7-13 紧急电磁阀结构示意图
A_1-储风缸;A_2-预控制压力 C_{v1};A_3-预控制压力 C_{v2};A_4-控制气路;R-排气口

❷ 紧急电磁阀的检修

(1) 紧急电磁阀分解

①维修紧急电磁阀时除拆卸克诺尔 K 形环时需要用到一个安装专用钩外,不需要任何特种工具。

②如果紧急电磁阀的外表看起来很脏,则须在开始之前先除去脏物。工作步骤一定要按照相应的检修指南进行,在分析时请注意不要损伤密封面和阀座。

(2) 清洁

①用化学清洁剂在一个 70~80℃ 的热清洁池中清洗所有金属部件(不包括橡胶金属复合件),然后用压缩空气吹干。

②在清洗铝合金部件时,清洁剂的腐蚀率必须符合有关技术规定。

③在温肥皂水中清洗活塞、阀盘、导向套管、环、撑条和垫圈,并立即用清水冲洗,然后用压缩空气吹干。

④原则上橡胶环在检修后将被更换,所以无需清洗。

(3) 检查和维修

①应当对清洁的部件认真进行一次目检。如果查出部件有断裂、变形、腐蚀或螺纹变形

等严重影响部件继续使用的损伤,则应予以更换。

②有些部件除必须进行目检以外,还需要其他附件的检查或返修工作。

外壳:阀座上和外壳孔内的轻度划痕可通过二次抛光去除。必须符合规定的尺寸和表面粗糙度,否则应更换新的外壳。

活塞(整体):应使用环规检查活塞是否符合图样技术要求的控制尺寸;检查活塞的阀座和活塞裙是否受损。如果有划痕,则应将活塞连同整个阀套一起更换(成套备件)。

阀盘:检查橡皮阀座是否受损,如果橡皮凹进0.4mm或凸起0.2mm以上,则必须更换阀盘。检查阀套的环及阀门套管的撑条是否受损,如果有划痕,则应将整个阀套连同活塞及整个阀门套管一起更换(成套备件)。

压缩弹簧:应符合技术要求中规定的弹簧长度和弹力要求。

③每次检修之后都应更换克诺尔K形环,以及所有安全环和O形环。

④如果型号铭牌已不再清晰,也应予以更换。

(4)组装

①在组装紧急电磁阀之前,应给所有克诺尔K形环、O形环以及各个滑动面和导向面涂上少量通用润滑脂。安装克诺尔K形环时,需要用安装专用钩。

②紧急电磁阀的组装应按照图样要求并与拆分相反的顺序进行。

③应用8N·m的扭矩将阀用电磁铁的螺母拧紧。

(5)检测

①电磁阀的检测应按照检测说明来进行。进行检测时须遵守有关在电气动设备上进行作业的安全规范。

②如果检测结果合格,则应贴上不易脱落的检验标志。

(三)称重阀

1 称重阀的结构原理

称重阀(图7-14)为杠杆膜板式,主要用来持续监控与车辆实际荷载有关的预控压力以及施加紧急制动时限制预控压力。由于模拟转换阀输出的控制压力是受EBCU控制的,而EBCU的制动指令本身就是根据车辆的负载、车速和制动要求而给出的。因此在常用制动中,称重阀几乎不起作用,仅起预防作用,以防模拟转换阀控制失灵。其主要作用是在紧急制动时,由于该状态下预控制压力是从制动储风缸直接经紧急电磁阀到达称重阀,中间没有受模拟转换阀的控制,而紧急电磁阀也仅仅是作为通路的选择,不起压力大小的控制作用。所以在紧急制动时,预控制压力只受称重阀的限制,即为最大的预控制压力。

当处于常用制动位置时,如图7-14所示,压缩空气C_{v1}通过V_{21}直接输出C_{v2}。

当处于紧急制动位置时,压缩空气C_{v1}通过V_{21}进入,输出C_{v2}。随着隔膜i上方空气压力增大,带动隔膜活塞j和推杆k往下移,阀头h在弹簧力作用下,关闭V_{21}。如果车辆荷载增加(即压力T增加),则隔膜i上方空气压力相应增大,即输出C_{v2}压力相应增大。

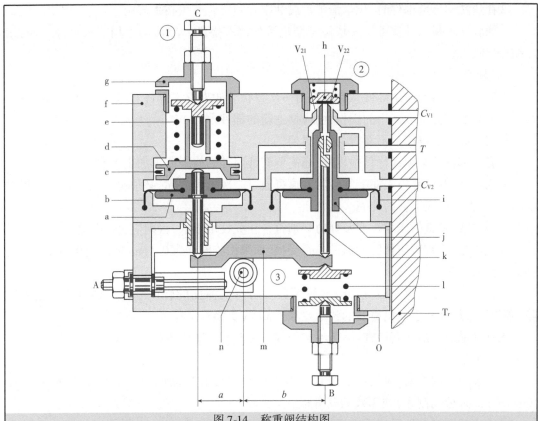

图 7-14 称重阀结构图

1-荷载信号转换器；a-隔膜活塞；b-隔膜；c-克诺尔 K 形环；d-活塞；e-压缩弹簧；f-阀体；g-螺塞；2-关断阀；h-阀头；i-隔膜；j-隔膜活塞；k-推杆；l-压缩弹簧；3-机械部分；m-平衡梁；n-支轴；A、B、C-调整螺钉；T_r-支架；O-排气口；V_{21}-充气阀座；V_{22}-排气阀座；C_{v1}、C_{v2}-预控制压力；T-荷载压力

当处于紧急制动位置而 T 压力失效时，需建立的 C_{v2} 压力不足够，会造成车辆制动力不够。为避免该情况发生，预先通过弹簧 e 和活塞 d 作用在隔膜活塞 a 上，确保在 T 压力失效情况下，能正常制动。

当紧急制动后处于缓解位置时，C_{v1} 压力降低时，C_{v2} 通过 C_{v1} 排出。同样，控制压力 C_{v2} 流经称重阀时也受到阀的通道阻力，压力有所下降，成为预控制压力 C_{v3}，并通过管路板进入中继阀。

❷ 称重阀的检修

(1)称重限制阀分解

①维修称重限制阀、拆卸克诺尔 K 形环时，除需要用到一个安装专用钩外，不需要任何特种工具。

②如果称重限制阀的外表面看起来很脏，则须在开始工作之前先除去脏物。工作步骤一定要按照所给顺序进行。在分拆时注意不要损伤密封面和阀座。

(2)清洁

①所有金属部件用化学清洁剂在一个 70~80℃ 的热清洁池中清洗，然后用压缩空气吹干。

②在清洗铝合金部件时,化学清洁剂腐蚀率必须符合有关技术规定。

③橡胶或塑料的外皮可用一块浸了肥皂液的湿布擦洗。然后马上用清水再擦一遍,用压缩空气吹干。

(3)检查

①应对已清洁的所用部件认真地进行一次目检。如果查出部件有裂纹、变形、腐蚀或螺纹变形等影响部件继续使用的损伤,则应换上新的部件。

②铭牌如果变得模糊不清时,必须更换。

③有些部件除必须进行目检以外,还需要其他附件的检查或再加工工作。

外壳:阀座及衬套内表面上的轻度划痕可通过二次抛光去除,必须符合尺寸和表面粗糙度的要求,否则应换上新的外壳。

压缩弹簧:弹簧的压缩长度及弹力必须符合相关技术要求,否则应更换压缩弹簧。

阀盘检查:检查阀座橡胶密封件是否受损,如果橡胶圈凹进0.4mm或凸起0.2mm以上,则必须更换阀盘。

阀杆及弹簧座支撑面检查:阀杆、弹簧座及所有支撑面的轻度划痕可通过二次抛光去除,必须符合尺寸和表面粗糙度的技术要求,否则应更换。

滚针轴承及球形衬套检查:运转不均匀或运转滞涩时需要更换。

(4)组装

①组装限压阀之前,应给所有环形以及各个导向面和滑动面涂上少量通用润滑脂,如Renolit(Fuchs公司制品)或等效的润滑脂。

②使用标准螺栓扳手用手拧紧螺旋塞及圆柱头螺栓。

③按照与分拆相反的顺序组装。安装克诺尔K形环需要安装专用钩。

(5)检测

组装完毕后,应将限压阀置于试验台上,按照规定的检验项目进行检验和设定。并粘贴检验合格标识。

(四) 中继阀

1 中继阀结构原理

中继阀能迅速进行大流量的充、排气。大流量压力空气的压力变化是随预控制压力C_{v3}的变化而变化,并且互相间的压力传递比为1:1,即制动缸压力与C_{v3}相等。

进入中继阀的C_{v3}压力空气(图7-15),推动具有膜板的活塞上移,首先关闭了通向大气的排气阀V_a,然后进一步打开进气阀V_e,使制动储风缸经接口R进入中继阀的压力空气通过进气阀V_e,经接口C充入制动缸,制动缸活塞被推出,带动闸瓦紧贴车轮产生制动作用。

同样,得到制动缓解指令后,模拟转换阀将其排气电磁阀打开,使具有预控制压力C_{v1}、C_{v2}、C_{v3}的压力空气都通过此阀排出。中继阀中隔膜活塞在其上方的制动缸压力空气作用下向下移动,于是中继阀中的进气阀关闭,排气阀打开,使各制动缸中的压力空气经开启的排气阀排出,列车得到缓解。

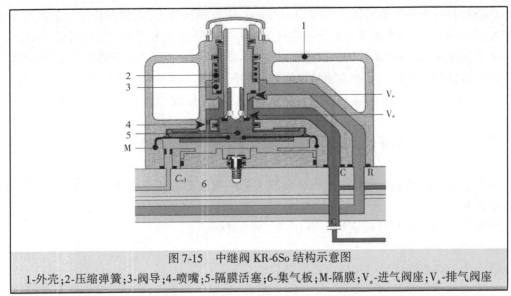

图7-15 中继阀KR-6So结构示意图
1-外壳;2-压缩弹簧;3-阀导;4-喷嘴;5-隔膜活塞;6-集气板;M-隔膜;V_e-进气阀座;V_a-排气阀座

如图7-15所示,当处于制动施加位置时,预控制压力C_{v3}进入,推动隔膜活塞5使阀导3克服压缩弹簧2上移,打开V_e口,关闭V_a口,打开R至C的通路,制动施加。当处于制动缓解位置时,预控制压力C_{v3}通过模拟转换阀释放后,在弹簧2的作用下,阀导3下移,关闭V_e口,此时V_a口打开,打开C经阀导3中心到排气口的通路,将制动缸压力空气排向大气,制动缓解。

❷ 中继阀检修

(1) 中继阀分解

①拆分中继阀时,适合使用由标准工具和厂家提供的一个安装专用钩,用于拆卸及安装克诺尔K形环;一个取膜器用于拆卸及安装罐式隔膜。

②如果中继阀的外表面看起来很脏,则需在开始工作之前先除去脏物。工作步骤一定要按照所给顺序进行。在分拆时请注意不要损伤密封面和阀座。

(2) 清洁

①必须注意清洗剂生产厂家给出的使用说明。清洁零部件时不允许损伤密封面和阀座。

②检修时更换所有齿形垫圈、密封环和O形环(也包括中间法兰和盲板法兰上的),故不必清洗他们。

③用化学清洁剂在一个70~80℃的热清洁池中清洗所有金属部件(不包括橡胶金属复合件),然后用压缩空气吹干。在清洗铝合金部件时,化学清洁剂腐蚀率必须小于$420mg/m^2 \cdot h$。

④将阀门导管和阀门体在微温的肥皂水中清洗,然后马上用清水冲洗并用压缩空气吹干。将滤筛用适当的清洗剂清洁。

(3) 检查维修

①应对已清洁的所有部件认真地进行一次目检。如果查出部件有裂纹、变形、腐蚀或螺纹变形等影响部件继续使用的损伤,则应予以更换。

②如果铭牌变得模糊不清时,必须更换。

③检查控制室的表面粗糙度和阀门套筒的阀座及损伤情况,必须符合规定的尺寸和表面粗糙度,否则应更换控制室。检查喷嘴孔 D_1、D_2 以及克诺尔 K 形环的放气孔是否通畅。

④检查阀内的压缩弹簧,当弹簧长度为 17mm 时,弹力必须至少为 74N,否则应更换压缩弹簧。

⑤检查阀门导管的尺寸和表面粗糙度,必须符合规定的要求,否则应更换阀门导管。

⑥检查阀门体滑动面的接触面的表面粗糙度。如果橡胶凹进 0.4mm 或凸起 0.2mm 以上,则必须更换。

⑦检查阀门体滑动面的接触面的表面粗糙度。尺寸和表面粗糙度必须符合规定的要求,否则应更换阀门体。

⑧检查导管面的表面粗糙度。如果发现表面粗糙度不合要求或螺纹有损伤时,则必须更换螺纹衬套。

⑨检查克诺尔 K 形环的进气孔和 B_1、B_2 是否通畅。

(4)组装

①各个部件都必须经过检验合格并备好。

②在组装之前要给罐式隔膜、克诺尔 K 形环、扁平密封圈、O 形环、压缩弹簧、阀门导管和阀门体的滑动面、控制室中的罐式隔膜的阀盘等部件的外表面涂少许通用润滑油。

③组装机动阀应按照与分拆相反的顺序进行。

注意:由弹性材料制成的可更换零部件(如隔膜、克诺尔 K 形环、带槽 K 形环和 O 形环)的生产日期必须在一年以内。

(5)检测

①进行检测时,需遵守相关的在电气设备上进行操作的安全规范。

②检查继动阀时须按照相关的检验说明进行。

7.3 制动微机控制单元 EBCU 和防滑系统检修

一、微机控制单元 EBCU 检修

(一)电子制动控制单元 EBCU

EBCU 是用于控制电—空制动和防止车轮滑行控制的微处理机,是空气制动管理控制

的核心。制动实施时,它接收各种与制动有关的信号(如制动指令值 PWM 信号、电制动实际值信号、荷载信号等),计算出一个当时所需气制动力的制动指令,并将其输出给 BCU。同时 EBCU 还实时监控每根轴的转速,一旦任一轮对发生滑行,能迅速向该轮轴的防滑阀(G01)发出指令,沟通制动缸与大气的通路,使制动缸迅速排气,从而解除该轮对的滑行现象,实现 EBCU 对各轮对滑行的单独保护控制。另外,EBCU 还对本车的气制动系统进行故障诊断及故障显示。

❶ 电子制动控制单元 EBCU 的基本结构

电子制动控制单元设计成单层机箱结构形式,共装有 13 块标准的 19 英寸(in)3U 印刷电路板,如图 7-16 所示,它们分别是:

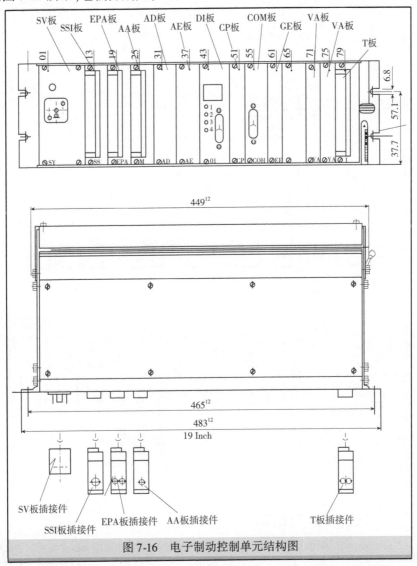

图 7-16 电子制动控制单元结构图

SV 板——电源板;DI 板——故障诊断板;SSI 板——信号的输入、输出板;CP 板——中央处理器 CPU 板;EPA 板——电气模拟信号的输入板;COM 板——通信板;AA 板——电气模拟信号的输出板;GE 板——速度传感器输入信号的处理板;AD 板——模拟信号与数字信号的转换板;VA 板(2 块)——防滑控制板;AE 板——模拟输入信号的处理板;T——瞬态保护板,主要是速度传感器、防滑阀信号的输入与输出。

其中,SV 板、SSI 板、EPA 板、AA 板、T 板,通过 Harting 接插件与外部电路连接。

2 电子制动控制单元 EBCU 的输入输出信号

(1) EBCU 输入信号有(图 7-17):

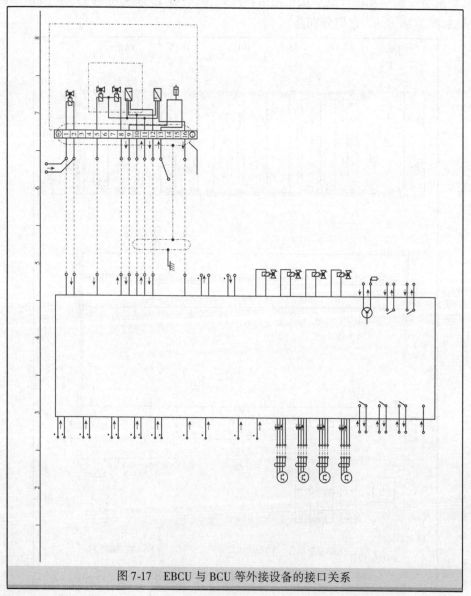

图 7-17　EBCU 与 BCU 等外接设备的接口关系

- 110VDC Power Supply——110V 电源信号,通过 SV 板接收;
- Brake demand Signal PWM——制动指令值 PWM 信号;

(7.7% PWM = 0% Brake demand;44.1% PWM = 100% Brake demand)

- Braking——制动信号;

(110V DC = Driving/Coasting;0V = Braking)

- Fastbrake(0V = Fastbrake)——快速制动信号;
- Holding Brake(0V = Holding Brak)——保压制动信号;
- Parking Brake(0V = Parking brake released)——停放制动信号;
- Dyn. Brake off——电制动切除信号;

  (For A-Car:此信号有来自 B-Car 及 C-Car 的;

  For B/C-Car:此信号仅有本车的,0V = Dyn Brake off)

- Time Syncronisation Signl——时钟同步信号;

  [110V(impulse) = Time Synchronisation]

- Select Signal;

  (0V = Trailer Car)

- Slide dyn. Brake—— 电制动滑行信号;

  (For A-car:此信号有来自 B-car 及 C-car 的;

  For B/C-car:此信号仅有本车的,110V = Slide)

- C_v-pressure Switch——C_v 压力开关信号。

以上信号通过 SSI 板接收。

- Uload:荷载压力传感器传来的荷载压力信号,通过 EPA 板输入给 EBCU;
- U_{Cv}:C_v 压力传感器,通过 EPA 板将 C_v 压力信号输入给 EBCU;
- Actual Value Electro-dyn brake:DCU 将实际电制动压力值信号通过 EPA 板输入给 EBCU;(4~20mA = 0~100kN,For A-Car:此信号有来自 B-Car 及 C-Car 的;For B/C-Car:仅有本车的信号)
- Uemerg:紧急制动电压信号通过 EPA 板输入给 EBCU;
- Speed Sensou 1、2、3、4:车轮每旋转 1 圈,每轴端速度传感器发出 1 个脉冲信号给 EBCU,通过 T 板接收。

(2)EBCU 输出信号有:

- Failure group 1(contact open = minor Failure is"T")
- Failure group 2(contact open = medium Failure is"T")
- Failure group 3(contact open = serious Failure is"T")

以上三个信号通过 SSI 板输出给 CFSU;

- UBEG:通过 EPA 板输出电源给模拟转换阀及荷载压力传感器;
- Ucharge:通过 EPA 板给充气电磁阀输出动作信号;
- Uvent:通过 EPA 板给排气电磁阀输出动作信号;

- Friction brake on：常用制动施加信号，通过 EPA 输出给 CFSU；

  [contact closed(110V) = service brake is "T"]

- Dump valve operation：防滑阀动作产生信号通过 EPA 板输出给 CFSU；

  [contact closed(110V) = Dump valve operated]

- Load Signal For car contro：EBCU 通过 AA 板将荷载压力信号输出给 DCU；

  (4~20mA = 0~7bar)

- Km-signal(1 impulse per km)：每运行 1km，EBCU 通过 AA 板输出一个脉冲信号给里程计；

- Dump Valve Axle 1、2、3、4：EBCU 通过 T 板输出信号给每根轴的防滑阀，分别控制每根轴防滑阀的动作。

3 电子制动控制单元 EBCU 的基本功能

(1) 制动力的计算及分配

在常用制动模式下，电制动与气制动均处于激活状态。电制动力的计算是基于(1 个动车 + 1/2 拖车)质量。司机控制器产生的制动指令信号通过脉冲发生器转换成 PWM 信号，通过列车线传送给列车的牵引控制单元 DCU 及电子制动控制单元 EBCU。各车的 EBCU 根据 PWM 信号，并结合 DCU 传送给它的电制动实际值信号，以及本车的荷载压力信号等，计算需补充的气制动力大小，所缺气制动力的 2/3 由该车的 EBCU 补充，另外 1/3 气制动力由 A 车的 EBCU 补充，因此，保证每个 EBCU 负责相同的制动力。这样所缺的制动力，则可平均分配到所有的轴上。

(2) 保压制动的触发

一般情况下，保压制动信号是由 DCU 触发，同时输出给 EBCU，并由 EBCU 控制自动实施。如果由于故障，EBCU 未接收到保压制动触发信号，EBCU 内部程序可设定在某个速度点自行触发保压制动信号。

(3) 快速制动指令

当 EBCU 接收到快速制动指令时，EBCU 将按照其内部设定的最大制动指令的 122% 计算并产生纯气制动力。

(4) 紧急制动的冗余控制

EBCU 内部设定了一个紧急制动的冗余控制，如果由于紧急制动电磁阀失效，EBCU 将按其内部设定的最大制动的 122% 计算并产生紧急制动力。

(5) 制动指令值 PWM 信号

EBCU 接收并监控制动指令值 PWM 信号，只有当"制动"信号处于激活状态时，制动指令值信号才有效，制动指令值 PWM 信号正常值处于 7.7%~44.1%(对应于 0% 制动指令~100% 制动指令)。当产生故障时，EBCU 内部将以自动设定的 100% 制动指令取代。

(6) 荷载压力信号

荷载压力传感器将 0~10bar 之间的荷载压力转换成 2~12V 之间的电压信号给 EBCU。EBCU 在进行制动计算时，既考虑了车辆的荷载压力信号，又考虑了其旋转质量，从空载状态(AW0)到超载(AW3)状态，EBCU 假定荷载特性为线性。在荷载压力信号故障状态下，

EBCU 内部将以自动设定的 AW3 状态进行制动计算。

(7) 跃升元件(Inshot)触发器

跃升元件触发器主要用于紧急制动和常用全气制动状态。为了缩短摩擦机械制动的空走时间,EBCU 内部在制动作用施加器初始阶段有一段陡峭线段,这是由于跃升元件触发器所导致的。跃升元件触发器触发的条件是:参考速度 >12km/h,电制动关闭信号,制动信号和制动指令信号 >3%,四者同时具备,使其输出一个高电平。这个高电平或紧急制动信号可触发一个旁路或门电路,使它同样输出一个高电平来驱动一个开关电路,从而导致制动作用器直接接收负载信号,大大缩短信号传输时间。

(8) 冲击极限

EBCU 内部设定的冲击极限为 0.75m/s^3,最大常用制动时的瞬时减速度为 1.116m/s^2。

(9) 防滑控制

EBCU 有其独立的车轮防滑控制系统。

(10) 故障诊断

EBCU 具有诊断及自诊断功能,通过监视产生相应故障信号的 DI 电路板,可以检测产生故障的硬件和软件。一直存在的故障,称为当前故障,即使 EBCU 被断电,当前故障代码也会一直保存在存储器中,只有按压 DI 板上"删除"键,故障代码才会被删除。诊断板上显示的故障信号以二位字母或数字的代码显示,所有故障代码及相关数据、发生故障时间等都会存储在故障存储器中,故障存储器可存储 1 000 条故障信息。

故障代码显示了产生故障的部位,如电路板,电路板中的某部件,外围设备或信号发生器等。根据故障产生的影响,可将故障分成三个等级:Failure group 1、2、3,并通过 EBCU 的 SSI 板上的接触器向 CFSU 输出,并可在司机室显示屏上显示。

Failure group 1:轻微故障,该类故障对气制动系统只产生轻微的限制影响,如荷载信号故障等。

Failure group 2:中等故障,该类故障可能产生严重的制动控制系统故障,这种情况下要求限速。

Failure group 3:该类故障意味着 EBCU 不能工作了。

(11) 荷载压力输出功能

EBCU 根据所接收的荷载压力传感器的信号,输出 -4~20mA(对应于 0~7bar 的荷载压力)的模拟荷载电流信号给 DCU,DCU 据此信号进行电制动力计算。

(12) 计里程功能

EBCU 具有计里程的功能。

(13) 时钟同步功能

EBCU 具有时钟同步功能。

(二) 电子制动控制单元(EBCU)的检修

1 电子制动控制单元 EBCU 的拆装

EBCU 整体采用单层机箱结构形式,无论是拆装内部任一印刷电路板还是整件拆装,都相当方便,只需要卸下安装螺钉以及连接的电源线和数据线,即可顺利抽出。当 EBCU 处于带电状态下时,绝不要抽出任一块印刷电路板,否则将造成损坏。

❷ 电子制动控制单元 EBCU 的检修

(1) 双周检
①检查两位数字故障显示代码,读取故障存储器数据。
②执行防滑试验。
(2) 年检
①根据测量出的车轮直径,检查轮径设定值,若参数需更改,则重新设定。
②执行防滑试验。
③检查 EBCU 单元继电器触头的正确动作。
(3) 架修、大修
对机箱和内部印刷电路板进行清洁,不需要其他特别的检修。

❸ 电子制动控制单元 EBCU 的试验

EBCU 配有专门的测试装置,可以对整件或单块印刷电路板进行功能测试试验。同时,由于 EBCU 具有自诊断功能,对于故障维修后的电路板,也可以直接安装回列车上状态良好的 EBCU 机箱中,进行通电试验。

二、防滑系统检修

(一) 防滑系统结构原理

❶ 防滑电磁阀的基本结构

防滑电磁阀作为车轮防滑控制电路的执行机构,由电子制动控制单元 EBCU 进行控制。其内部结构设计如图 7-18 所示。防滑电磁阀主要包括一个带有两个转换隔板的阀套、一对阀磁体、连接阀磁体和阀罩的两个侧板及一个阀座。

阀罩包括两个阀座,每个阀座均通过其中一个隔板相应的分别打开或关闭,D 隔板提供了从 D 室(分配阀)至 C 室(制动缸)打开或关闭的路径,C 隔板用于建立 C 室与 O(大气)间的联系。

成对的阀磁体由两个 2/3-通路电磁阀(VM_1 和 VM_2)组成,在通用的塑料套里有线圈,电气连接管脚与外壳铸为一体。在不得电的情况下,电枢的弹簧力使两个电枢处于内部阀座打开时[图 7-18a)],外部阀座密封的状态。

❷ 防滑电磁阀的工作原理

(1) 没有防滑功能时的制动施加及制动缓解(阀磁体 VM_1 及 VM_2 不得电)。

①初始制动缓解[图7-18a)]。

阀D处无压力空气,弹簧将D隔板紧密地固定在阀座VD上。

②制动施加[图7-18b)]。

D处的压力空气作用在D隔板上,此隔板在控制室SD保持减压的状态下,克服弹簧的作用力,处于靠右最极端位置,此时阀座VD打开。另一方面,通过磁体VM_1打开内部阀座,控制室SC开始增压,C隔板靠右移动,阀座VC关闭。此时,由D至C的通路打开,实现车辆制动施加。

③制动缓解[图7-18b)]。

在制动缓解时,D处压力减小,C处压力空气回流,此时D与C之间的通路无阻碍。当弹簧力大于D压力,D隔板关闭。同时,D压力不断减小,C压力通过阀座VC完全缓解。

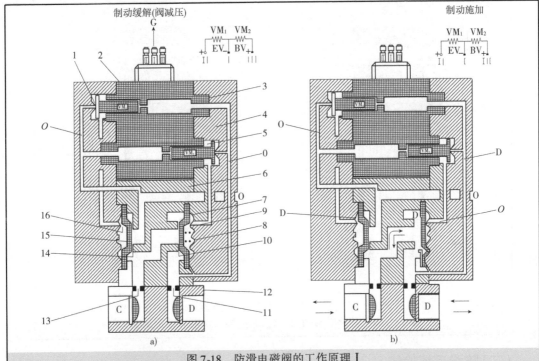

图7-18 防滑电磁阀的工作原理Ⅰ
a)无防滑功能的制动施加及缓解;b)有防滑功能的再制动及缓解

1-外部阀座;2-内部阀座;3-成对的阀座;4-侧板;5-电枢弹簧;6-壳;7-D隔板;8-螺旋弹簧;9-控制室SD;10-阀座VD;11-喷嘴dD;12-阀座;13-喷嘴dC;14-阀座VC;15-C隔板;16-控制室SC;C-制动缸;D-分配阀或压力变压器;G-防滑控制单元

(2)有防滑功能时的制动缓解[图7-19a)]。

此时阀磁体VM_1及VM_2均得电。控制室SD通过磁体VM_2开始增压,在D隔板处压力平衡,弹簧挤压隔板,使阀座VD关闭,D处压力被切断。

控制室SC开始充风,C处外压力向左侧挤压C隔板,阀座VC打开,通过VC压力降为0。

(3)有防滑功能时的再次施加制动[图7-18b)]。

此时两个阀磁体 VM_1 及 VM_2 均不得电,过程与没有防滑功能时制动施加的情况相同。

(4)有防滑功能时的保压[图7-19b)]。

此时阀磁体 VM_1 不得电,VM_2 得电,两个控制室(SD,SC)开始增压。隔板封闭了阀座 VD 及 VC,相对的 D 及 O 的压力被切断。在相应的阀磁体的控制下,充风及充电阶段可以产生连续的升压步骤。因而可能实现快速(无压力步骤)或慢速(增压步骤)控制增压或减压,它取决于防滑控制逻辑学的要求。充电及充风(无压力步骤)的压力坡度取决于喷嘴 dD 和 dC,喷嘴的尺寸取决于 C 室,它是可控的。

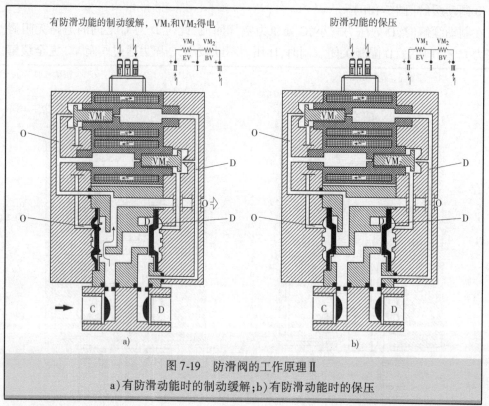

图7-19 防滑阀的工作原理Ⅱ
a)有防滑动能时的制动缓解;b)有防滑动能时的保压

(二)防滑系统检修

防滑系统用于车轮与钢轨黏着不良时,对制动力进行控制。它的作用主要有:两车轮即将抱死;避免滑动;最佳地利用黏着,以获得最短的制动距离。防滑系统的检修主要是定期检查气路有无泄漏,并对防滑电磁阀进行检修。其检修内容如下。

1 防滑电磁阀分解

(1)除了标准工具之外,还需要用到一个微调转矩扳手(5N·m)。

(2)有些部件在拆下后或在每次检修时,原则上都以新的部件来替换。这些需替换部件应该在分拆设备时挑出另放。

(3)按照规定的步骤拆卸该阀。

② 清洁

(1) 用化学清洁剂在一个 70~80°C 的热清洁池中清洗所有金属部件(不包括橡胶金属复合件),然后用压缩空气吹干。在清洗铝合金部件时,化学清洁剂腐蚀率必须符合有关技术规定。

(2) 必须注意清洁剂生产厂家给出的使用说明书。

(3) 在温肥皂水中清洗阀用电磁铁的电枢、排气阀和阀门支架,并立即用清水冲洗,然后用压缩空气吹干。

(4) 用一块干布清洁阀用电磁铁的线圈架。

(5) 用石油醚(即清洁用去污轻汽油)清洁滤网。

(6) 防滑阀外表上的腐蚀产物和程度严重的脏污可用一把金属软刷去除。

(7) 原则上检修时必须更换的部件不需要清洗。检修时所有橡胶部件和隔膜都需要更换,所以无需清洁。

③ 检查

(1) 应对已清洁的部件认真地进行一次目测。如果查出部件有裂纹、变形、腐蚀或螺纹变形等影响部件继续使用的损伤,则应予以更换。

(2) 有些部件除必须进行目检以外,还需要其他附加的检查或再加工工作,必须符合规定的尺寸和表面粗糙度的要求,否则应更换相应的部件。

①外壳及阀座:外壳及阀座上的轻度划痕可通过二次抛光去除。必须达到表面粗糙度要求,否则应更换。

②阀用电磁铁:检查金属密封面和电枢的橡皮阀座是否有损伤,如果有损伤或橡胶凹下、隆起 0.3mm 以上,则须更换阀用电磁铁;检查线圈盒是否有损伤或裂缝,并检查接地连接情况;检查电枢套筒的内阀座以及电枢座孔的状态是否完好,电枢套筒在线圈盒中必须能轴向灵活转动,外壳上的孔与电枢套筒的直径之间的游隙必须至少为 0.2mm。

③压缩弹簧:弹簧长度及弹力必须符合相关的技术规定,否则应更换压缩弹簧。

(3) 对于带喷嘴的防滑阀,还要检查喷嘴是否损坏。必要时更换喷嘴。

(4) 如果铭牌已模糊不清,请予以更换。更换铭牌时要使用新的带槽铆钉。

④ 组装

(1) 组装按照与分拆相反的顺序进行。组装必须按有关规范进行。

(2) 待用的阀用电磁铁必须已经过检修及检验合格备用。

(3) 安装阀用电磁铁时,必须根据电接触销的位置将其正确放置。电枢的衔铁弹簧不允许装错。

(4) 组装之前应给所有密封环、O 形环、压缩弹簧以及各个滑动面和导向面涂上少量润滑脂(阀用电磁铁的电枢及隔膜安装时应当没有油脂)。

(5)组装防滑阀时应按照规定拧紧螺纹连接件。

5 检验

防滑阀的减压应按照相关的检验说明来进行。在通过检验的防滑阀上贴上一个不易脱落的检验标志。

7.4 单元制动机检修

目前,城市轨道交通车辆的基础制动装置主要包括两种方式:踏面制动和盘式制动。下面以踏面制动为例作介绍。城市轨道交通车辆踏面制动单元有 PC7Y 和 PC7YF 两种形式,PC7YF 带有弹簧制动缸,能起停放制动作用,每根轮轴装备一个。

一、检查试验

(一) 单元制动简介

1 主要特点

(1)有弹簧停车制动及手动辅助缓解装置(PC7YF 型)。
(2)有闸瓦间隙调整器。
(3)制动传动效率高,均在 95% 左右。
(4)占用空间小,安装简单。
(5)性能稳定,作用可靠,维修方便。

2 主要技术参数

制动缸活塞有效面积(mm^2)	28 350(常用制动器与弹簧制动器面积相同)
制动倍率:	
常用制动器	2.85
弹簧制动器	1.15

制动缸工作压力(kPa)	300~600
最大闸瓦压力(kN)	45
弹簧制动缓解压力(kPa)	5 300~8 000
闸瓦磨耗后一次最大调整量(mm)	15
最大间隙调整能力(mm)	110
PC7Y 型踏面制动单元重量(包括闸瓦)(kg)	63
PC7YF 型踏面制动单元重量(包括闸瓦)(kg)	85

3 基本结构

PC7Y 型踏面制动单元(图7-20)主要由制动缸1、制动活塞2、活塞杆3、制动杠杆4、闸瓦间隙调整器5、闸瓦托6、闸瓦托吊7、缓解弹簧8、闸瓦托复位弹簧10 和用于更换闸瓦的推杆复位机构等组成。

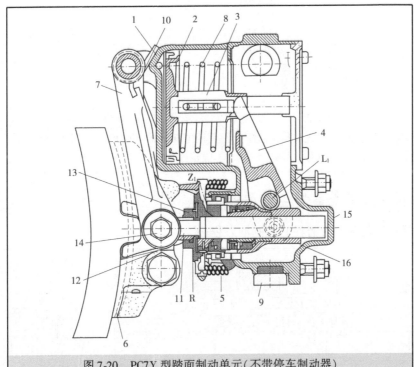

图7-20 PC7Y 型踏面制动单元(不带停车制动器)
1-制动缸;2-制动活塞;3-活塞杆;4-制动杠杆;5-单向闸瓦间隙调整器;6-闸瓦托;7-闸瓦托吊;8-缓解弹簧;9-透气滤清器;10-闸瓦托复位弹簧;11-推杆头;12-弹簧垫圈;13-调整螺母;14-螺栓;15-外体;16-闸瓦间隙调整器体;L_1-制动杠杆转动中心;R-齿轮啮合面;Z_1-啮合锥面

PC7YF 型踏面制动单元(图7-21)是在 PC7Y 型的基础上增加了一个用于停车制动的弹簧制动器,它包括停车缓解风缸31、缓解活塞32、活塞杆33、螺纹套筒34、制动弹簧35、手动辅助缓解机构等。

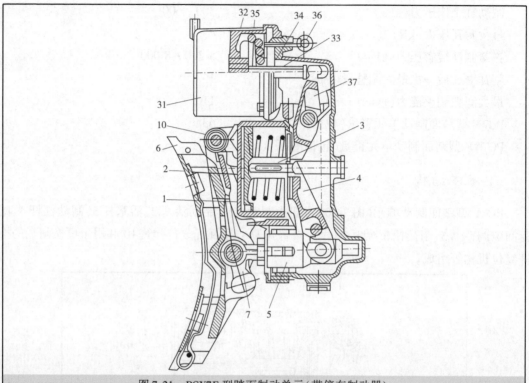

图 7-21　PCY7F 型踏面制动单元（带停车制动器）

1-制动缸；2-制动活塞；3-活塞杆；4-制动杠杆；5-闸瓦间隙调整器；6-闸瓦托；7-闸瓦托吊；10-缓解活塞；31-缓解风缸；32-活塞；33-活塞杆；34-螺纹套筒；35-弹簧；36-缓解拉环；37-停车制动杠杆

4　闸瓦间隙调整器的工作原理

（1）闸瓦和车轮踏面无磨耗时的制动过程（图 7-22）

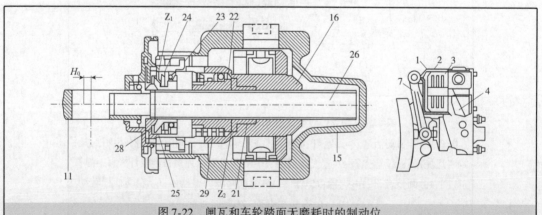

图 7-22　闸瓦和车轮踏面无磨耗时的制动位

1-制动缸；2-制动活塞；3-活塞杆；4-制动杠杆；7-闸瓦托吊；11-推杆头；15-外体；16-闸瓦间隙调整器体；21-连接环；22-止推螺母；23-调整环；24-压缩弹簧；25-调整衬套；26-推杆；28-进给螺母；Z_1-啮合锥面；Z_2-啮合面

闸瓦和车轮踏面无磨耗时的制动行程 H_0 是指调整衬套 25 碰到调整环 23 靠近推杆头 11 一端的凸环，且进给螺母 28 和调整衬套 25 的啮合锥面 Z_1（以下简称 Z_1 锥面）刚好脱开时的制动行程。当施行车辆制动时，压缩空气进入制动缸 1，推动制动活塞 2 及活塞杆 4，将整个闸瓦间隙调整器及其所有零件部件向车轮踏面方向移动，直到调整衬套 25 碰到调整环 23 止。调整环 23 的凸环可防止调整衬套 25 进一步向制动方向移动，此时 Z_1 锥面刚好脱开。压缩弹簧 24 的作用力，使调整衬套 25 作用于调整环 23，由于压缩弹簧 24 的作用，Z_1 锥面再一次啮合。当 Z_1 锥面刚好完全脱开时，无磨耗时的制动行程 H_0 完成。此时闸瓦间隙已被消除，闸瓦与车轮踏面接触，当制动缸内空气压力继续上升时，踏面制动单元便产生了制动作用力。

（2）闸瓦和车轮踏面无磨耗时的缓解过程（图 7-23）

当施行车辆缓解时，制动缸内的空气压力下降到一定值后，在缓解弹簧 8 的作用下，通过制动杠杆 4，带动整个闸瓦间隙调整器及其所有传动部件脱离车轮踏面，向后（即缓解方向）移动。此时，Z_1 锥面啮合。当调整衬套 25 碰到调整环 23 的另一端面离推杆头 11 一端的凸环时，推杆 26 停止向后移动，回到缓解位置。而闸瓦间隙调整器体 16 等仍由于制动缸缓解弹簧的作用，通过制动杠杆 4 继续朝缓解方向移动，止推螺母 22 和连接环 21 的啮合面 Z_2（以下简称 Z_2 面）开始脱开。由于压缩弹簧 29 的作用，Z_2 面再一次啮合。当 Z_2 面刚好完全脱开时，无磨耗的缓解过程完成。当制动缸完全缓解时，各运动着的零部件停止移动，它们的相对位置如图 7-23 所示。

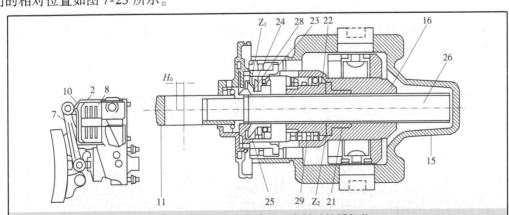

图 7-23　闸瓦和车轮踏面无磨耗时的缓解位

2-制动活塞；7-闸瓦托吊；8-缓解弹簧；10-闸瓦复位弹簧；11-推杆；15-外体；16-闸瓦间隙调整器体；21-连接环；22-止推螺母；23-调整环；24-压缩弹簧；25-调整衬套；26-推杆；28-进给螺母；29-压缩弹簧；Z_1-啮合锥面；Z_2-啮合面

（3）闸瓦和车轮踏面有磨耗时的制动过程（图 7-24）

制动开始时，各零部件的动作与无磨耗时的制动过程完全一样。所不同的是，当调整衬套 25 碰到调整环 23 后，由于闸瓦和车轮踏面出现磨耗，制动行程进一步加长，即制动缸产生的制动力仍不断通过制动杠杆 4 传递到闸瓦间隙调整器体 16→连接环 21→止推螺母 22，从而传递到推杆 26，带动它们继续向前（即制动方向）移动，进给螺母 28 亦随着推杆 26 向前移动，而调整衬套 25 由于受调整环的限制，不能进一步向前移动，Z_1 锥面脱开，又由于推杆

26和进给螺母28为非自锁螺纹连接,由于闸瓦磨耗,制动行程加长,推杆26等不断向前移动,压缩弹簧24的预压力就会引起进给螺母28在推杆26上转动,进给螺母28与推杆26两者的相对位移量即为闸瓦和车轮踏面磨耗量M_v。此时,推杆26向前移动的行程比无磨耗时的制动行程H_0大,两者之差即为闸瓦和车轮踏面的磨耗量之和M_v。各零部件的相对位置如图7-24所示。

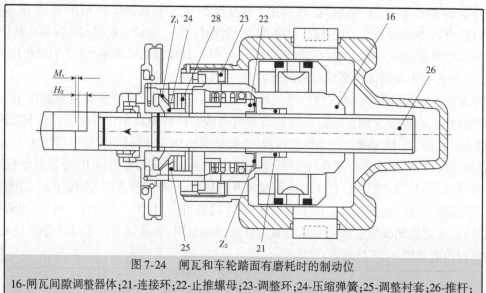

图7-24 闸瓦和车轮踏面有磨耗时的制动位
16-闸瓦间隙调整器体;21-连接环;22-止推螺母;23-调整环;24-压缩弹簧;25-调整衬套;26-推杆;28-进给螺母;Z_1-啮合锥面;Z_2-啮合面

(4)闸瓦和车轮踏面有磨耗时的缓解过程(图7-25)

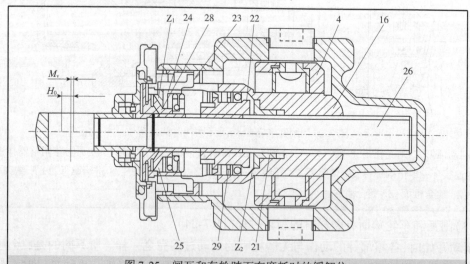

图7-25 闸瓦和车轮踏面有磨耗时的缓解位
4-制动杠杆;16-闸瓦间隙调整器体;21-连接环;22-止推螺母;23-调整环;24-压缩弹簧;25-调整衬套;26-推杆;28-进给螺母;29-压缩弹簧;Z_1-啮合锥面;Z_2-啮合面

缓解开始时,各零部件的动作与无磨耗时的缓解过程完全一样,只是当调整衬套 25 碰到调整环 23 后,由于 Z_1 锥面的啮合,受调整环 23 限制的调整衬套 25 能防止进给螺母 28 在推杆 26 上传动,压缩弹簧 24 使 Z_1 锥面保持啮合,因此使推杆 26 不能进一步向后移动,止推螺母 22 也不能随着闸瓦间隙调整器体 16 和连接环 21 继续向后移动,从而使 Z_2 面脱开,压缩弹簧 29 的作用又使得止推螺母 22 在推杆 26 上传动,直到制动缸完全缓解,闸瓦间隙调整器体 16、连接环 21 回到缓解位,Z_2 面重新开始啮合而停止移动。两者的相对位移量为闸瓦和车轮踏面仍保持了正常间隙,只是推杆 26 比无磨耗时向前伸出了 M_v,各零部件的相对位置如图 7-25 所示。

⑤ 推杆复位机构的工作原理

随着闸瓦的磨耗,推杆 26 在间隙调整过程中不断伸长,当闸瓦磨耗到极限后,需要更换闸瓦,只需顺时针转动调整螺母 13(图 7-20),啮合面 R 上的齿就能克服弹簧垫圈 12 的作用而滑脱,从而使推杆 26 复位,而不需要拆卸螺栓 14 和其他任何零部件。更换闸瓦后,闸瓦间隙又恢复到无磨耗时的正常值范围,一般无需人工调整,即可准备进行下一次制动。

⑥ 弹簧制动器的工作原理

弹簧制动器用于停车制动。当停车制动缓解风缸 31 排气后(图 7-21),制动弹簧 35 将活塞杆 33 推向前方,带动停车制动杠杆 37、推动制动杠杆 4,最后将闸瓦推向车轮踏面,实现停车制动。

当向缓解风缸 31 充气时,压缩空气推动活塞 32 克服弹簧 35 的作用力,使活塞杆 33、制动杠杆 37 等一一复位,停车制动得到缓解。所以停车制动是排气制动,充气缓解。另外,停车制动还可通过拉动辅助缓解装置缓解拉环 36、使缓解活塞杆 33 和螺纹套筒 34(两者为非自锁螺纹连接)相对移动,释放弹簧作用力,达到缓解的目的。

(二) 基础制动单元的拆装和检修

① 基础制动单元的拆装

(1) 拆卸方法
① 将踏面制动单元的连接管道拆除。
② 拆卸制动闸瓦。
③ 支撑或悬挂好踏面制动单元。
④ 打平锁紧垫片的弯曲边缘。
⑤ 松开紧固六角螺栓及锁紧垫片并缓慢放下踏面制动单元。
(2) 安装方法
① 按与拆卸方法相反的顺序进行安装。
② 安装好踏面制动单元后,在停车制动缓解(停车制动缸充气)的情况下,实施及缓解制

动多次,连续几次以后可以获得正确的闸瓦间隙。

② 基础制动单元的检修

(1)双周检和年检

①检查制动单元与转向架安装连接部位及管路接头连接是否漏气。

②检查闸瓦在缓解时与车轮的间隙。

③检查闸瓦磨损情况。

(2)架修

①按手册要求分解闸瓦托,更换橡胶密封件、磨损件,检查推杆头。

②润滑内部组件和皮套。

③组装后上试验台进行功能测试。

(3)大修

①按手册要求完全分解,更换所有橡胶密封件、磨损件、常用制动缸弹簧、停车制动缸弹簧。

②润滑所有内部组件和皮套。

③组装后上试验台进行功能测试。

③ 基础制动单元的试验

(1)进行强度试验。

(2)进行常用制动试验。

(3)进行弹簧制动试验。

(4)进行常用制动和弹簧制动时的泄漏试验。

(5)进行闸瓦间隙调整器试验,包括:闸瓦间隙调整器调节行程试验、检查间隙调整能力和最大勾贝行程试验。

(6)进行推杆头推力试验。

(7)进行紧急缓解装置的试验。

(8)进行重恢复弹簧机构试验。

二 部件检查维修

(1)在清洗完所有部件后,首先进行目测检查。更换损坏的零件,如裂纹、严重腐蚀或螺纹变形。其中,必须更换的部件有:六角螺母、黄环、软管夹、皮腔、O形圈、垫片环、弹簧垫片、止动螺栓、轴衬、干燥轴衬、外包装、密封环、滑块、挡圈、轴衬、过滤器、弹簧、弹簧垫圈等。

(2)除目检外,一些重要的部件还必须进行特别检查。

①箱体:检查箱体有无受损以及受损程度,如有必要参考图样。尺寸要求和表面粗糙度要求要符合图样规定;检查轴承销孔的磨损情况,不得大于 0.2mm,磨去细微擦痕。粗糙度

要求要符合标准。孔径内表面不能有深的裂纹,否则要更换。

②芯轴:把推力螺母旋进芯轴,测量轴向间隙,如超过 0.8mm,则要更换芯轴。可以在芯轴上装上杆头,一边啮合,一边测量行程。如果行程小于 0.6mm,则进行更换。

③推理螺母:把推理螺母旋进一根新的芯轴,测量轴向间隙,如果超过 0.8mm,则要更换螺母。

④压簧:压缩至 16mm 时,压力要达到 200N,否则更换压缩弹簧。

⑤调整螺母:检查调整螺母的密封表面,磨去细小擦痕。

⑥活塞:测量活塞内孔直径,不能超过规定的最大尺寸。密封表面要符合粗糙度要求,否则要更换。把芯轴放在活塞的空心处。芯轴必须能朝一侧倾斜 5°,并留有间隙,使其不会碰到活塞。如果两者接触,活塞上的空心处将变形,活塞要更换。检查活塞的环形槽,密封表面要符合粗糙度要求,检查深槽推力球轴承的动作必须平稳、自如。一根新的管子旋进芯轴,测量间隙,如果超过 0.3mm,要更换芯轴。检查风缸轴上的轴承点,要符合规定的最大直径和粗糙度要求,否则要更换。检查风缸活塞接触面,要符合规定的最大尺寸和粗糙度要求。

在装配前,对有特殊要求的一些零部件进行润滑,采用的润滑剂、润滑方法一定要严格遵守制造商的相关规定,以 PC7YF 为例,重要的润滑操作有:装配前,所有内部零件和表面,包括箱体、密封圈、O 形圈上涂一层 Fuchs Renolit HLT2 润滑脂或等效润滑物;箱体和风缸的活塞接触面要用手或油脂枪润滑,用刷子润滑时,确保刷毛没有黏在接触面上,销子和螺钉铰接处的滑面也要润滑;安装在调整螺母上的零件,摇杆头上的芯轴需要用 Staburags NBU30PTM 润滑脂或等效油脂润滑。

使用 OMNI—VISC1002 密封箱体间的凸缘压装面。

7.5 空气制动系统故障分析

一、空气制动系统常见故障

1 气路、机械故障

(1)漏气

对于空气制动系统,最常见的故障就是橡胶老化、断裂、安装不到位或螺纹连接不当,造成密封不严而漏气。一般在阀件或管路安装紧固后，都应该用专门的泄漏试验剂或普通的肥皂水检查密封情况。

（2）压力值偏差

城市轨道交通车辆出现过常用制动压力、快速制动压力均符合标准值要求的范围，但大部分列车的紧急制动压力值偏高。后经检查发现，紧急制动压力值偏高的原因是由于车辆运行较长一段时间后，制动控制单元 BCU 中称重阀的调整螺钉产生松动而造成的。通过调整称重阀的调整螺钉 B、A，重新整定其特性曲线的 P_0 及 α 的大小，从而实现校正经称重阀调整的输出压力值，即紧急制动压力值。

（3）闸瓦间隙调整器自动调整距离有偏差

车辆架修时要进行踏面制动单元试验，其中包括闸瓦间隙调整器试验，在常用制动时，每次作用所测得的推杆头的调节量应小于预设的有效踏面制动行程推出行程 5mm。但经过长时间运用的踏面制动单元，由于内部调节衬套和进给螺母之间啮合面有磨损，以及压缩弹簧力有可能改变，导致调节量出现 1~2mm 的偏差。

（4）空气干燥器故障

空气干燥器故障比较多发生在干燥剂和电磁阀上。若在消声器的排泄口发现白色沉淀黏附，证明干燥剂已过饱和，必须更换。电磁阀主要问题是线圈阀芯底部橡胶老化，出现漏气。

（5）闸瓦破损、断裂

正常情况下，投入运营使用的闸瓦摩擦表面应平整、均匀。但在实际运用中，闸瓦因为本身材质问题或因为制动力过大，也会出现断裂的现象。若再长时间使用，会进一步加剧断裂深度而崩缺、掉块，如图 7-26 所示。

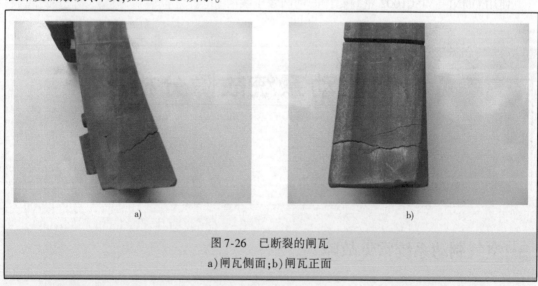

图 7-26　已断裂的闸瓦
a) 闸瓦侧面；b) 闸瓦正面

（6）弹簧力不足

在车辆架修中发现部分带停车制动的踏面制动单元弹簧制动力（图 7-27 中标号 64）不够，弹簧力逐步减少，从长时间运用来看属于正常现象，但对弹簧制动力明显偏小的应及时予以更换弹簧，以确保停车制动力满足车辆使用需求。

单元 7　城市轨道交通车辆制动系统检修

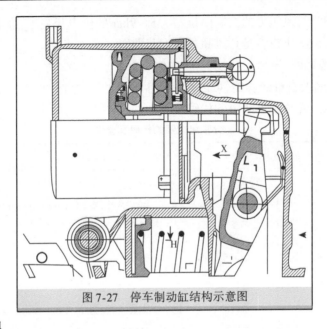

图 7-27　停车制动缸结构示意图

（7）弹簧断裂

在车辆架修中，发现部分安装在常用制动缸体处的复位弹簧因长时间使用出现疲劳断裂，如图 7-28 所示。

（8）空压机油乳化

空气压缩机中的润滑油在一段时间曾出现严重乳化，原因可能是用风量小，导致空压机工作时间少于设计值，致使空压机油温度不高，水分无法排除。

可以通过扩大干燥器排风孔来人为增大空压机的用风量，基本消除油乳化现象。

2　电路故障

（1）压力开关失效

压力开关根据使用环境的不同，设定了不同的压力上限值和下限值。通过内部微动开关（图 7-29）的动作来实现压力信号的转换。微动开关是封闭式结构。

图 7-28　复位弹簧

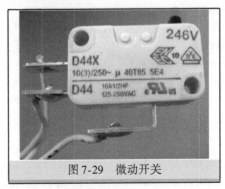

图 7-29　微动开关

在列车正线运营中，曾发生过因为压力开关失效而导致列车清客、救援。经拆检分析，主要是由于封闭式微动开关内部的触点严重氧化导致接触不良，更换后正常。

车辆空气压缩机打风压力的控制由设定 7.5~9bar 的压力开关 A_{13} 来实现。压力开关故障会造成空压机打风不止或者是打风超过设定范围值。

(2) EBCU 故障诊断、显示

EBCU 具有诊断及自诊断功能,可以检测产生故障的硬件和软件,并在 DI 电路板面板上显示相应故障代码。部分常见故障的代码及含义,如表 7-1 所示。

表 7-1 部分常见故障的代码及含义

故障代码	故障分类	故障等级	代 码 释 义
01	—	—	与 PCB SSI 相关的外围设备故障; 通常用于表示发现的外围设备故障,要了解详细信息需看其他故障代码
0A	—	—	与 PCB VA_1 相关的外围设备故障; 见故障代码 01
0F	—	—	功能故障: 一般情况下,若发生功能故障,会看到首位带有 F 标志的故障代码,如 F_1
B0	04	3	C_v 压力信号故障,偏压; 基准电压不能读取,可能是短路,检查线路
B3	04	3	C_v 压力(负载)信号故障,溢出; 基准电压不能读取,可能是短路,检查线路
B4	04	1	LOAD 负载信号故障,溢出; 基准电压不能读取,可能是短路,检查线路
B9	05	1	PCB AE 故障,模拟通道 1 偏压(B 车电制动实际值),电制动力实际值不能读取
BB	05	1	PCB AE 故障,模拟通道 1 偏压(B 车电制动实际值),电制动力实际值不能读取
F3	0F	2	功能故障:紧急电磁阀; 紧急制动时紧急电磁阀不能动作
F4 (F5)	0F	1	功能故障:C_v 压力开关; C_v 压力开关永久闭(开)
12、22 32、42	09	1	轴 1(2、3、4)速度传感器故障; 一般性表示,详细情况参阅其他故障代码
3F 4F	0B	1	防滑阀 3、4 延时太长; 测试时,测量安全计时器的延续性,计时器过迟停止防滑阀; 测试 3,此后仍有故障,换 VA_2 板

例如:显示 12 代码,表明该节车第一轴速度传感器有故障;防滑电磁阀测试时显示 3F 代码,表明 VA 电路板有故障。

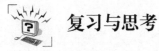 **复习与思考**

1. 简述模拟式指令式电—空制动系统原理。
2. 车辆制动系统的气路部分由哪些部件组成?
3. VV120 型电动空气压缩机的特点是什么?
4. 城市轨道交通车辆的基础制动装置包括哪两种方式?

单元 8

城市轨道交通车辆空调系统检修

 教学目标

1. 了解空调通风系统的基本功能。
2. 掌握城市轨道交通车辆空调通风系统的特点。
3. 熟悉空调系统的组成。
4. 掌握空调各部件的检修程序。
5. 掌握空调系统常见故障的判断处理。

 建议学时

共 8 学时

城市轨道交通车辆空调装置就是把经过一定处理后的空气,通过一定的方式,以一定的流速送入客室内,并将室内一定量的污浊空气排出车外,从而控制客室内空气温度、湿度及清洁度等质量,以提高车内舒适性,改善乘车环境的设备。因此,空调系统关系乘客的乘车环境,牵涉车辆的运用品质,车辆空调系统的正确安装、维护和管理是车辆运用与检修人员的一项基本的、重要的工作。

8.1 空调系统概述

一 空调通风系统的基本功能

车辆空调装置一般具备通风、制冷、加热、加湿等功能,典型车辆空调装置通常都由通风系统、空气冷却系统、加热系统、加湿系统以及控制系统共五大部分组成。

通风系统一般指机械强迫通风,由通风机、空气过滤器、新风口、送风道、回风口、回风道以及排废气口等组成。通风系统的作用是将车外新鲜空气吸入并与车内再循环空气混合,在滤清灰尘和杂质后,再通过风机压送分配到客室内,同时排出车内多余的污浊空气,以保证车内空气的洁净度以及合理的流动速度和气流组织。

空气冷却系统(也称制冷系统)一般采用蒸气压缩式制冷设备,蒸发器为空气冷却器,它的作用是对客室内的空气进行降温、减湿处理,使客室内空气的温度与相对湿度保持在规定的范围内。冷却系统工作时,由制冷剂通过蒸发器冷却将要送入客室内的空气,而蒸发器表面的温度低于空气的露点温度,空气中的部分水蒸气就会凝结,因此,空气在通过蒸发器冷却的同时也得到了减湿处理。空气冷却系统除压缩机、蒸发器、冷凝器、节流装置四大设备外,通常还配有储液器、干燥过滤器、气液分离器等辅助设备。

空气加热系统的作用是在低温时对进入客室内的空气进行预热和对客室内的空气进行加热,以保证客室内空气的温度在规定的范围内。在空气温度较低时,通风系统向客室内送风过程中,由预热器对空气进行加热,然后再送入客室内;而客室内地面式加热器对客室内空气加热,以补偿车体和门窗的热损失。空气加热系统通常包括空气预热器和地面空气加热器两部分。此系统一般只在铁路列车上考虑设置,城市轨道交通车辆则基本不安装。

空气加湿系统的作用是在客室内空气相对湿度较低时,对空气进行加湿处理,以保证客室内空气的相对湿度在规定的范围内。目前,我国在一般车辆的空调装置中都没有加湿系统,只在某些特殊要求的车辆上才设此系统。

控制系统的作用是控制各功能系统按给定的方案协调、有序地工作,以使客室内的空气参数控制在规定的范围内,并同时对空调装置起到保护作用。电气控制系统一般由各设备的控制电器、保护元件以及相关仪表和电路、开关等组成。

因考虑到城市轨道交通车辆空调通风系统的实际运用情况,以下各节中只对通风系统、空气冷却系统和控制系统作进一步的讲解和阐述,空气加热、加湿系统这里不再描述。

二 城市轨道交通车辆空调通风系统的特点

在我国早期的城市轨道交通车辆中,没有设置空调装置,只有简易的通风系统。随着国力的增强和人们对舒适度需求的提高,空调通风系统已成为城市轨道交通车辆的必须设备。

考虑到实际运行特点和运营需要,车辆空调系统一般具有以下特点。

① 小型轻量化

由于受到重量、体积等的限制,空调机组等设备要做到尽量减小体积、降低重量,以满足在城市隧道内等特殊运营条件的要求。

② 自动化程度高

因城市轨道交通车辆在运行中并不专门配置设备操作和巡检人员,因此,要求系统能实现集中控制、自我检测和自我调节恢复的功能。

③ 可靠性高

除了空调机组要抗振、耐腐蚀之外,系统各软、硬件也要保证有很高的可靠性能,同时在系统的设计上也必须考虑异常情况下的运转要求,以满足乘客安全的需要。

④ 便于维护

由于受到场地和检修停时等限制,空调机组、系统部件等要尽量方便检测、维护和更换,系统要能够储存必要的运行数据和一定的自我诊断功能,以保证检修人员能最方便地修复系统。

⑤ 较低的噪声

城市轨道交通车辆基本上运行在城市之中,因此在设计上要考虑尽可能地减小车辆噪声对市民的影响,选用低噪声设备,如低噪声的风机。

8.2 空调系统组成

一、车辆空调系统主要部件

城市轨道交通车辆空调机组内的主要部件包括蒸发器、冷凝器、压缩机、节流装置。

1. 制冷压缩机

压缩机的主要功能为压缩从蒸发器过来的制冷剂气体,使蒸发器内部产生低压。现城市轨道交通车辆空调选用的制冷压缩机主要有两种类型:螺杆式压缩机和涡旋式压缩机。

(1) 全封闭螺杆式压缩机:压缩机、螺杆机构及供油系统组装在一个密封的机壳内(图8-1)。螺杆式压缩机具有结构简单、易损件少、压比大、对湿压缩不敏感、平衡性能好等特点。螺杆压缩机机体内装有一对相互啮合、具有旋向相反的螺旋形齿的转子,其齿面凸起的转子称阳转子,齿面凹进的转子称阴转子,齿槽、机体内壁面和端盖等共同构成了工作容积。

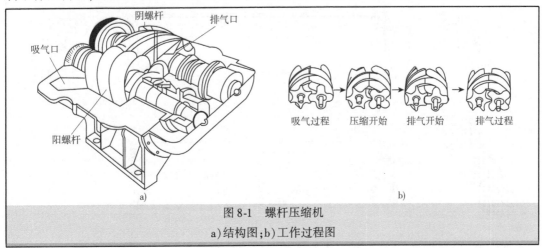

图 8-1 螺杆压缩机
a) 结构图;b) 工作过程图

由于螺杆具有较好的刚性和强度,吸、排气口又无阀片,故一旦液体制冷剂通过时,不容易产生"液击"。

(2) 涡旋式压缩机:该类压缩机活动的部件比较少,也没有动态吸入和排出阀。此外,它的振动小、噪声低,并且能抵抗在制冷系统中常见的由液击、满液启动和漂浮物所引起的应力。

涡旋压缩机属一种容积式压缩的压缩机,压缩部件由动涡旋盘和静涡旋盘组成(图8-2)。

涡旋压缩机具备低噪声、低振动、高可靠性的特点。涡旋式压缩机主要零件仅有五个,与往复式压缩机的三十多个主要零件相比,显得结构更简单,因此故障机会更少;并且涡旋压缩机具有效率高、功率消耗低、输出平缓、启动力矩小等特点。

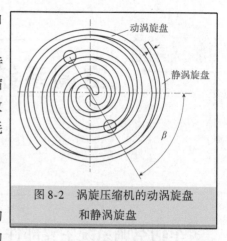

图8-2 涡旋压缩机的动涡旋盘和静涡旋盘

② 蒸发器、冷凝器

城市轨道交通车辆空调的蒸发器与冷凝器的结构基本一致,都是在铜管盘管上套翅片的结构,而两者的功能分别为:冷凝器的主要功能为将从压缩机排出的高温、高压的制冷剂气体冷却为低温、高压的液体;蒸发器的主要功能为使低温、低压的制冷剂液体吸收热量蒸发为低温、低压的气体。蒸发器、冷凝器一般是由铜管、铝散热片或铜散热片与带有不锈钢端板或支撑板构成的(图8-3)。蒸发器、冷凝器与大气和冷凝水接触,同时加工翻边时产生拉应力,因此蒸发器、冷凝器主要存在大气、水和应力等三方面造成的腐蚀。蒸发器、冷凝器的换热主要通过空气流过蒸发器、冷凝器时,其翅片吸收空气中的热量或将自身的热量传递给空气来实现。翅片表面积越大,表面情况越好,蒸发器、冷凝器的换热性能就越好。因此,保证蒸发器、冷凝器翅片布置均匀以及表面情况良好是保证蒸发器、冷凝器换热性能的主要措施。

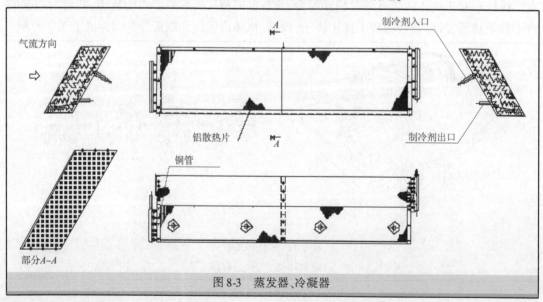

图8-3 蒸发器、冷凝器

③ 节流装置

通过冷凝器的制冷剂为低温高压的液体,在制冷剂进入蒸发器前须进行降压处理。节流装置就是对制冷剂液体进行降压的装置。城市轨道交通车辆选用的节流装置主要有两种类型:热力膨胀阀和毛细管。

热力膨胀阀(图8-4)是通过控制蒸发器出口气态制冷剂的过热度来控制供入蒸发器的制冷剂流量。因为有一部分蒸发器的面积必须用来使气态制冷剂过热,所以它广泛用于空调或低温系统内(尤其是氟利昂制冷系统)的所有非满液式蒸发器。热力式膨胀阀因平衡方式不同,或蒸发压力引向模片下内腔内的方式不同,可有内平衡式和外平衡式两种。热力膨胀阀由离开蒸发器的吸气温度和蒸发器均分管处温度来调节。容量是热力膨胀阀的重要特性参数,所以必须了解影响容量的主要因素:膨胀阀前后的压力差;蒸发温度;制冷剂过冷度。热力膨胀阀的安装位必须在靠近蒸发器的地方,阀体应垂直放置,不能倾斜,更不能颠倒安装。热力膨胀阀的安装主要是感温包的安装,通常将其缠在吸气管上,紧贴管壁,包扎紧密,接触处应把氧化皮清除干净,露出金属管道本色,必要时可涂一层铝漆作为保护层,以防生锈。

毛细管(图8-5)的特点:结构简单,使用方便,价格低廉;没有运动部件,本身不易产生故障和泄漏;具有自动补偿的特点,即制冷剂在一定压差($\Delta P = P_K - P_0$)下,流经毛细管时的流量是稳定的。当制冷负荷变化,冷凝压力 P_K 增大或蒸发压力 P_0 降低时,ΔP 值增大,制冷剂在毛细管内流量也相应增大,以适应制冷负荷变化对流量的要求,但这种补偿的能力较小。制冷压缩机停止运转后,制冷系统内的高压侧压力和低压侧压力可迅速得到平衡,再次起动运转时,制冷压缩机的电动机起动负荷较小,故不必使用起动转矩大的电动机,这一点对半封闭和全封闭式制冷压缩机尤其重要。

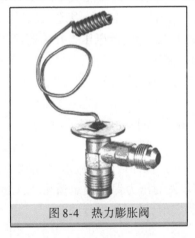

图8-4 热力膨胀阀

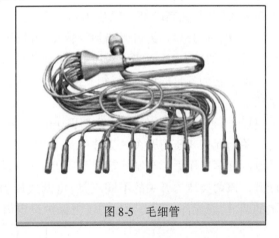

图8-5 毛细管

二 车辆空调系统辅助部件

城市轨道交通车辆空调系统其他辅助部件包括制冷剂、送风机、冷凝风机、干燥过滤器、电磁阀、温度传感器、湿度指示器、风门、空气过滤器、高压或低压压力开关、空气压力开关(非所有城市轨道交通车辆空调系统具备)等。另外空调系统组成还包括空调控制器、紧急逆变器(部分城市轨道交通车辆空调的该装置安装在机组内部)和其他控制继电器等部件。

1 制冷剂

制冷剂又称制冷工质,它是在制冷系统中不断循环并通过其本身的状态变化以实现制冷的工作物质。制冷剂在蒸发器内吸收被冷却介质(水或空气等)的热量而汽化,在冷凝器中将热量传递给周围空气或水而冷凝。它的性质直接关系到制冷装置的制冷效果、经济性、安全性及运行管理。

现城市轨道交通车辆空调选用的制冷剂主要有两种类型:R134a 和 R407c。

R134a 制冷剂是一种环保型的制冷剂,属于中温制冷剂,它的标准沸点为 -26.2℃,凝固温度为 -101℃,其热力性能与 R12 接近。

R407c 制冷剂是一种非共沸混合制冷剂,是由 HFC32、125、134a 按 23/25/52 的混合比率混合而成的。在气液共存时,气相和液相的组成不同,所以充填时需加以注意。另外,制冷剂的漏出也分气相侧漏出和液相侧漏出两种情况,其中气相侧漏出使组成变化较大。基于以上两方面,对于以 R407c 为制冷剂的城市轨道交通车辆空调系统,当发现泄漏比较严重时,不采取充填制冷剂的方法,而是先将泄漏点找出修复好,然后将全部制冷剂抽出,并将制冷回路内部抽真空,然后再重新注入新的 R407c 制冷剂。

R134a 制冷剂因其不存在 R407c 混合制冷剂的特点,所以在发现泄漏时,可以先将泄漏位置找出修复好,然后充填制冷剂。

❷ 高、低压压力开关

压缩机在运行过程中由于各种原因,制冷剂蒸气在压缩机内部可能会出现压力过低和压力通过高等问题,在制冷剂蒸气压力过高和过低时,压缩机持续运行将造成压缩机的损坏,因此在压缩机的出口、进口管路须设置高、低压压力开关。高、低压压力开关监测压缩机高、低压出入口的压力,从而实现对压缩机的保护。如果高压出口排气压力超过或低压入口吸气压力低于它们各自的设置值,每个安全压力开关将会使电路切开,设备停止运转,以保护压缩机。

高、低压压力开关元件包括可调式压力开关(图 8-6)、元件式压力开关(图 8-7)。可调式压力开关与元件式压力开关的工作原理类似,都是通过一特殊的模片来检测压缩机相应部位的制冷剂蒸气压力。当制冷剂蒸气压力值达到范围时,模片产生相应形变,触发电路接通或断开。该两类压力开关的不同点是:可调式压力开关的压力保护设定值可人工进行一定范围的调节,而元件式压力开关的压力保护设定值为定值,且不能进行调节。

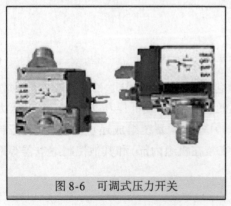

图 8-6 可调式压力开关

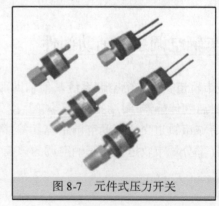

图 8-7 元件式压力开关

3 送风机、冷凝风机

为了使蒸发器、冷凝器散热与空气之间更好地进行热交换，空气由送风机、冷凝风机的风扇强迫通过蒸发器盘管、冷凝器盘管。蒸发器、冷凝器在工作时，需要用风扇强制降温。

城市轨道交通车辆空调的冷凝风机通常是使用轴流式风机（图8-8），即吹风方向与风扇主轴方向一致。轴流式风机工作时，动力机驱动叶轮在圆筒形机壳内旋转，气体从集流器进入，通过叶轮获得能量，提高压力和速度，然后沿轴向排出。轴流通风机主要由叶轮、机壳和集流器等部件组成。

送风机通常是使用离心风机（图8-9）。离心风机工作时，动力机（主要是电动机）驱动叶轮在蜗形机壳内旋转，空气经吸气口从叶轮中心处吸入。由于叶片对气体有动力作用，气体压力和速度得以提高，并在离心力作用下沿着叶道甩向机壳，从送气口排出。因气体在叶轮内的流动主要是在径向平面内，故又称径流通风机。离心通风机主要由叶轮和机壳组成。

图8-8 轴流风机

图8-9 离心风机

风机的性能参数主要有流量、压力、功率、效率和转速。另外，噪声和振动的大小也是通风机的主要技术指标。流量也称风量，以单位时间内流经通风机的气体体积表示。压力也称风压，是指气体在通风机内的压力升高值，有静压、动压和全压之分。功率是指通风机的输入功率，即轴功率。通风机有效功率与轴功率之比称为效率。通风机全压效率可达90%。

送风机使过滤后的新风、回风混合空气循环流过蒸发器，蒸发器吸收空气中的热量使空气冷却后再被送入客室，从而将客室温度降低，保证客室温度适当。

冷凝风机使环境空气循环流过冷凝盘管。冷凝盘管把来自压缩机的高温高压的制冷蒸气中的热量传给环境空气，从而使高温高压的制冷剂蒸气冷凝成液态。

4 干燥过滤器

为除去空调制冷管路中的水分，因此在空调机组内设置有干燥过滤器（图8-10）。干燥过滤器的作用是吸收制冷系统中的水分，阻挡系统中的杂质使其不能通过，防止制冷系统管路发生冰堵和脏堵。由于系统最容易堵塞的部位是毛细管（或膨胀阀），因此干燥过滤器通常安装在冷凝器与毛细管（或膨胀阀）之间。

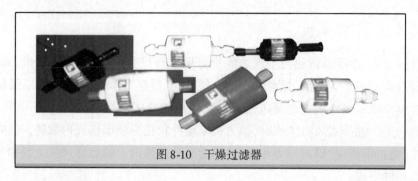

图 8-10　干燥过滤器

5　湿度指示器

一般情况下湿度指示器位于干燥过滤器之后。系统中多余水分的指示是通过观察此装置的窥视镜来确定的)。用窥视镜能够清楚地观察到制冷液流,看是否有气泡进入和一些异常的情况。

6　风压开关(图 8-11)

部分城市轨道交通车辆空调的送风机都装有一个空气压力开关,用来检测相应的送风机的运行和空气流速。当空气流达到正常等级时,压力开关发出一个信号给空调控制器,指示蒸发器风扇正常工作。一旦空调控制器接到信号,空调机组就准备按要求的循环运行。如果空调控制器没有接收到此信号,设备将不能启动工作。此开关主要是用于具备电制热功能的城市轨道交通车辆空调。对于制冷工况而言,在送风机不工作造成压缩机吸入压力减低时,压缩机的低压压力开关会进行相应动作保护压缩机;而对于电制热的城市轨道交通车辆空调,在送风机不工作时,如没有这个检测设备,空调将继续进行电制热,此时热量不能散发,将造成空调机组内部件过热损坏。

图 8-11　风压开关

7　电磁阀

图 8-12　电磁阀

空调制冷管路上设有电磁阀(图 8-12),电磁阀通常是关闭的,除非它们被触发或通电。设置电磁阀的作用是当机组不运行时,阻止液体制冷剂进入压缩机。电磁阀的基本原理是通电时,电磁线圈产生电磁力把关闭件从阀座上提起,阀门打开;断电时,电磁力消失,弹簧力把关闭件压在阀座上,阀门关闭。

部分城市轨道交通车辆空调机组在制冷系统高压和低压管路之间安装了两个气体管线旁通电磁阀,其目的是通过向热力膨胀阀和蒸发器盘管之间的管线内注入从压缩机排出的热气流来调节压缩机容量对蒸发器的负荷。

⑧ 温度传感器

图 8-13　温度传感器

为保证客室舒适性,空调系统须设置温度传感器(图8-13)检测送风、回风和新风温度,用于有效地控制空调机组制冷量。通过它们,空调控制器监控不同的温度并选择最好的运行模式,从而为乘客提供最舒适的环境。城市轨道交通车辆空调机组的温度传感器一般都采用 NTC 型,这种传感器的温度与电阻呈负曲线关系,即温度值越高电阻值越低。城市轨道交通车辆空调温度传感器一般包括新风温度传感器、回风温度传感器和送风温度传感器。

⑨ 风门

送入客室的空气为经蒸发器吸热、除湿后的新、回风混合空气,而新、回风混合比例的控制是通过风门来实现的。足够的新风是保证人体舒适的必要条件,而新风也不能过高,新风比例过大会导致空调机组消耗功率增大;回风的循环使用能降低空调机组的能耗,而在城市轨道交通车辆正常运行期间也不能完全采用全回风,因此新、回风的控制比例须得当。城市轨道交通车辆空调的风门装置主要有电控气动和电控电动两种类型,电控气动的风门通过风缸装置控制风门动作,电控电动的风门通过伺服电动机控制风门动作。

另外,在紧急模式下,风门处于只允许新风进入的位置以保证紧急情况下乘客安全要求。在预冷模式下,风门关闭新风入口或回风入口,只允许循环空气或新风进入客室,这样就可以快速使客室温度下降到合适的温度水平。

⑩ 紧急逆变器

在空调机组运行所需的三相电源失效的情况下,制冷系统则不再运行,正常通风系统无法保持。为了保证客室内乘客的安全,空调系统运行转为紧急通风模式,在此情况下,由紧急逆变器将蓄电池的 110V 直流电逆变为交流电源,供给空调机组送风机,此时新风量比正常通风有所减少,但紧急通风时采用的是全新风,因此此时的新风量是能满足乘客空气质量要求的。紧急逆变器的安装位置有位于机组内、车顶、车厢和车底各种不同位置,相比而言,紧急逆变器不宜安装在机组内,这是由于机组内部运行环境恶劣易导致该部件出现故障。

⑪ 空调控制器

空调机组的运用控制由空调控制器来实现,空调控制器可通过空调机组的运行模式和温度值进行设定,并能完成故障的诊断和记录。

城市轨道交通车辆空调控制器现主要使用两种类型的控制器微处理器和 PLC。相比而言,微处理器功能强大,其维护界面和方式可以做得更人性化,方便用户对空调机组的维护及使用,而 PLC 运行稳定,故障率低。

8.3 空调系统检修过程

一 空调检修作业程序

空调机组的组成简图见图8-14。

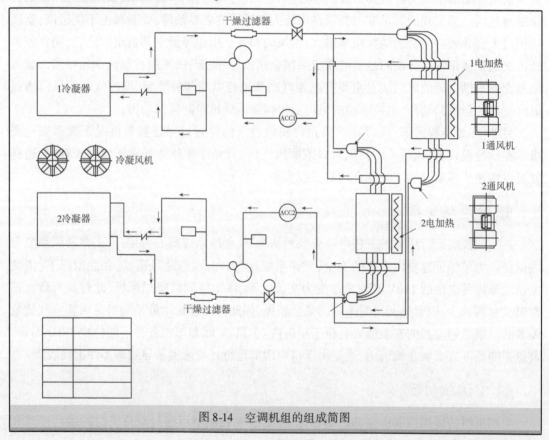

图8-14 空调机组的组成简图

1 机组壳体

用中性洗涤剂清洁空调机组壳体,并检查壳体是否腐蚀、变形,如有脱漆或腐蚀,需要在脱漆处防锈、补漆。

② 紧固件

目测检查紧固件,如有松动的,则用扭力扳手按扭力要求更换新紧固件再紧固或重新紧固。

③ 机组保温材料

目测检查壳体上的隔热材料、密封条,无缺损、老化,性能良好,否则应给予更换。

④ 冷凝器(图8-15)

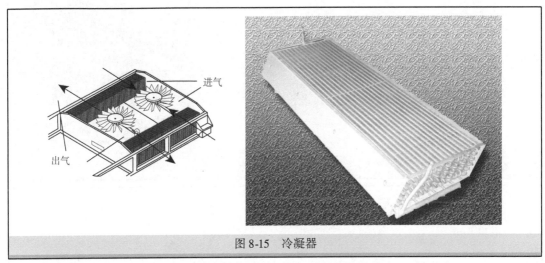

图8-15 冷凝器

用中性洗涤剂清洗冷凝器,目测检查翅片并矫正变形翅片。

注意:清洁时车顶面较滑,应小心操作!电气连接处应防止水滴渗入!

(1)将清洁泵的压力水压力调整在35~40bar。

(2)清洁冷凝器、蒸发器时,应使压力水由机组内侧向外侧方向冲洗。

(3)用带清洁剂的压力水冲洗室外空气格栅,保证格栅洁净。

(4)用压力水冲洗空气处理室里的积尘和排水孔。

(5)电气部件处的水滴应及时清除或拭抹干净。

(6)用抹布清除压缩空气传动件、送风机电动机侧的积尘。

(7)用抹布清除风道软接管回风侧的污迹。

⑤ 冷凝风扇的作业

(1)清洁并目测检查冷凝风扇网罩,如有脱焊需补焊加固。

(2)清洁并目测检查冷凝风扇风叶。

(3)转动测试冷凝风扇,叶片顺畅,无明显阻力;若冷凝风扇叶片擦框时,调整风机位置,必要时调整垫片位置和数量。

⑥ 空气压缩机的作业(图8-16、图8-17)

(1)清洗空气压缩机的外壳,检查油位、吸入口连接管、接线端。

（2）接线盒的电线和保护单元连接牢固；压缩机室的电气接线盒里的电气连接牢固、无误。

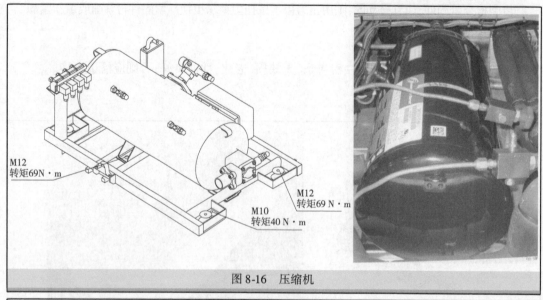

图8-16　压缩机

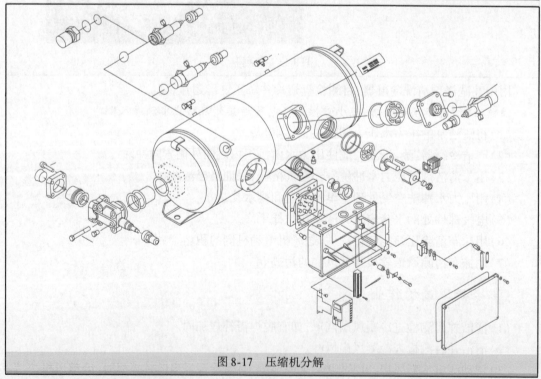

图8-17　压缩机分解

7　制冷系统的检查

（1）检查制冷系统的连接管路、接头和保温管道。

（2）若发现有油迹，对油迹处用电子检漏仪检漏。泄漏检测在下列位置进行：

①所有连接螺栓。

②所有焊接连接处确认泄漏部位,对松动的螺钉按有关扭力值进行紧固;紧固后,用电子检漏仪复检,保证未测到泄漏为止;用丙酮清洁油迹;检查其余螺钉有无松动,并重新紧固松动件。

8 蒸发器

用中性清洗溶液清洁蒸发器,检查并矫正变形翅片。

9 压力开关检查、管路连接头及电气连接插头的检查

图 8-18 为 396 压力控制器座。

注意:该项检查在空调机组装车以后,提供 1 500V DC 车间电源的有电调试阶段进行。

(1)在压缩机上连接好高低压气管压力组合表,等空调机组运行 10min 后,压缩机处于稳定运行状态,使液体管路电磁阀处于关闭状态,低压压力低于 0.5bar ±0.3bar(g)时,压力开关动作并致使压缩机停机。

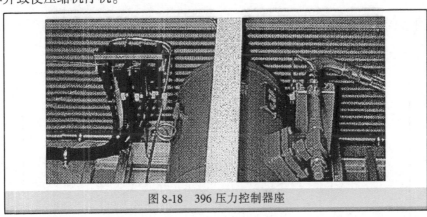

图 8-18　396 压力控制器座

(2)压缩机停机后,低压压力高于 0.5bar ±0.3bar(g)时,压力开关自动复位。

(3)提高冷凝压力,当高压压力高于 11.0bar ±0.8bar(g)时,两台冷凝风机运行。

(4)当高压压力达到 20.0bar +0/ -1.6bar(g)时,高压压力开关动作并导致压缩机停机。

(5)当高压压力低于 20.0bar +0/ -1.6bar(g)时,机组重新启动。

(6)若在检查试验时发现压力开关达不到要求,更换压力开关。

10 储液筒

目测检查筒体、视镜,无破损。

11 视液器

查液体管路视液镜中心的色纸颜色,正常为紫色;若色纸颜色开始偏红,在有电功能检查完成后应予以复检;若发现色纸颜色已变为粉红色,则干燥过滤筒失效,需更换机组。

⑫ 电磁阀

目测和测试检查,通电后动作正常。

⑬ 新、回风风缸及挡板

清洗风缸;检查连接管及连接情况,挡板动作正常,并调整到适合的角度。

⑭ 过渡连接软风道

清洁并目测检查。

⑮ 温度传感器

清洁传感器触头,测量电阻值。

⑯ 总成阀

清洁排气口,更换密封圈。

⑰ 司机室通风机

司机室通风单元见图 8-19。

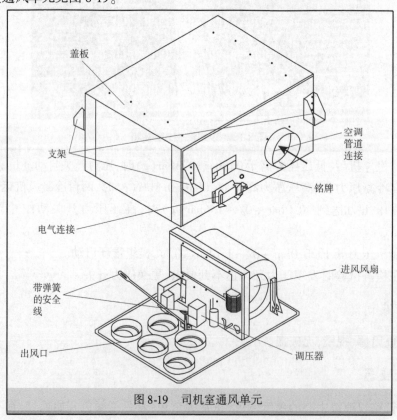

图 8-19　司机室通风单元

检查司机室通风机组的连接螺钉是否松动,如果松动,则紧固。

⑱ 司机室出风调节口

清洁并目测检查,更换损坏件。

⑲ 空调机组电缆及接线盒

清洁箱体,目测检查,配线无老化、破损,线号清晰、排列整齐,绝缘良好,安装牢固。

⑳ 接地线

目测检查,无破损,无老化或裂纹,连接牢固;有损坏则更换损坏件。

㉑ 主要部件功能检查

包括通风机、冷凝风机、压缩机、压力开关、电磁阀、热力膨胀阀等部件在内的检查,并记录相应的电流、温度、过热度和压力。具体操作步骤见空调机组测试工艺。

二、主要故障判断及处理

空调机组常见的故障大致可以分为两类:一类是制冷系统故障,一类是电气控制系统故障。

❶ 制冷系统故障

(1)制冷系统中制冷剂泄漏

制冷系统中制冷剂泄漏是最常见的故障,其泄漏部位主要发生在管路的焊接处、压缩机吸排气口的连接处、压力开关的引接处等,由于管路焊接不良或车辆运行中冲击、振动造成连接螺钉松动或连接部位多次振动后出现裂纹等原因,均可引起系统泄漏。

制冷剂的泄漏因原因不同,其泄漏程度也不尽相同。较轻微的泄漏可引起制冷量不足,低压压力过低而压力开关保护动作,蒸发器吸热不足等现象;严重的泄漏可造成机组制冷不良。在制冷剂已漏光、系统中混入空气时,压缩机继续运转将最终导致压缩机因过热而被烧毁。

(2)制冷剂的检漏方法

外观检查:由于制冷剂泄漏会渗出冷冻油,一旦发现管路某处有油迹的话,可用白布擦拭或用手直接触摸检查,并做进一步确认。

泡沫检漏:这是一种简便的方法,用混有清洁剂的水涂在预计可能发生泄漏的被检处,若该处有泄漏的话,将会出现气泡,从而可以确定确切的泄漏发生位置。

电子检漏仪:用电子检漏仪接近被检处,一旦检漏仪测到有泄漏,将发出异常的声音予以提示,此时应擦拭干净触头,在怀疑处再次测试确认。

压力检查:用复合式压力表连接到系统中,检查系统停机时的平衡压力,以及机组运行情况下的低压压力,低压压力应不低于 0.5bar±0.3bar。

模拟机组运行:判别机组低压压力开关是否动作。

(3)压缩机低压压力过低可能的原因

制冷系统有泄漏;制冷剂不足;膨胀阀等低压处开启不足;外界温度过低;蒸发器入口有堵塞。

(4)制冷系统中真正导致压力过高的原因

制冷系统中真正导致压力过高的最大可能是系统中混入了空气。空气或者是在机组低压部分压力偏低时被压缩机吸入,或者是在维修中因操作不当而使空气混入到系统中。由于空气是不凝性气体,它在系统中的存在将直接产生如下不良后果:压缩机负荷增大,且温升异常,电动机过热或烧损;冷凝压力上升,制冷量下降;高压压力开关动作,系统无法正常运行。一旦发现有空气混入系统中,必须立即加以处理。

导致压缩机高压过高的原因还包括:外界温度过高;冷凝器入口或出口有堵塞;冷凝器脏;制冷剂过多;冷凝风机不工作或工作异常。

(5)制冷剂加注方法

一般都是采用低压加注和静态加注。

低压加注:启动空调机组制冷运行(通过使用应用软件强行启动制冷运行),从压缩机低压处加注,再观察加注后的压力到达正常工作范围值(根据不同类型的制冷剂,该范围均不同)。当加到压缩机低压初的压力、达到范围内即停止,再观察空调的制冷效果。如果空调制冷效果良好,测试高压压力,其工作压力不能超过高压范围。

静态加注:停止空调机组运行,从加注口处加注制冷剂。当系统压力达到相应范围要求时为合适;再让空调运行制冷 30min,并仔细地进行检查。

检查制冷剂加注是否合适的方法有以下几种:

①测压力。测低压力,检查其低压工作压力范围是否在正常范围内。如果偏高,则加多了,如果偏少,则加少了。同时高压也不能超过相应正常范围。

②听声音。如果声音过大,沉闷,也可能是加多了制冷剂,如果声音过少,说明量不够。

③测温度。压缩机吸气管较凉,有结露;排气管温度在 80℃ 左右;冷凝器温度在 55℃ 左右;压缩机的吸气管凉,有露水,排气管很热;蒸发器的温度比环境温度底 15℃ 左右。

④测工作电流。总电流接近额定电流,如果电流过大,则制冷剂加多了,如果电流过少,则制冷剂不够。这要求系统和电路都在正常的情况下测试,因为压缩机的工作电流跟压缩机的吸气压力有很大关系,吸气压力高,电流就大;吸气压力低,电流就小。如果系统堵了,那么压缩机的工作电流也会很底,且压缩机的声音不正常。

在对空调机组加注制冷剂时应注意:加注时一定要慢慢来,加一点后让空调运行 10min 左右,再测压力和电流,不够时再分次加,不能以当时的压力和电流作为标准,那样的话,可能已经加多了。冬天加制冷剂时,可以人为地使室内温度传感器达到能够制冷的温度来使空调制冷运行或通过相关软件强行使空调制冷运行。

② 电气系统故障

列车空调故障除了机组内部机械部件和管路出现故障外,机组的电气部件及电路均有可能发生故障。由于电气部件出现故障时,控制板能收到相关故障信号并给出故障信息,相对而言,电气系统故障的查找与处理更方便一些。通常,电气控制方面出现的故障,可根据读出的故障代号,结合电路控制图的控制逻辑进行查找。但有时某些故障现象可能不太明显,难以直观地判断出故障发生的原因,因此可以借助 PTU,通过控制板和 PTU 之间的通信连接,借助相关空调应用软件中记录工具,预先设置需跟踪记录的输入、输出信号,根据记录故障发生过程中的数据来分析信号之间的逻辑关系,从而判断故障真正的原因。

电气系统的故障类型包括:短路故障、缺相故障、反相故障、过电流故障、压缩机高或低压压力开关动作、温度传感器故障、继电器故障等。

(1) 短路故障

该故障是电气设备的绝缘层因老化、变质、机械损坏或过电压击穿等原因被破坏而导致的故障。

(2) 缺相故障

城市轨道交通车辆空调的压缩机、送风机和冷凝风机一般都是采用 380V 的交流电源供电,由于松脱或其他人为原因导致 380V 交流电有一相断开时就会出现缺相故障。部分压缩机设有缺相保护单元,可以自行检查该故障。

(3) 反相故障

当压缩机、送风机和冷凝风机的三相连接的顺序错误时将导致反相故障,此时压缩机、送风机和冷凝风机会反相运转:压缩机反相运转的噪声较大,且很快就导致压缩机烧损,送风机、冷凝风机反相运转时进风和出风方向刚好颠倒。

(4) 过电流故障

该故障主要出现在城市轨道交通车辆空调机组的压缩机部件上,由于个别特殊原因导致压缩机运转负荷过大时(如吸气压力过高、堵塞等原因),不断上升的供电电流将导致压缩机电动机部件的烧损。

(5) 压缩机高或低压压力开关动作

由于个别原因导致压缩机排气口压力过高或压缩机吸气口压力过低时,压缩机高、低压压力开关动作,该信号给空调控制板,控制空调机组立即停止制冷运行。

(6) 温度传感器故障

当温度传感器由于老化或接触不良时,其不能给出有效的信号给空调控制板时,就出现温度传感器故障。

(7) 继电器故障

控制空调机组各部件启停的继电器,由于老化或其他原因会出现继电器卡滞或不能动作等故障。

复习与思考

1. 车辆空调装置由哪几部分组成？
2. 简述城市轨道交通车辆空调通风系统的特点。
3. 简述车辆空调的检修作业过程。
4. 空调电气系统的故障类型包括哪些？
5. 导致压缩机低压压力过低可能的原因有哪些？
6. 检查制冷剂加注是否合适的方法有哪几种？

附表　我国城市轨道交通车辆修程双周检检修范围

序号	分类	检查项目	检修内容	技术要求
1	车顶电气	受电弓	①检查电缆及连接螺栓	电缆无损伤，连接螺栓无松动
			②检查滑块磨耗及与底架固定状态	无异常，滑块厚度不小于3mm，裂纹不应裂至最小工作厚度(3mm)以下
			③检查上框架定形杆	定形杆无松动
			④清洁四只支持绝缘子及传动拉杆处隔离绝缘子	清洁
			⑤检查上述各绝缘子外表	外表无损伤
			⑥检查上框架支撑缓冲器的功能	应有平缓的弹性
			⑦检查受电弓平衡杆	清洁、润滑平衡杆球铰部分
		避雷器	①检查各连接线及连接螺栓	电缆无损伤，连接螺栓无松动
			②清洁避雷器外表	清洁
			③检查避雷器外表	外表无损伤
		客室空调机组	①更新新风过滤网	
			②更新空气过滤材料	
			③检查冷凝风机	叶片完好，可自由转动
			④检查通风风机	叶片完好，可自由转动
		司机室空调	①更新新风过滤网	
			②更新回风过滤网	
2	车内电气	司机室电气	①检查司机室内所有指示灯	各指示灯罩外观正常，无损坏
			②照明灯、阅读灯及各种开关的外观及功能检查	无损坏，动能正常
			③检查蓄电池电压表、双针压力表	正常
			④检查主控制器	联锁正常
			⑤检查警惕按钮测试功能	按下"警惕按钮测试"按钮，功能正常
			⑥检查风笛	正常
			⑦按灯检测按钮	各指示灯显示正常
			⑧升弓、落弓操作	正常升弓、网压表有指示，指示灯显示正确。落弓动作正常
			⑨检查司机室间通信功能	前后司机室间通信正常
			⑩检查对客室广播功能	功能正常
		前部照明	①检查头灯、尾灯外观	两头灯、尾灯外观无损坏

续上表

序号	分类	检查项目	检修内容	技术要求
2	车内电气	前部照明	②检查头灯、尾灯、运营灯功能	当前车驾驶台的司机钥匙闭合且列车唤醒后，MS 置 OFF，前、后车红色尾灯都亮。MS 置 RMR，前、后车所有红色尾灯、白色头灯、运营灯都亮。MS 置 WASH，前车白色头灯、运营灯亮，后车红色尾灯都亮。MS 置 RMF 或 CM、ATO，前车白色头灯、运营灯均熄灭
		驾驶台显示屏 DDU	①检查 DDU 外观	外观良好
			②查看故障记录	剔除假故障，记下真故障并到各相关子系统中进行故障读取。没有 DDU 显示故障，仍需进行故障读取
		客室照明	①检查客室照明灯罩	灯罩无损坏
			②检查客室照明功能	各照明灯亮
		客室车门	检查客室门灯外观、功能及蜂鸣器	无损坏，功能正常
		电气柜	检查设备柜门、锁及电气柜内各开关、各类电气设备	无损坏、无异常
		主处理单元(MPU)	①检查电源板(ALF)指示灯	两个电源指示灯全亮
			②检查 MIM 板指示灯 ●Y1(黄) ●Y2(黄) ●Y3(黄) ●Y4(黄) ●G(绿) ●R(红)	Y1(黄灯)、Y2(黄灯)、Y3(黄灯)、R(红灯)灭，Y4(黄灯)、G(绿灯)亮
			③检查 MPU 启动指示灯显示顺序	首先：Y1(黄灯)、Y2(黄灯)、Y3(黄灯)、Y4(黄灯)闪烁 1 秒。其次：Y1(黄灯)、G(绿灯)闪烁 10 秒。最终：Y1(黄灯)、Y2(黄灯)、Y3(黄灯)、R(红灯)灭，Y4(黄灯)、G(绿灯)亮
			④检查 MPU 工作状态	Y1(黄灯)、Y2(黄灯)、Y3(黄灯)、R(红灯)灭，Y4(黄灯)、G(绿灯)亮
			⑤检查 DSP 板指示灯	绿灯亮，红灯灭
			⑥用软件读取 MPU 存储的故障	根据故障记录分别对存在故障的各相关子系统进行故障读取
		FDU 控制单元	①检查 FDU 外观	外观完整，无裂纹。点阵显示无缺失
			②检查 FDU 功能	在 DDU 上设置 FDU 显示内容，本单元 FDU 显示内容应与设置相同
		IDU 控制单元	①检查 IDU 外观	外观完整，无裂纹。点阵显示无缺失
			②检查 IDU 功能	在 DDU 上设置 IDU 显示内容，所有的 IDU 显示内容应与设置相同

续上表

序号	分类	检查项目	检修内容	技术要求
2	车内电气	ATC柜	①检查ATC柜外观	外观完好,基础稳固,螺钉紧固
			②检查设备清洁度,及与速度传感器、ATP天线、PTI天线的插口	设备清洁,插口牢固,无松动
			③检查设备运行状态	电源模块、VE、DINBUS模块以及风扇面板的显示正常
			④查看故障记录	用PC机读取故障信息和紧急制动数据,剔除假故障,对记录故障信息进行分析解决
		客室紧急通信	检查客室紧急通信功能	乘客按下乘客紧急通信按钮(PECUPB),PECUI应闪烁。司机应该从DDU上看到求助信息,并且蜂鸣器发出报警声。司机按下"乘客呼叫"按钮,再按"按下通话"即可进行乘客紧急通话
3	车下电气	ATC接受装置	检查机架、线圈及紧固件	无损伤、无松动
		各类电缆、接地装置	①检查线缆、线缆夹	完好,无遗失、无松动
			②检查与构架的距离	无接触
		各类电器箱	①检查前后箱盖及电气接插件	锁紧,无异常
			②检查连接螺栓及悬挂处	无锈蚀、无松动、无损坏、无裂纹、安装牢固
			③检查箱盖和盖板的密封性	密封良好
			④检查警告标记	标记完好
			⑤检查箱盖锁舌标记	无松动,标记位置正确
		空压机电动机	检查进、出风口	无异常
		牵引电动机	①检查进、出风口	无异常
			②检查速度传感器外观	无损伤,无松动
		制动电阻箱	①清洁进、出风口	清洁,无积灰
			②清洁并检查电阻元件	完好,无异常
			③检查冷却风机电动机	冷却风机电动机完好
		牵引箱	①清洁进、出风口	清洁
			②检查进、出风口	进、出风口无损坏
			③清洁AGATE箱内部	清洁
			④检查车间电源盖板固定情况	车间电源盖板锁紧
		辅助逆变器箱	①清洁排气孔	清洁
			②清洁内侧底板	清洁
			③清洁进、出风口	清洁,无积灰

续上表

序号	分类	检查项目	检修内容	技术要求
4	转向架	轮对	①检查车轴	车轴轴身无裂纹、碰伤
			②检查踏面	踏面擦伤长度小于40mm,剥离长度一处小于20mm,剥离二处每处小于10mm,沟状磨耗深度小于或等于5mm
			③检查轮缘及轮宽	无异常
			④检查车轮注油孔螺堵	无丢失
		轴箱	①检查轴箱盖螺栓及油脂渗漏情况	无松动,无渗漏
			②检查轴箱是否过热	无过热现象
		一系悬挂	检查钢弹簧及簧座	无明显裂纹,无脱离
		构架	检查构架内外侧、牵引电动机悬挂座、齿轮箱吊座	无裂纹
		二系悬挂	检查空气簧及其紧固件	无漏气,无松动。胶囊无碰撞痕迹
		中央牵引装置	①检查紧固件	无松动、损坏
			②检查中央牵引橡胶件	无明显裂纹,或脱离
		齿轮箱及其悬挂	①检查齿轮箱外观及附件	无明显漏油,无松动
			②检查齿轮箱与悬挂装置连接螺栓	防松标记无错位
			③检查齿轮箱悬挂止挡保护螺栓	无松动、无丢失
		联轴节	检查联轴节	无损坏,无漏油,螺栓无松动
		抗侧滚扭杆	①检查抗侧滚扭杆支座紧固螺母	无松动,无遗失。防松标记无错位
			②检查抗侧滚扭杆连杆橡胶密封件	杆体及橡胶件无裂纹,紧固无松动
		液压减振器	①检查紧固件及漏油情况	无松动,漏油
			②检查连接套筒	无明显损坏
		高度调节阀	①检查连接螺栓情况	无明显松动
			②检查高度调节阀联动装置	完好,无损伤
		各类传感器	①检查线缆及线缆夹	完好、无遗失、无松动,与构架无接触
			②检查传感器与车体的接口	无松动
			③检查与探头的连接软管	无裂纹、无折断
5	车体、车门、车钩	客室	查看扶手立柱、坐椅、天花板、各墙面、窗玻璃、各类盖板等外观及固定情况	完好,无明显损坏。若有紧固件松动,紧固
		客室车门	①检查客室车门的门控机构所有紧固螺栓	色标无错位、螺栓无松动。若螺栓松动 a. 拧下该螺栓 b. 清洁 c. 涂胶 d. 施以要求的相应力矩 e. 重涂色标

续上表

序号	分类	检查项目	检修内容	技术要求
5	车体、车门、车钩	客室车门	②检查客室车门外观、橡胶件和玻璃窗	完好整洁,无损
			③检查开关门动作	动作灵活,开关门动作整齐到位
			④检查门页导轨销与导轨槽的间隙	底部间隙2～3mm,侧面间隙0.5～1mm
			⑤检查门页开启后两侧墙的间隙	间隙3～4mm
		司机室	①检查司机室坐椅,天花板,各墙面板和挡风玻璃	完好,无明显损坏
			②检查司机室遮阳帘,刮雨器	功能正常,无损坏,无松动
			③检查刮水器储液桶液位	液位正常
		通道门	检查门叶、橡胶件和玻璃窗	完好无损
		贯通道	检查贯通道内的踏板、踏板周边和折蓬	完好,无明显损坏
		全自动车钩	①检查全自动车钩各部件,橡胶托架,电缆和电缆夹,气管密封环,各紧固件等	各项目正常,无明显损坏,无松动
			②清洁、润滑、检查机械车钩钩头	清洁、润滑、无异常
		半自动车钩	①检查半自动车钩各部件,橡胶托架,电缆和电缆夹,各紧固件等	各项目正常,无明显损坏,无松动
			②检查气路和管接头	无泄露
			③气路和电缆的绑扎带	无松动
		半永久车钩	①检查半永久车钩抱箍、电缆和电缆夹,各紧固件等	各项目正常,无明显损坏,无松动
			②检查气管连接处	无泄漏
			③气路和电缆的绑扎带	无松动
6	空气气路及制动系统	空压机单元及空气干燥器	①检查空压机及空气干燥器外观,紧固件及工作状况	正常,紧固件无明显松动
			②检查油位	在刻度线范围内
			③检查电磁阀	完好
			④检查排泄管	排水、排气正常,出口无异物
		各类气管及阀	①检查各类气管	无明显泄漏
			②检查可见阀门	阀门位置正确
		单元制动机	①检查锁紧片、橡皮保护套及其螺栓	无异常
			②检查管路及紧固件	无漏气
			③检查闸瓦	无明显损坏
			④检查闸瓦复位弹簧	无明显裂纹、断裂现象
			⑤检查闸瓦轴销两端定位螺栓	无松动
			⑥检查闸瓦销	无脱落

参考文献

[1] 何宗华,汪松滋,何其光. 城市轨道交通车辆运行与维修[M]. 北京:中国建筑工业出版社,2007.
[2] 阳东,卢桂云. 城市轨道交通车辆检修[M]. 北京:机械工业出版社,2010.
[3] 袁清武. 客车构造与检修[M]. 北京:中国铁道出版社,2008.
[4] 曾青中,韩增盛. 城市轨道交通车辆[M]. 成都:西南交通大学出版社,2009.
[5] 王连森. 内燃机车检修[M]. 北京:中国铁道出版社,2000.
[6] 董锡明. 轨道列车可靠性、可用性、维修性和安全性[M]. 北京:中国铁道出版社,2009.

全国职业教育城市轨道交通专业规划教材

序号	书号	书名	定价(元)	备注
1	978-7-114-08319-8	城市轨道交通 概论	22	已出版,配教学课件 课件下载地址 http://www.ccpress.com.cn/service/download.aspx?ClassID=333
2	978-7-114-08318-1	城市轨道交通 客运组织	32	
3	978-7-114-08320-4	城市轨道交通 行车组织	26	
4	978-7-114-08321-1	城市轨道交通 运营安全	19	
5	978-7-114-08317-4	城市轨道交通 供电技术	26	
6	978-7-114-09194-0	城市轨道交通 专业英语(彩色版)	36	
7	978-7-114-09100-1	城市轨道交通 电工电子技术及应用	34	
8	978-7-114-09152-0	城市轨道交通 服务礼仪(彩色版)	30	
9	978-7-114-09146-9	城市轨道交通 票务管理	30	
10	978-7-114-09369-2	城市轨道交通 车站设备	25	
11	978-7-114-09361-6	城市轨道交通 运营管理规章	36	
12	978-7-114-09262-6	城市轨道交通 车辆电器	25	
13	978-7-114-07929-0	城市轨道交通 车辆及操作	21	已出版。无课件。
14	978-7-114-07942-9	城市轨道交通 信号与通信系统	16	已出版。无课件。
15		城市轨道交通 车辆检修		预计2012年5月出版。配课件。
16		城市轨道交通 车辆检修实训		
17		城市轨道交通 车辆制动系统		
18		城市轨道交通 接触网维护		

教材咨询编辑:袁方 010-85285993;13501016463;52966525@qq.com